내 인생에 너만 없었다면

나를 힘들게 하는 당신에 대한 이야기

프랑수아 를로르 · 크리스토프 앙드레 지음 | 최고나 옮김

내 인생에 너만 없었다면

나를 힘들게 하는 당신에 대한 이야기

책담

차 례

들어가기 전에 · OO7

프롤로그
내 인생을 힘들게 하는 사람들에게 어떻게 대처할까 · OO9

1장
"나는 지금 위험에 처했다!"
불안성 성격에 대처하는 법 · O2I

2장
"세상엔 사기꾼으로 가득하다!"
편집성 성격에 대처하는 법 · O43

3장
"당신을 유혹하여 나의 가치를 증명할 거야!"
연극성 성격에 대처하는 법 · O79

4장
"내가 모든 것을 통제할 거야!"
강박성 성격에 대처하는 법 · IO3

5장
"난 언제나 특별하니까!"
자기애성 성격에 대처하는 법 · I25

6장
"고립은 나의 운명!"
분열성 성격에 대처하는 법 · I5I

7장
"모든 상황은 내가 통제한다!"
A유형 행동에 대처하는 법 · 171

8장
"난 즐거움을 가질 자격이 없어!"
우울성 성격에 대처하는 법 · 199

9장
"난 당신 곁에 빌붙어 사는 기분 좋은 빈대!"
의존성 성격에 대처하는 법 · 227

10장
"복종은 패배하는 것이다!"
수동공격성 성격에 대처하는 법 · 257

11장
"다른 사람을 만나면 난 상처받을 거야!"
회피성 성격에 대처하는 법 · 283

12장
그 밖에 우리를 힘들게 하는 무시무시한 성격들 · 307

13장
힘든 성격은 어디에서 비롯되었는가 · 333

에필로그
행복을 위한 존재 방식 바꾸기 · 345

주註 · 383
해설을 단 참고문헌 · 391

들어가기 전에

정신과 의사이자 심리치료사인 우리는 환자들로부터 사생활이나 직장에서 겪는 어려움을 늘 듣게 된다. 그러면서 확인하게 된 사실이 있다.

먼저 환자들은 자기 자신, 또는 자신의 고통과 희망에 대해 이야기하다 자연스럽게 주변 사람들, 부모나 배우자, 직장 동료 등에 대한 묘사로 이야기를 마무리한다. 그들은 날마다 피곤할 정도로 문제를 일으키는 주변 사람들 때문에 지칠 대로 지쳐 상담을 받으러 온 것이다.

환자들의 이야기를 들으면서, 그들이 불평하는 대상이 '힘든 사람'일 것이라 짐작할 수 있었다. 가끔은 우리 환자만큼 도움이 필요할 사람이라는 생각이 들었다. 그렇지만 상담을 받으러 온 건 그 사람이 아니다.

우리는 기업에서 스트레스 관리와 변화의 심리라는 주제로 자문해 주는 일을 한다. 다양한 직급과 수준의 직장인들을 만나 보니, 직장에서조차 많은 사람들의 걱정이, 그 대상이 사장이든 동료든 부하직원이든 고객이든, 힘든 사람에 대처하는 것임을 알게 되었다.

그래서 우리는 '힘든 성격들'을 상담한 경험을 책에 담기로 결정했다. 어쩔 수 없이 만나게 되는 힘든 사람들을 이해하고 대처하는 데 도움이 되길 바란다.

내 인생을 힘들게 하는 사람들에게 어떻게 대처할까

이 책에는 처음부터 끝까지 '성격Personality'에 대한 정의로 가득하지만 우리가 일반적으로 부르는 '성격Character'과 동의어라고 볼 수 있다.

누군가의 성격에 대해 말할 때 흔히들 "미셸은 매우 비관적인 성격이야"라는 식으로 말한다. 아마도 다양한 상황과 인생의 여러 시기에서 미셸은 상황을 어둡게 보고 최악을 예측하는 경향이 있었을 것이다.

우리가 미셸의 성격을 통해 말하고자 하는 것은 사건을 보고 반응하는 어떤 방식, 즉 비관주의가 시간과 상황을 가리지 않고 늘 그에게 자리 잡고 있다는 것이다.

미셸은 아마도 자신이 비관적이라는 것을 잘 깨닫지 못했을 것이다. 오히려 자신은 상황마다 다른 방식으로 행동한다고 생각할 게 틀림없다. 이렇게 사실과 다르게 자신이 상황에 따라 변한다고 생각하는 건 미셸만이 아니다. 우리는 자기 성격보다 남들 성격을 더 잘 알아차리게 마련이다.

우리는 친한 친구에게 우리가 어떻게 상황에 대처했는지 이야기를 늘어놓을 때가 있다. 가령, 나를 비방한 사람을 찾아가 해명을 요구했다는 말에 친구는 이렇게 말할지도 모른다. "네가 그렇게 행동할 줄 알았어!"

당혹스럽든 약이 오르든 친구의 대답에 놀랄 수밖에 없다. 어떻게 그럴 줄 알았다는 걸까? 다르게 행동할 수도 있는데!

친구는 오래전부터 나를 잘 알기 때문에 갈등 상황에서 우리가 습관적으로 행동하는 방식을 생각해 본 것이다. 그에게는 그것이 나의 특성, 말하자면 나의 성격인 것이다.

그러므로 성격 특성을 특징짓는 것은 환경과 자기 자신을 인지하는 통상적인 방식, 행동하고 반응하는 습관적인 방식이다. 성격 특성은 종종 '권위적인, 사교적인, 이타적인, 불신하는, 양심적인…' 등의 형용사로 표현된다.

예를 들어, 누군가에게 '사교적'이라는 성격 특성을 부여하려면, 직장이나 취미생활, 여행 등 인생의 여러 상황에서 타인과 함께하는 것을 즐기고 추구하는 경향이 있는지, 그러니까 여러 가지 상황 속에서 그것이 습관적인 행동인지 확인해야 한다. 청소년기 때부터 친구가 많았고 그룹 활동을 좋아하는 등 오래전부터 사교적이었다는 걸 알게 되면 이것을 성격의 한 특성으로 여기는 경우가 많다.

반면 최근에 입사한 어떤 사람이 동료들과 친하게 지내려는 걸 보고 '사교적인' 성격 특성을 가졌다고 하기에는 충분하지 않다. 단지 새 직장 동료들과 잘 어울리기 위해 사회성을 드러내 보인 것일 수도 있다. 인생의 다른 상황에서도 통상적으로 사교적인지 증명할 수 없기 때문이다. 우리는 그 사람이 사교적인 '상태'에 있는 걸 볼 뿐, 그것이 성격의 한 '특성'인지는 알 수 없다.

심리학자들과 정신과 의사들이 성격을 정의하려고 할 때 주요 연구 주제 중 하나는 특성trait과 상태state의 차이다. 어떤 두 사람이 둘 다 아는 제3자의 성격에 대해 말할 때, 이 둘은 특성(지속적인 특징)과 상태(상황과 관련된 일시적인 상태)의 차이를 알지 못한 채 이야기한다. 예를 들어 보자.

"미셸은 굉장한 비관론자야." (성격 특성)

"아니, 전혀 그렇지 않아. 아직 이혼의 충격에서 벗어나지 못한 것뿐야." (일시적인 상태)

"아니야, 항상 그래 왔는걸." (특성)

"절대 그렇지 않아. 대학생 때 얼마나 재밌었는데!" (상태)

이 예를 보면, 미셸의 성격이 시간이 지나면서 바뀐 건 아닐까 하는 의문을 갖게 된다. 젊었을 때는 재미있는 사람이었지만(특성) 지금은 완전히 비관적이 된 것이다(특성). (이 책의 뒷부분에서, 성격의 어떤 특성은 세월에 따라 변할 수도 있음을 살펴보게 될 것이다.)

독자 여러분 중에는 성격이라는, 인생 전반에 걸쳐 지속적으로 남는 어떤 것이 존재한다고 말할 분도 있을 것이다. 그렇다면 개개인의 성격을 어떻게 정의할 수 있을까? 한 인간 안에는 서로 다른 매우 다양한 면들이 존재하는데 말이다! 또 성격에서도 일생을 통해 변하는 것과 변하지 않는 것을 어떻게 구분할 수 있을까? 물론 이건 어려운 일인 데다, 인간이 고대부터 관심을 가진 일이기도 하다.

인간을 처음으로 분류하려고 시도한 이는 히포크라테스Hippocrates다. 당시에는 개인의 성격이 인체에서 가장 우세한 체액 유형에 좌우된다고 생각했다. 고대 그리스인들은 토하거나 상처가 났을 때 무엇이 흐르는지 관찰해서 다혈질, 점액질, 담즙질, 우울질로 구별했다. 히포크라테스는 다음과 같은 분류를 이끌어 냈다.

우세한 체액	성격 유형	특징
혈액blood	다혈질	활력적인, 감정적인
점액phlegm	점액질	느린, 차가운
황담즙black bile	담즙질	화를 잘 내는, 신랄함
흑담즙yellow bile	우울질	어두운, 비관적인

이 분류는 여러 가지 흥미로운 점들을 보여 준다. 사람을 분류하려는 욕망은 매우 오래된 것(기원전 4세기)이라는 점이다. 또 이것은 지금까지도 '다혈질'이나 '담즙질'이라고 부르는 등 현재의 일상어에 영향을 미쳤다. 그리고 생물학적인 특징과 성격 특성을 관계 지으려는 흥미로운 시도 역시 드러난다(성격에 대한 가장 최근의 연구가 히포크라테스에 연결되는 것을 보게 될 것이다).

그럼에도 불구하고 히포크라테스의 분류는 불완전하다고 느껴진다. '단순하게' 다혈질이거나 우울한 유형에 해당하는 사람이 있을 수도 있겠으나, 대부분의 사람들은 저 표 안에 속하지 않는다. 히포크라테스의 네 가지 유형보다 성격 유형이 더 많기 때문이다.

역사상 많은 학자들은 범주의 수를 늘리거나, 성격과 신체적인 특징을 연결하면서 히포크라테스의 분류를 개선하려고 노력했다. 예를 들면, 1925년 독일의 신경정신과 의사인 에른스트 크레치머Ernst Kretschmer[1]는 몸집이 크고 마르면 성격이 차갑거나 감정이 밖으로 잘 드러나지 않고, 작고 통통하면 감정적이고 불안정하며 사교적인 성격이라 연결지었다. 그는 운동형athletic과 자연의 축복을 보지 못한 형성장애형(dysplastic, 발육부전이나 기형을 뜻함—옮긴이 주)이 두 범주를 추가해 성격을 네 가지 유형으로 분류했다.

크레치머가 분류한 네 가지 성격 유형 (1925년)

유형	체격	성격	영화에서 연기한 배우
비만형 pyknic	키가 작고 통통함	외향적임, 명랑함, 직설적임, 현실적임	제라르 쥐뇨Gérard Jugnot 대니 드 비토Danny de Vito
세장細長형 leptosomic	키가 크고 마름	신중함, 냉정함, 몽상가	장 로슈포르 Jean Rochefort 클린트 이스트우드 Clint Eastwood
운동형 athletic	체격이 크고 근육질	충동적임, 화를 잘 냄	리노 벤투라Lino Ventura 하비 케이틀Harvey Keitel
형성장애형 dysplastic	발육 부진, 비정상	무력함, 열등감을 느낌	영화에서 성공한 사례가 없음

그러나 여기에 대해서도 인생에는 네 가지 성격 유형보다 더 많은 유형이 존재하며, 추가하거나 서로 섞으면 8가지, 16가지 유형이 넘을 수도 있다는 이의를 제기할 수 있을 것이다. 이런 지적에 민감했던 크레치머는 서로 다른 유형 간에 연속성이 있고 그 중간 형태들은 무

한하다는 것을 인정했다.

게다가 수많은 개인들에 대한 통계 연구들을 보면 체격 유형과 성격의 관계가 크레치머가 생각했던 것처럼 그리 간단하지 않다.

히포크라테스와 크레치머의 두 분류법은 성격의 범주Category를 확립했다. 이것을 범주적인 분류categorical classification라고 하는데 이것의 장점은 바로 알아차릴 수 있다. 이것은 우리가 사람들을 만나서 구분할 수 있는 것보다 그 사람의 유형에 대해 훨씬 더 많은 것을 설명해준다. 부정적인 측면 역시 존재한다. 인간은 단지 몇 개의 분류 범주보다 더 다양하기 때문이다. 어떤 것을 분류한다는 것은 연속적인 현상이나 대상을 불연속적인 층으로 나누려는 시도다.

힘든 성격이란 무엇일까?

　　　　　　　　　　　나에게 경계심이 있다고 가정해 보자. 만약 이 경계심이 약한 편이고 사람을 좀 관찰한 뒤에 신뢰하게 된다면, 내 경계심은 그저 '속아 넘어가는 것'을 막아 주는 성격의 한 특성에 지나지 않는다. 중고차를 구입하고자 한다면 이런 성격이 매우 도움이 될 것이다.

반면 경계심이 항상 지나치게 많아서 선한 의도를 가진 사람들까지 믿지 못한다면, 모든 사람들이 나를 고약하다고 여길 것이고, 나 자신도 항상 긴장해 있음을 느끼며, 새로 사람을 사귀거나 수지맞는 계약을 할 기회를 잃게 될 것이다. 이런 경우라면, 내 경계심은 나를 진정 '힘든 성격'으로 만든다.

그러므로 힘든 성격이라는 것은 성격의 어떤 특성이 너무 두드러지거나 경직되고 상황에 적합하지 않아서 자신이나 타인 중 어느 하나에게, 또는 둘 다에게 고통을 주는 것이라고 하겠다.

이 고통은 힘든 성격을 진단할 때 좋은 기준이 되어 준다. 이 책의 첫 번째 목표는 가정이나 직장에서 힘든 성격들에 잘 대처하도록 당신을 도와주는 데 있다.

그러나 두 번째 목표도 있다. 우리가 설명할 힘든 성격들의 특성이 당신에게도 있는지 알아봄으로써 당신 자신을 더 잘 알고 이해하는 것이다.

각 장 말미에 당신의 성격에 대해 생각해 볼 수 있는 일련의 질문들을 실을 것이다. 진단을 위한 질문들은 아니지만 당신 자신에 대해 생각해 볼 수 있는 주제가 되어 주지 않을까.

힘든 성격들을 어떻게 분류했나?

우리는 어느 나라나 어느 시대에나 발견되는 듯한 11가지 유형의 성격들을 골라 보았다. 그 설명들을 읽어 보면 이것은 약간의 변화를 제외하고는 오래된 정신의학 매뉴얼이나 세계보건기구가 발표한 가장 최근의 분류법, 또는 미국 심리학회에서 발표한 DSM-IV[2] 분류체계에도 등장한다.

물론 이 성격들이 여러분이 마주치는 힘든 성격 유형들을 모두 대표하는 것은 아니지만 이런 성격들을 알아볼 기회가 자주 있을 것이다. 특히 두세 가지 유형들이 섞인 형태를 생각해 보라!

"사람들을 분류하는 게 무슨 소용이 있는가?"라고 물을 사람도 있을 것이다. 인간은 끝없이 바뀌며 분류가 불가능한데도, 심리학의 분류법이 사람들에게 꼬리표를 붙이고, '상자case' 안에 가둬 버린다는 비판을 종종 한다.

인간은 저마다 유일무이하고 그 어떤 분류 시스템의 '상자'보다 더 다양한 성격이 존재하는 것은 사실이다. 그렇다고 분류하려는 시도조차 완전히 쓸모없는 것이 되어 버릴까?

다른 분야인 기후학의 예를 들어 보겠다. 어떤 하늘도 똑같지 않다. 날마다 바람, 구름, 햇빛은 다양한 그림을 만들어 낸다. 그럼에도, 기후학자들은 구름을 뭉게구름, 비구름, 새털구름, 안개구름의 네가지로 분류하고, 뭉게 비구름 등의 혼합된 형태를 만든다. 단순한 분류다. 그럼에도 두 손으로 헤아릴 수 있는 이 몇 가지 유형의 구름으로 하늘의 그 어떤 구름이라도 정확하게 묘사하는 것이 가능하다. 물론, 뭉게구름 두 개가 정확히 똑같지는 않듯, 두 성격 역시 절대로 똑같진 않지만 같은 종류로 묶을 수는 있다.

비교를 계속해 보자. 구름에 대한 개념을 좀 갖게 되었다고 해서 아름다운 하늘을 감상하는 데 방해가 되진 않는다. 이처럼 성격의 몇몇 유형들을 좀 알게 되었다고 해서 친구들을 분류하려 들 것도 아니고, 이들과의 관계를 서먹하게 만드는 것도 아니다. 그러나 필요한 경우, 구름에 대한 지식이 이후 날씨를 예측하는 데 도움이 되듯, 힘든 성격에 대한 지식 역시 어떤 상황을 잘 대처하도록 도움을 줄 것이다.

성격 유형을 알아내는 것은 정신과 의사나 심리학자들이 여러 가지 상황에서 사람들의 반응을 잘 이해하고, 심리치료나 그들에게 권할 치료를 파악하도록 도와준다. 예를 들어, 12장에 나올 일명 '경계성' 성격을 파악하고 기준을 정함으로써, 정신과 의사와 심리학자들은 매우 고통받으면서도 도움을 받는 것에 대해 심한 양가감정을 지닌 이 환자들의 심리치료에서 지켜야 할 기본 규칙들을 찾을 수 있다.

그러므로 분류에는 유익이 있다. 그것이 구름이든 나비든 질병이든 성격이든 모든 자연과학에는 분류가 필요하다.

힘든 성격을 이해하고 받아들이며 대처하기

우리는 이 책에서 힘든 성격 유형마다 어떻게 자신을 바라보고 타인을 고려하는지 설명하고자 했다. 당신이 자기 자신과 세상을 바라보는 그들의 관점을 이해한다면, 그들의 특정 행동들도 쉽게 이해할 수 있을 것이다.

이런 방식은 인지 심리학에서 최근에 한창 계발하여 사용하는 접근법과 일치한다. 즉, 우리의 태도와 행동은 어린 시절에 습득한 근본적인 믿음에 의해 결정된다는 것이다. 예를 들면, 편집성 성격의 근본적인 믿음은 다음과 같다. "다른 이들은 나를 해치려 한다. 그들을 신뢰할 수 없다." 이 근본적인 믿음의 필연적인 여파로, 그들은 경계하는 태도와 적대적인 행동을 보인다. 이 책에서는 성격 유형마다 행동을 결정하는 근본적인 믿음을 설명하고 마지막 장에 그것을 표로 요약하였다.

세미나에서 청중에게, 힘든 성격을 가진 사람들을 받아들일 필요가 있다고 말하면, 종종 반대와 반론이 밀려 들어올 때가 있다. 참을 수 없는, 정확하게 말해 용납할 수 없는 행동을 하는데 어떻게 받아들이느냐는 것이다. 그런데 이것은 사실, 힘든 성격의 사람이 당신을 힘들게 하고 그 스스로도 힘들게 하는 것을 자유롭게 놔두라는 수동적인 용납을 요구하는 것이 아니다. 인간으로서 그의 존재 자체를 받아들이라는 것이다. 그렇다고 당신 자신을 적극적으로 보호하지 말라는 것도 아니다.

비교를 한번 해 보자. 휴가를 떠난 당신이 다음날 바닷가에서 배를 타기로 했다. 그런데 아침에 일어나 보니 하늘이 어둡고 폭풍이 부는 것을 보았다. 만족스럽지는 않지만 화가 날 정도는 아닐 것이다. 바닷가 날씨가 때로 좋지 않다는 것을 당신은 자연스러운 사실로 받아들일 것이다. 그리고 다른 활동을 계획함으로써 상황에 적응할 수도 있을 것이다. 힘든 성격의 사람들도 이러한 자연 현상과 같다. 그들은 항상 존재해 왔고 또 항상 존재할 것이다. 그러므로 그런 성격에 격분하는 것 역시 궂은 날씨나 중력에 화를 내는 것처럼 쓸모없다.

그 사람들을 받아들여야 할 더 중요한 이유가 또 있다. 그들은 분명 힘든 성격이 되기로 선택하지 않았다. 유전과 교육이 섞여 그다지 성공적이지 못한 행동이 계발되었으니, 전적으로 그들의 책임은 아니라는 것이다. 너무 걱정이 많거나 충동적이며 의심이 많고 타인에게 의존적이거나 사소한 것에 집착하는 성격을 그 누가 일부러 선택하겠는가?

불편한 사람을 밀어내고 배척하는 것으로는 아무도 개선시키지 못한다. 특히 문제가 있는 사람들은 더더욱 그렇다. 행동을 바꾸도록 이끌기에 앞서서 그들을 먼저 받아들여야 한다.

만약 힘든 성격을 지닌 사람들을 잘 이해한다면, 그리고 그들을 말 그대로 좀 더 잘 받아들인다면, 그들의 행동을 미리 예상하여 우리에게 닥치는 문제들을 잘 극복할 수 있을 것이다. 우리는 이 책을 통해 당신에게 각각의 성격 유형에 적합한 조언들을 해주려고 한다. 이 조언들은 우리의 정신의학 지식과 치료의 경험에서 나온 것이기도 하지만, 한 인간으로서 인생에서 자주 겪는 어려움들을 극복하면서 얻은 것이기도 하다.

1

"나는 지금 위험에 처했다!"

불안성 성격에 대처하는 법

"죽음이 두렵진 않지만 죽음이 닥칠 때
그 자리에 내가 없었으면 좋겠다."
– 우디 앨런

클레르(28세)의 이야기다.

내가 기억하기로, 엄마에겐 걱정이 끊이질 않았어요. 무엇이든 걱정하셨죠. 지금도 엄마에게 갈 때면 내가 도착 시간을 미리 알려 드리길 원하세요. 만약 10분이라도 늦으면 내가 자동차 사고를 당한 거라고 상상하기 시작하시죠.

열네 살 때였어요. 어느 날 저녁인가, 학교 수업을 마치고 나오면서 친구들과 수다를 떠느라 예정보다 30분 늦게 집에 도착했어요. 엄마는 내 학교 시간표를 다 외우고 계셨기 때문에 울면서 나를 찾아 달라고 경찰서에 전화하고 계셨어요!

한 번은, 스무 살 때였는데, 독립심을 키우려고 또래 친구들과 함께 남미로 여행을 떠났죠. 남미에서 프랑스로 전화하기란 쉽지 않았어요. 게다가 엄마에게 보낸 엽서는 내가 귀국한 후에 도착했지요. 며칠 동안 소식이 없자 엄마는 견디지 못하셨어요. 당시 우리가 어느 나라에 있는지도 모르셨거든요. 페루와 볼리비아 사이 국경 초소에 친구들과 함께 도착했을 때, 세관원이 내 여권을 검사하면서 나보고 엄마한테 전화하라는 거예요. 난 당황하지도 않았어요! 그냥 굳어 버렸죠. 그리고 깨달았어요. 우리가 지나가게 될 나라들의 프랑스 대사관에 엄마가 미친 듯이 전화해서 귀찮게 구니까, 모든 국경 검문소에 메시지가 전달된 거예요!

불쌍한 엄마! 엄마한테 자주 화를 내고 싶지만, 엄마도 어쩔 수 없이 불안 때문에 힘드시다는 걸 잘 압니다. 나만 걱정하신다면 다행이게요! 걱정이 끊이질 않아요. 일례로, 엄마는 항상 늦을까 봐 걱정하세요. 기차를 타야 한다면 적어도 30분 전에 역에 도착하세요. 엄마는 정부 부처에서 일하시는데 좋은 평가를 받고 계세요. 항상 서류 검토를 시간 안에 끝내려고 야근할 준비가 되어 있으니까요. 잘못 돌아가는 건 없는지 늘 살피고 추가적인 대비를 하시거든요. 전화요금과 전기요금을 낼 때의 엄마 모습이 상상이 가요. 조금이라도 늦어서 서비스가 끊길까 봐 고지서를 받자마자 지불할 수표를 써서 보내고, 그 다음날부터 돈이 잘 빠져나갔는지 확인하기 위해 은행 내역서를 기다리세요.

유일하게 긴장을 풀고 계신 순간이라면 나와 언니들이 식구들과 함께 집에 와서 점심을 먹을 때랍니다. 급박한 분위기 속에서 아침 내내 식사를 준비하며 동동거리시지만, 디저트로 커피를 마시는 순간에 엄마는 앉아 계시라고 하고 우리가 치우면, 마침내 긴장을 푸시는 게 느껴지고 우리가 떠날 때까지는 안심하시는 것 같아요. 저녁에 집에 도착하면 여러 구실을 만들어 전화를 드려요. 잘 도착했다는 것을 아시면 안심하신다는 걸 알기 때문이에요.

엄마의 불안이 어디에서 온 건지 모르겠어요. 아빠는 우리가 아주 어렸을 때 사고로 돌아가셨고, 엄마는 자식들 셋과 함께 홀로 남겨지셨죠. 어쩌면 이 트라우마와 책임감 때문에 불안이 많은 사람이 되어 버린 걸까요? 그런데 외조부모님도 역시나 뭐든지 걱정하시거든요. 가족력이 아닌가 싶어요. 게다가 큰언니도 같은 길을 걷는 것 같아서 어서 치료사를 만나 보라고 조언했답니다!

어머니를 어떻게 생각하는가?

클레르의 어머니는 걱정하는 성향이다. 즉, 상황마다 자신과 가까운 이들에게 닥칠 재해와 잠재적인 위험을 생각한다. 매번 불확실한 상황 속에 처하게 되면, 최악의 결과를 가정하고 두려워한다("내 딸이 늦는다. 사고가 났나 봐"). 게다가 다가올 상황들을 최대한 통제하기 위해 모든 위험들을 예상하려고 한다. 하지만 잘 대처하고 싶은 마음에 모든 위험 상황들을 생각해 두는 것이니, 조심성의 증거라고 볼 수 있지 않을까? 아니다. 클레르의 어머니의 경우, 사건이 일어날 가능성이나 그 심각성에 비해 걱정이 너무 지나치고 과장되어 있다. 예를 들어, 우편물이 도착하지 않거나 수표가 잘못 배달된다는 건 매우 드문 일이고 가능성도 적다. 그런 일이 일어났다고 해도, 프랑스 텔레콤(France Télécom, 프랑스의 전기통신 회사. 지금의 Orange — 옮긴이 주)이 미리 경고도 없이 전화선을 끊을 가능성은 더욱 희박하다. 절차상의 실수가 발생해서 정말 전화선이 끊겼을지라도 그것이 돌이킬 수 없는 재앙일까? 아니다. 집 근처 프랑스 텔레콤

지사에 방문하여 변명하면 되는 별로 심각하지 않은 일이다.

그럼에도 클레르의 어머니는 심각하지도 않고 가능성도 없는 일의 위험에 마음을 빼앗기고, 그것을 예방하기 위해 긴장을 늦추지 않는다. 가족 식사 역시 시간 안에 준비하기 위해 마음을 졸인다. 이것은 첫째, 늦어도 심각한 일이 아니고, 둘째, 요리에 익숙한 데다 미리 메뉴를 생각해 두었으니 늦어질 위험은 적다. **불안한 기대, 위험에 대한 지나친 주의와 긴장**이 클레르의 어머니의 불안성 성격 특성을 보여준다.

불안성 성격

- 자신이나 주변인들에게 생길 일상의 위험에 비해 너무 자주 또는 너무 심하게 걱정한다.
- 과도하게 신체적으로 긴장한다.
- 위험에 끊임없이 주의한다. 잘못될 수도 있는 모든 것을 감시하고, 위험이 낮거나 가능성이 적어서 심각하지 않은 상황조차도 통제하려 든다.

이렇듯 불안성 성격의 장점과 단점은 이미 짐작할 수 있듯이, 신중함과 통제하는 경향이 장점이고, 지나친 긴장과 타인에게 끼치는 고통이 단점이다.

클레르의 어머니는 주변에서 사고나 재앙을 일으킬지도 모르는 것들을 감지해 내는 진정한 레이더를 가진 듯하다. 어머니의 근본적인 믿음은 이렇게 표현할 수 있다. **"세상은 언제든 재앙이 일어날 수 있는 위험한 곳이다."** 우울증이 있는 사람이 이런 믿음을 가졌다면 곧 닥치게 될 타격을 경감시키기 위해 등을 구부리는 데 그칠 것이다. 반면 클레르의 어머니는 주변을 통제하려 애쓰면서 온갖 방법으로 예방하려고 한다.

두 번째 믿음은 **"조심하면 대부분의 사건·사고를 막을 수 있다"**라는 믿음이다. 그런데 이것은 맞는 말 아닌가? 세상은 항상 재앙이 일어날 수 있는 위험한 곳이잖는가? 일간지만 펼쳐 봐도 확인이 된다. 시외버스가 골짜기로 떨어지고, 아이들이 물놀이하다가 물에 빠져 죽는다. 한 가정의 어머니가 빵을 사러 나갔다가 자동차에 치여 즉사한다. 날마다 집안 사고로 주방에서, 작업실에서, 정원에서 사람들이 죽거나 심각하게 다친다. 그러니까 아주 조심하면 대부분의 사고나 재앙을 피할 수 있잖은가? 그래, 사실은 엄마가 옳아. 세상은 위험하니까 조심해야 해!

불안해하지 않는 사람들의 믿음과 클레르의 어머니 같은 사람들의 믿음 간의 차이는, 불안의 빈도frequency와 강도強度intensity에 있다. 분명히 재앙은 언제든 일어날 수 있고 우리가 약하고 덧없는 존재인 것은 사실이지만, 우리는 대부분 이 사실을 잊고 산다. 그렇다고 우리가 통제할 수 있는 위험을 예방하지 않는 것은 아니다. 예를 들어, 운전할 때 안전띠를 매지만 특별히 불안해하거나 교차로를 지날 때마다 사고가 일어날까 봐 걱정하진 않는다. 불치병이나 지인의 자동차 사고 등 우리가 통제할 수 없는 심각한 위험은 직접 대면하지 않는 한 생각하지 않는다.

한편, 기차를 놓치거나 지각하는 것, 닭다리를 적당히 튀기는 데 실패하는 것과 같은 작은 위험들도 걱정을 불러일으키긴 하지만 그 강도는 보통이다.

불안해하는 사람들은 '경보 시스템'에서 일종의 제어 장치가 너무 민감하여 고통받는 것이다. 불안한 생각, 신체적인 긴장, 통제하려는 행동이 사건에 비해 너무 자주, 그리고 강하게 작동하는 것이다.

그렇다면 불안성 성격을 가진 사람의 이야기를 들어 보자. 제라르(34세)는 보험회사 직원이다. 그는 주치의에게 신경안정제를 정기적으로 처방받는다.

그래요. 난 불안해하는 사람이라고 할 수 있지만, 나 자신을 돌보긴 합니다! 재미있는 것은 내가 보험사에서 일한다는 거예요. 마치 남들에게 일어날 수 있는 불행에 전념하는 것이 나 스스로를 보호하는 느낌이랄까요! 물론 내 걱정은 합당하고 내 행동이 정상이라고 생각합니다. 사실 난 회사나 고객들에게서 직업적으로 인정받고 있어요. 뭔가 잘못될지도 모른다는 두려움이 피보험자도 알아채지 못한 뜻밖의 위험이나 보장 계약의 허점을 감지하게 해주거든요. 결과적으로 나는 보너스를 두둑하게 받고 고객들은 보장을 잘 받습니다.

그렇지만 이 불안 때문에 항상 긴장 상태에 있긴 합니다. 어느 날 내 주치의가 하루 동안 내 머릿속에 떠오른 불안한 생각들의 목록을 작성해 보라고 했어요. 다음과 같았지요. 침대에서 일어나기 전에 잠시 그날 할 일들에 대해 생각하며 과연 내가 해 낼 수 있을지 걱정합니다. 아내와 아침을 먹는데 그날 아내 기분이 침울하길래 서로 마음이 떠나는 날이 오면 어쩌나 싶더군요. 약속 장소로 가려고 차를 타고 출발하면서는 늦으면 어쩌나 걱정했어요. 난 운전대를 잡으면 무척 조심합니다. 그리고 충돌시 안전하기로 유명한 자동차를 구입했어요. 계약서를 들고 고객의 사무실에 도착해서는, 내가 뭔가 잊어버린 것이 있나, 위험을 예측하지 못한 것이 있나 걱정했죠. 고객과 함께 계약서를 읽었고, 만족한 고객은 서명을 했습니다. 사무실을 나오면서 큰 계약을 따내 만족한 나는 커피를 마시려고 멈췄습니다. 몇 분간 긴장을 풀 수 있었는데 또 다른 걱정이 떠오르더군요. 아침에 자동차가 이상한 소리를 냈던 게 생각난 겁니다. 바로 정비소에 차를 가져가야만 할까? 다음 약속까지 시간이 될까? 그런 식으로 걱정이 계속 이어졌죠. 그냥 평범한 하루를 묘사한 것인데 이러네요. 하지만 나는 이 정도 양의 불안에 익숙합니다.

그런데 진짜 위험이 닥치면 침착하게 대응하죠. 그럴 때면, 별것도 아닌 일들을 걱정하던 내 모습에 익숙한 사람들은 놀랍니다. 작년에는 새로 구입한 배를 자랑하고 싶어 했던 친구들과 함께 바닷가로 떠났어요. 갑작스럽게 날씨가 변했고, 엔진 작동에 이상이 보이기 시작했죠. 다들 무서워하는데, 난 엔진을 살펴보려고 선창 안으로 내려갔습니다. 결국 우린 무사히 돌아왔어요. (그날 내가 문제를 해결할 수 있었던 건, 어느 날 길 가다가 차가 고장 날 게 두려워서 자동차 공학 수업을 들어 두었기 때문이에요.)

문제가 발생하면 극복할 수 있지만, 내 머리를 떠나지 않는 것은 일어날 수 있는 가능성이에요. 걱정이 없어도 만들어 냅니다. 지난여름의 예를 들어 볼게요. 아무 문제 없이 좋은 한 해를 보냈고, 아내와 나는 사이가 좋았습니다. 아이들과 함께 멋진 휴가를 보냈고 정말로 걱정거리가 전혀 없었어요. 그런데 '아이들 중 하나가 심각한 병에 걸리면 어쩌나?' 같은 유의 생각으로 걱정하기 시작했어요. 보다시피 끝이 없습니다.

이 예는 불안성 성격의 장점과 부정적인 측면을 잘 보여 준다. 장점은 제라르가 신중하다는 것, 위험을 예측하므로 직업적으로 훌륭하다는 것이다. 부정적인 측면은 그가 항상 경계한다는 것과 그 때문에 고통받고 피곤하다는 것이다.

불안은 어디에 쓸모가 있나?

결론적으로 불안은 정상적인 감정이다. 시험을 보거나 회중 앞에서 말하기 전에, 기차역에 늦었을 때와 같이 상황에 위험이 더해지는 순간 우리는 많든 적든 걱정을 한다. 불안이 유쾌한 감정은 아니기 때문에 우리는 위험을 겪지 않도록 알아서 피하려고 한다. 많이 불안하다면 시험이나 발표를 잘 준비할 것이고 역에 일찍 도착하도록 최선을 다할 것이다. 상황을 통제하지 못하는 위험을 방지하기 위해 노력할 것이다. 그러나 지나치게 불안하면 불쾌한 감정인 불안을 그저 피해 보려고, 시험이 너무 어렵다고 생각하여 시험날 결석을 하거나 발표를 거부하거나, 걱정이 너무 많아서 아예 여행을 하려 들지 않는다.

그러므로 불안은 상황을 잘 통제하고 위험을 예견하기 위한 자극이 되기도 하지만, 하려는 일에 제동을 걸기도 한다.

진화론적 관점에서 보자면, 현재 불안해하는 사람들이 많은 것은 자연적인 선택이라는 제약을 통과해 불안을 가진 후손들이 살아남았고, 불안이 생존에 일종의 가치가 되었기 때문이다. 다음과 같이 상상해 보면 쉽다. 걱정이 많은 사냥꾼은 아마도 포식자를 만나는 위험에 좀 더 주의했을 것이고, 항상 경계를 하며 좀 더 확실한 길을 찾고 약간의 경계에도 반응했을 것이다. 불안해하는 어머니는 아이들에게 좀 더 신경을 썼을 테고 절대 눈을 떼지 않으며 따로 식량을 비축해 두었을 것이다. 이런 모든 행동들이 생존 확률을 높여서 자손을 남기게 해주었을 것이다. 그룹 내에서 새로운 영토를 발견하거나 새로운 사냥 기술 및 위험스런 경험들을 시도하는 대담한 사람들의 열의에 균형을 잡아 주는 역할은 아마도 걱정이 많은 사람들이 맡았을 것이다. 대담성과 불안이 잘 결합되면 부족의 생존에 기여한다.

요약하면, 바이킹에게 걱정이 많은 성격들만 있었다면, 그들은 절대로 바다로 나아가 섬들을 발견하거나 유럽을 정복하지 못했을 테고 순록만 사냥했을 것이다. 반면, 걱정이 많은 사람들은 강박적인 사람들의 도움을 받아 해적선이 잘 만들어지는지, 여행할 때 생존에 필요한 것들은 잘 챙겼는지 신경을 쓰며 기여했을 것이다.

팀 프로젝트를 할 때 걱정이 많은 사람은 아무도 생각하지 못한 위험을 예상하고 예방하는 보호막이 되어 준다.

- 우디 앨런은 그의 여러 영화에서 불안성 성격을 연기했다. 특히 〈한나와 그 자매들 Hannah And Her Sisters〉(1986)에서 '아무것'도 없다고 증명해 준 의사의 진료실을 안도하며 나오다가 갑자기 침울해지면서, '그래, 하지만 언젠가는 뭔가 나타나겠지'라고 생각한다. 〈맨해튼 살인 사건 Manhattan Murder Mystery〉(1992)에서는 위험한 조사를 하는 아내 다이앤 키튼 Diane Keaton을 막지 못해서 극도로 불안해하는 남편으로 등장한다.

- 프루스트 Proust의 《잃어버린 시간을 찾아서 À la recherche du temps perdu》에서 화자의 존경하는 할머니는 불안성 성격의 여러 특성을 보여 주고, 남편과 손자는 이에 거역하는 걸 즐긴다.

- 필립 로스 Philip Roth가 쓴 《포트노이 씨의 불만 Portnoy's Complaint》(문학동네 역간)에서 '유태인 어머니' 모델은 불안해하면서 죄책감을 가진 성격으로 묘사된다.

그렇다면 불안성 성격에 어떻게 대처하면 될까?

이렇게 하라

■ 믿을 만한 사람임을 보여 주자

불안성 성격에게 세상이란 마치 각각의 부품들이 언제든 '느슨해져' 고장을 일으킬 수 있는 커다란 기계다. 당신이 고장을 일으킬 일은 없다는 느낌을 주면 그들은 불안을 덜 토로할 것이고 관계가 개선될 것이다.

작고 사소한 일에 마음을 쓰면 이런 인상을 주는 것이 가능하다. 약속한 시간에 도착하고 그 사람의 편지에는 기한 내에 답장을 하면서 용의주도함을 보여 주자.

그러나 쉽지 않다. 걱정이 많은 사람들은 때때로 너무 구속하려 들기 때문에 우리는 그들이 기대하는 것과는 정반대로 행동하고 싶은 유혹을 느낄 수 있다. 그렇지만 부모나 상사, 직장 동료처럼 관계를 유지할 수밖에 없는 사이라면 그건 좋은 방법이 아니다.

▪ 상대화하도록 도와주자

어느 범불안장애 환자가 인지치료를 받는 도중에, 치료사가 환자에게 머릿속에 끊임없이 떠오르는 불안한 생각들을 모두 말해 보라고 했다. 환자는 이렇게 말했다. "친구들과 남편의 동료들이 오늘 저녁 집에 올 거예요. 양다리 요리에 실패하거나 손님들끼리 어색할까 봐 두려워요. 남편이 술을 너무 많이 마시고 말을 많이 할까 봐 걱정되고요." 치료 사는 이런 난처한 일들이 초래할 수 있는 결과들과 그 확률, 그리고 그 것을 대체할 답들을 모조리 탐색했다. "알겠어요. 양다리가 너무 익으 면 어떤 일들이 일어날지 생각해 봅시다." 환자는 이처럼 양다리가 너 무 익었다는 시나리오에서 일어날 법한 결과들을 상상해 보게 되었다. 이러한 작업을 통해 기대할 수 있는 것들은 다음과 같다.

- 그 생각에 익숙해지면서 그 문제에 덜 불안해하게 된다. 이것 을 전문가들은 **둔감화**desensitization라고 부른다.
- 너무 익은 양고기가 초래할 결과들을 점차 상대화하면서 덜 심각하게 받아들인다.

친구들이나 남편의 행동과 관련해서는, 치료사는 환자가 그것을 모두 통제할 수는 없으며, 실제로 남편이나 손님들이 대화에 '실패해도' 조금 난처할 수는 있지만 재앙은 아님을 깨닫도록 도와준다.

이 작업을 치료의 틀 안에서 제대로 해 내려면, 일정 기간 동안 덜 어려운 상황부터 시작해야 하고, 치료사가 신뢰 분위기를 조성했을 때 해야 한다.

당신도 간단한 상황에서 연습해 볼 수 있다. 조만간 걱정이 많은 사람이 땀을 흘리며 이렇게 말할지도 모른다. "교통체증 때문에 분명 기차를 놓칠 거야!" 그러면 이렇게 대답하라. "알겠어. 그럼 놓쳤다고 상상해 보자. 그게 그렇게 심각한 일이야? 다른 일을 할 수 있지 않을까?" 기차를 놓쳤을 때의 **현실적인 결과와 대안**(다음 기차 타기, 마중 나올 사람들에게 연락하기)에 생각을 집중하고 거리를 두고 보도록 해주면 불안을 줄일 수 있다.

■ 착한 유머를 구사하자

불안에 떠는 사람들이 짜증나는 건 사실이다. 특히 그들이 부모일 경우 의도가 좋은 건 분명하지만 자식들에게 "조심하라"고 너무 잔소리를 하니까 결국에는 짜증이 난다. 그래서 빈정대며 응수하고 싶어진다. 다음은 다미앵(27세)의 이야기다.

집을 떠나 다른 도시에 있는 대학에 갔는데도 어머니는 전화를 자주 하셨어요. 더 심한 건 이런 질문으로 날 괴롭히셨다는 겁니다. "식사는 충분히 하고 있니? 너무 늦게 자지 않도록 조심하고 있지? 집세는 잘 내고 있어? 의료보험 등록하는 건 해결했니?" 난 스무 살이었고 자유를 느끼고 싶었기 때문에 이런 질문들을 참지 못했어요.

어느 순간, 어머니를 낙담하게 만들 요량으로 빈정거리며 대답했습니다. "아뇨. 일주일째 먹지 않고 있어요"라거나 "올해는 올빼미처럼 살기로 했어요" 또는 "집세를 낼 리가 있나요. 지금은 겨울인데"(프랑스에서는 겨울에 집세를 내지 않아도 임차인을 내쫓을 수 없다 — 옮긴이 주) 같은 식으로. 결과는 좋지 않았죠. 엄마는 화를 내셨고 불안함에 눈물까지 흘리시며, 자식을 향한 어머니의 사랑을 알아보지도 못하는 배은망덕한 놈이라고 하셨어요.

어머니의 걱정을 비극으로 받아들이지 않고 좀 더 착한 농담을 하기까지에는 몇 년이 걸렸습니다. 어머니 역시 진전이 있는 것 같았어요. 그렇게 물어보는 것이 나쁜 버릇임을 깨닫고 조금 자제하셨지요. 지금은 어머니가 "–는 생각해 봤니?"라고 하시면 "확실히 어머니만큼 생각하진 못했어요"라고 웃으면서 대답합니다. 그러면 화제를 바꾸시죠.

▪ 상담을 받아 보도록 권하자

걱정이 많은 보험회사 직원 제라르의 예를 생각해 보라. 그는 이완요법을 배워 눈에 띄게 긴장이 줄어들었고 힘든 시기에는 진정제를 복용한다.

오늘날에는 간단한 것부터 복잡한 방법까지, 불안성 성격의 사람들을 도울 방법들이 많이 있다. 특히, 다양한 이완요법 기술들을 건강 전문가들에게 배우거나, 요가를 하면서 배우는 간단한 횡격막 호흡부터 슐츠Schultz 요법이나 야콥슨Jacobson 요법까지 각자에게 가장 잘 맞는 방법을 찾을 수 있다. 회의가 시작되기 전이나 전화를 걸기 전, 또는 운전 중 교통체증에 갇혔을 때와 같이 긴장이 높아지는 상황을 맞이할 때마다 짧은 이완요법을 실시하는 것만으로도 불안성 성격의 사람에게 유익하다는 것을 기억하자.

최신 치료법인 인지치료[1]는 복잡해 보이지만 활용하기가 상당히 쉽고, 걱정이 많은 성격에 특히 효과가 있다. 불안성 성격의 환자는 세 가지 단계를 거쳐 발전한다.

- 자주 불안한 감정이 따르는 생각을 찾는다(인지). 치료사는 환자가 가장 불안해하는 순간의 '내면의 말'을 기록해 보라고 요청한다. (예를 들어 "이 보고서를 기한 내에 마치지 못하면 큰일이 날 거야!")

- 충동적으로 떠오르는 불안한 생각을 상대화하기 위해 그러한 생각을 '대체할 내면의 말'을 작성해 본다. 이는 환자가 "다 괜찮다"라고 반복하는 쿠에Coué의 자기 암시법이 아니라, 걱정하는 내용이 남아 있더라도 충동적인 말에 비해 완화된 문장을 적어 보는 것이다. (예를 들면, "기한 내에 보고서를 끝내는 게 좋지만 그게 불가능하다면 기한을 조정해 볼 수 있을 거야.")

- 인생이나 세상에 대한 근본적이고 불안한 믿음을 재검토할 목적으로 이야기하는 것은 치료에서 가장 까다로운 단계다. 인지치료에서 항상 그렇듯이, 치료사는 환자에게 반박하거나 어떤 유형의 생각을 조언해 주지 않지만, 소크라테스 대화법으로 일련의 질문을 던지면서 환자가 자신의 믿음을 재검토하도록 돕는다. (관계에 대해 불안해하는 환자의 경우, 사활이 걸린 근본적인 믿음은 아마 "다른 사람들이 기대하는 걸 완

벽하게 해 내지 못한다면, 거부당할 거야" 같은 믿음일 것이다.)

이렇게 하지 말라

▪ 노예처럼 끌려 다니지 말자

불안성 성격의 사람들은 자기들의 끊임없는 위험 예방 정책에 타인을 끌어들이려는 좋지 않은 경향이 있다. 의도가 나쁘지 않은 것이기 때문에 그들의 관점에 사로잡히기 쉽다. 은퇴한 에티엔느(64세)가 설명하는 것이 바로 그것이다.

> 내게 은퇴란 매년 새로운 나라를 구경하면서 나 좋을 대로 여행하는 자유를 의미했어요. 다행히 내 아내도 취향이 같아서 건강이 허락하는 한 즐길 생각이었지요. 비슷한 또래의 앙리라는 친구 부부가 있는데 역시나 기분 전환을 좋아해서, 이탈리아로 같이 여행할 계획을 세웠습니다. 그런데 앙리는 매력적인 사람이었지만 처음부터 그와의 여행이 쉽지 않다는 걸 느꼈습니다.
>
> 그는 최고의 보험을 들어야 한다고 근심하기 시작했는데 그가 선택한 보험에 가입하고 나서야 우릴 가만히 놔뒀죠. 출발하는 날, 앙리가 우리를 차로 데리러 왔어요. 한 친구가 앙리의 차로 우리를 공항으로 데려다 주는 거였죠. 앙리는 30분 일찍 왔어요. 우리는 준비를 끝내지도 못했는데. 결국 서둘러야 했고 앙리가 비행기를 놓칠까 봐 전전긍긍하니까 그의 아내는 안심시키려고 노력하더군요. 공항에서 우리는 일등으로 짐을 부쳤습니다.

여행하는 동안에도 어딜 가기에 앞서 걱정부터 했어요. 여러 가이드북에서 추천한 호텔들을 선택해 여정을 계획했더군요. 그렇지만 변덕스러운 기분 때문에 다른 곳으로 가고 싶어 하거나 예상치 못한 곳으로 돌아가려 하면, 이 작은 길로는 아무 데도 갈 수 없고 인적이 끊긴 곳에서 차가 고장이 날지도 모르며, 가이드북에 없는 여인숙에 갔다가 음식을 먹고 탈이 날지도 모르고, 다음 호텔까지 갈 시간이 없을지도 모른다며 걱정을 하기 시작했습니다. 처음보다 더 불안해하는 게 눈에 보이기에, 감히 그에게 '불복종'할 수가 없었어요. 하지만 조금씩 앙리 아내의 도움을 받아 우리가 주도하기 시작했어요. 모두 별일 없이 지나가자, 앙리도 조금은 안심을 하더군요.

■ 놀라게 만들지 말자

불안성 성격의 소유자들은 놀랐을 때 강하게 반응한다. 심리학자들은 이들이 지나치게 '펄쩍 뛰는 반응'을 보인다고 한다.

기쁜 일에 놀랄 때도 마찬가지다. 그들의 경보 시스템은 예상치 못한 경우에 발동이 걸리고 그에 따른 강렬한 감정을 선사한다. 그러므로 이들의 신경을 거스르고 싶은 유혹이 이는 건 사실이지만 그건 좀 무자비한 일이다. 예고 없이 도착하거나 갑자기 기대하지 않은 소식을 전하거나 쓸데없는 장난을 치면 걱정이 많은 사람들은 깜짝 놀라는 동시에 순식간에 당황한다.

이런 손쉬운 유혹에는 저항하자. 타인을 당혹스럽게 만드는 것을 즐긴다면, 차라리 편집성 성격의 사람들에게 하는 것이 낫다. 그들은 당신의 기대에 부응하는 짝이 되어 줄 것이다! 불안해하는 사람을 놀라게 만들어 얻는 즐거움이 혹시 당신보다 더 감정적인 사람을 억눌러서 당신의 작은 열등감을 보상받으려고 하는 건 아닌지 자문해 보라. 그렇다면 좀 더 생산적인 활동으로 그 감정을 조절하거나 치료사에게 가서 이야기해 보자.

그러나 의도치 않게 걱정이 많은 사람을 놀라게 하여 중압감 속에 밀어 넣을 위험은 항상 존재한다. 특히 직장에서 이런 것을 염두에 두도록 하자.

■ 쓸데없이 당신의 걱정을 나누지 말자

불안해하는 사람은 자기 걱정만으로도 이미 충분하다. 그가 당신에게 정말로 도움을 줄 수 있는 것이 아니라면, 당신의 걱정을 이야기하는 것은 피하는 것이 좋다. 사실, 그가 생각하는 것보다 훨씬 더 세상이 불확실하고 위험하다는 걸 알게 되는 것만큼 불안한 것도 없기 때문이다. 특히 직장에서 불안성 성격의 동료나 상사, 부하 직원에게 걱정을 토로하지 말자. 그들은 걱정하기 시작할 것이고, 당신을 새로운 걱정거리로 여길 것이며, 관계는 개선되지 않을 것이다.

■ 곤란한 대화 주제는 피하자

우리 인간은 생물학적으로 작은 기적과도 같은 존재이지만, 연약하고 매우 상처받기 쉽다. 우리와 우리가 사랑하는 사람들은 동맥이 터지거나 자동차가 너무 빨리 달려오거나 세포 하나가 암세포로 변하는 것에 목숨이 좌우되어 산다. 우리를 노리고 삼켜 버릴 절벽 위에 선 의식 없는 몽유병자처럼 다행히 그것을 생각하지 않고 살아가긴 하지만… 걱정이 많은 사람들은 우리 발밑에서 입을 벌리고 있는 그 심연에 눈길을 주지 않는 걸 못하는 사람들이다. 우리보다 자주 우리를 위협하는 위험에 대해 생각한다. 그들은 위험을 떠올리는 것만으로도 이미 그 위험을 겪는 것만큼 고통받는다.

그러므로 필요 이상으로 그들에게 짐을 얹어 주는 일은 피하자. 걱정이 많은 사람을 상대할 때 동료 중 하나가 에이즈로 죽어 간다거나, 편두통인 줄 알고 병원에 갔던 이웃 사람이 뇌종양으로 입원했다거나, 출근길에 끔찍한 사고를 당할 뻔했다고 이야기하는 건 피하라. 최근 벌어진 학살에 대한 충격적인 텔레비전 르포나 연쇄살인에 대한 끔찍한 기사를 묘사하는 건 자제하자. 9시 뉴스에서 보여 주는 그날 일어난 재앙들은, 걱정 많은 성격의 근본적인 믿음인 끔찍한 일이 가능할 뿐만 아니라 실제로 일어난다는 느낌을 강화시켜 주기 때문이다.

| 불안성 성격에 대처하기 |

이렇게 하라

- 믿을 만한 사람임을 보여 주자.

- 착한 유머를 구사하자.

- 상대화하도록 도와주자.

- 상담을 받아 보도록 권하자.

이렇게 하지 말라

- 노예처럼 끌려 다니지 말자.

- 놀라게 하지 말자.

- 쓸데없이 당신의 걱정을 나누지 말자.

- 곤란한 대화 주제는 피하자.

당신의 상사라면 : 그에게 안도감을 주는 신호가 되라.

당신의 배우자라면 : 패러글라이딩 스쿨에 등록했다고 말하지 말라.

동료나 부하 직원이라면 : 이들을 예방과 대처에 활용하라.

🛋 당신은 **불안성 성격 특성**을 갖고 있습니까?

	그렇다	그렇지 않다
1. 걱정 때문이 자주 잠들지 못한다.		
2. 기차를 타야 하는데 늦게 도착할 수도 있다고 생각하면 매우 불안하다.		
3. 뭐든 너무 걱정한다는 비난을 자주 듣는다.		
4. 세금이나 고지서, 지불 등의 의무는 항상 일찍 해결한다.		
5. 만날 사람이 늦으면 사고가 났다는 생각이 든다.		
6. 기차나 예약, 약속 시간 등을 재차 확인하는 경향이 있다.		
7. 중요하지 않은 것을 너무 걱정했다고 나중에 깨닫는 일이 자주 있다.		
8. 가끔 낮에 진정제를 먹어야 할 필요를 느낀다.		
9. 놀랄 때면 심장이 두근두근 뛴다.		
10. 가끔 이유도 없이 긴장을 느낀다.		

2

"세상엔 사기꾼으로 가득하다!"

편집성 성격에 대처하는 법

자동 업무 처리 회사에서 고객지원을 맡고 있는 다니엘(27세)의 증언이다.

처음 이 부서에 배치됐을 때, 동료가 될 조르주에 대한 이야기를 들었어요. 나보다 나이가 많지만 몇 년 동안 승진을 하지 못했대요. 일을 시작하면서 함께 일하는 사람들과 사이가 좋았으면 해서 그와 친해지려고 했어요. 첫날 아침, 내 소개를 하려고 그를 찾아갔지요. 일어나지도 않고 앉으란 말도 없이 차갑게 맞이하더군요. 50대쯤 되어 보이고 작지만 다부진 체격에 꼿꼿한 모습이 사복을 입은 군인 같았습니다. 그의 책상에 다가가자 그가 컴퓨터 '화면보호기'를 켜는 게 보였어요. 대화가 시작될 기미가 보이지 않아서 난 고객을 대하는 방식에 대해 그가 어떻게 생각하는지 물어 봤죠. 그랬더니 그 자리에 있으면 고객 접대 방법 정도는 알아야 하지 않느냐며 빈정거리는 태도로 대답하더군요. 의기소침해져 그 자리를 떠났습니다.

다음날 내 사물함에서 그가 보낸 편지를 발견했어요. 내가 이미 알고 있는, 고객을 대할 때 지켜야 할 품행에 대해 회사에서 나눠 준 공식적인 권고 사항을 복사한 종이였죠. 내가 그에게 요청한 것은 그저 그의 개인적인 관점을 말해 달라는 거였어요. 시간이 지나면서 관계는 조금씩 호전됐습니다. 대화를 하는 데에는 성공했지만, 조금 긴장이 풀리고 자신에 대한 이야기가 나오려 하면, 갑자기 냉정을 되찾고 급한 일을 끝내야 한다며 떠나는 걸 봤어요.

일을 맡은 지 2주가 됐는데 조르주의 고객 한 사람에게서 이제 나와 상대하고 싶다는 전화를 받았습니다. 난처한 마음이 들어서 조르주가 다른 사람을 통해 알게 될까 봐 그의 사물함에 메모를 남겼습니다. 다음날 컴퓨터 앞에 앉아 있는데 자기 고객들을 빼돌렸다고 날 비난하며 사무실에 폭탄처럼 등장하더군요. 나는 내가 아니라 고객이 먼저 전화했다고 반복해서 말하며 그를 진정시키려고 노력했어요. 겉으로는 진정된 듯했지만, 내가 설명을 반복하는데도 믿지 않는 눈치였어요. 아니, 그것보다는 불신과 신뢰 사이에서 싸움이라도 하는 듯 믿지 못하면서도 날 믿으려고 노력하는 것 같았습니다. 그 장면을 지켜봤던 비서 카트린이 그가 부당하게 남을 비난하는 게 처음이 아니라면서, 다른 부서 사람들과도 사이가 틀어졌다고 하더군요. 다음날, 그가 좀 더 진정된 것 같아 다시 얘기를 꺼냈더니 날 믿는 눈치였습니다.

그가 나를 매일 본다면 내가 그에 대해 나쁜 의도를 갖고 있다고 상상하긴 어려울 테니 그와 자주 만나기로 결심했어요. 우린 짧은 대화를 자주 나눴습니다. 날 만나는 걸 좋아하는 것 같았어요. 편안해 보이는 날이면 그에 대해 좀 더 알게 되었죠. 그는 이혼 후 혼자 살고 있지만 소송 두 건 때문에 정신이 없다고 했어요. 하나는 함께 살던 집을 전처가 가로챈 것과 관련된 것이고, 다른 하나는 자동차 사고로 오른쪽 시력을 거의 잃게 된 이후 완전히 보상하지 않는 보험사와의 재판이었어요.

어느 날 보험사 서류를 내게 보여 줬어요. 보니까 보험사의 변호사는 그의 장애를 축소하려고 하더군요. 그렇지만 더욱 놀라웠던 것은 조르주의 편지였습니다. 조목조목 근거를 들어서 쓴 그 편지는 변호사가 쓴 거라고 해도 무방할 정도였어요! 더구나 스스로 변호를 하려고 상해傷害법을 공부한다고 하더군요.

그는 혼자인 것 같지는 않았어요. 오랜 친구 두 명과 주말이면 낚시를 간대요. 하지만 어떤 날은 잔뜩 긴장한 모습으로 출근해서 경계를 하고, 내가 이유를 이해하게 되면 그제야 입을 열었어요. 지난주만 빼고요. 어느 날 젊은 동료들과 커피자판기 옆에서 내가 농담을 했고 모두들 웃음을 터트렸어요. 바로 그 순간, 조르주가 우리를 못 본 듯 근처를 지나갔지요. 그런데 다음날 내게 적대적인 태도를 보이더군요. 아마 자기 때문에 웃었다고 생각하는 것 같았어요. 그가 틀렸다는 걸 보여 주면 싫어할 게 뻔하니 그것 때문에 날 원망하는 거냐고 감히 물어보지도 못했습니다. 며칠을 두고 봤더니, 나와 대화하려고 찾아오더군요. 다른 사람들과 관계가 그리 좋지 않기에, 내 다정한 태도가 그리운 듯했어요. 그렇지만 전혀 좋아진 느낌은 아니었고, 내가 조금만 실수를 해도 자기를 해치려 한다고 생각할 것 같았어요.

조르주와 까다로운 고객과의 관계는 괜찮으면 계속 가고 괜찮지 않으면 떨어져 나갑니다. 그에게 평범하지 않은 자신감이 있다는 건 인정해야 해요. 필요에 맞지 않는 요청을 한 고객에게 단호한 논리로 반론을 밀어 내며 하나하나 증명해 내는 걸 본 적이 있습니다. 권장하는 판매 기술은 아니지만, 어떤 고객들과는 그 누구도 따 내지 못할 계약을 얻어 내요. 반면 어떤 고객들은 그의 방식에 대해 불평하려고 경영진에게 전화하기도 합니다.

결국 난 조르주에게 적응했어요. 가끔은 힘들어도 나쁜 사람은 아니에요. 그의 문제는 사방에 악이 있다고 보고, 절대 누구도 신뢰하지 못한다는 겁니다. 어디서 어떻게 그런 관점을 얻었는지 궁금해요.

친구들과의 주말 낚시에 날 초대했으니 우리 사이는 잘 정리된 것 같습니다. 낚시에 갈 테지만 실수하지 않도록 주의해야 한다는 걸 알고 있어요.

조르주를 어떻게 생각하는가?

조르주는 지나치게 **의심이 많다**고 할 수 있다. 다니엘에게 나쁜 의도가 전혀 없는데, 즉시 절대 신뢰할 수 없다는 태도를 보여 준다. 자신을 드러내지 않고 하던 일을 숨기며, 정보를 알려 달라는 요구에 대답하지 않는다. 다니엘을 잠재적인 적으로 가정하고 공격을 받을까 봐 그 어떤 약한 부분도 보여 주지 않으려는 듯하다.

의심이 많을 뿐더러 그에게 불쾌할 수 있는 사건(고객 중 한 사람이 다니엘에게 전화한 일)을 다니엘의 악의적인 행동의 결과라고 **해석한다**. 더 심한 건 중립적인 사건(다니엘이 동료들과 웃는다)인데도 마치 자신을 겨냥한 것처럼 해석한다.

다니엘이 조르주에게 이유를 설명하려고 할 때도, 그의 다른 특징인 **완고함**을 보인다. 어떤 설명을 하든, 그의 확신을 바꾸기란 쉽지 않다. 이 완고함과 자신이 옳다고 확신하는 경향은 고객을 대할 때 자신감으로 나타나기도 하며, 보험사와의 소송에서도 낙담하지 않도록 도와준다. 자기 권리를 주장하고 싸워야 하는 일일 때, 조르주는 흔들리지 않는다.

조르주의 의심은 다니엘뿐 아니라 사생활이든 직장이든 주변의 모든 사람들을 대상으로 한다. 그러므로 조르주에게 성격장애가 있다고 유추할 수 있다. 여러 가지 상황과 다양한 분야에서 이와 같은 부적합한 태도를 취하기 때문이다. 확실히 조르주는 편집성 성격으로 보인다.

편집성 성격

1. 불신

- 타인이 자신을 향해 나쁜 의도를 갖고 있다고 의심한다.

- 항상 경계하고, 주변에서 일어나는 일에 매우 신경을 쓰며, 비밀을 털어놓지 않고, 의심이 많다.

- 가까운 사람일지라도 타인의 충성심을 의심하고 질투한다.

- 전체적인 상황을 고려하지 않고 사소한 곳에서 적극적으로 의심할 만한 증거를 찾는다.

- 공격받는다고 느끼면 지나치게 보복을 하려고 한다.

- 자기 권리와 우선권을 걱정하고, 쉽게 공격받는다고 느낀다.

2. 완고함

- 이성적이고 냉정하며 논리적임을 보여 주려 하고 타인의 논지에 단호하게 저항한다.
- 긍정적인 감정이나 다정함을 보이는 데 어려움을 겪는다. 유머가 거의 없다.

조르주는 세상을 어떻게 볼까?

조르주는 확실히 사귀기 어려운 사람이지만 그의 관점을 이해해 보도록 하자. 세상은 위험한 곳이고 자기 자신은 약하기에 스스로를 보호해야 한다고 그는 믿는다.

그의 기본적인 전제는 **"세상에는 사기꾼과 악인들이 많으므로 항상 경계해야만 한다"**라고 볼 수 있다. 조르주는 경보 시스템이 잘못 설정되어 있어 가볍게 스치기만 해도 알람이 울리는 자동차와 같다.

우리는 이미 파악된 위험에 맞서 싸울 때보다 보이지 않는 미지의 위험에 좀 더 불안을 느끼기 때문에, 조르주는 마침내 자신의 적을 발견했을 때 진정으로 안도한다. 이는 세상에 대한 그의 이론을 확고히 해준다. 어떤 면에서 자신의 의심을 정당화하고 안도하기 위해 적을 찾을 필요가 있는 것이다. 자신의 의심이 옳다는 것을 끊임없이 확인하고 싶어 하기 때문에 적을 찾으려는 경향이 나타난다. 같은 이유로, 질투에 사로잡히면 아내의 부정에 대한 증거(또는 증거라고 믿는 그 어떤 것)를 얻었을 때에야 진정으로 안심한다.

이런 상황에 비극적인 면이 있다면, 그것은 모두 조르주가 옳은 것으로 끝난다는 것이다. 남들을 너무 의심하고 적대시한 나머지, 결국 사람들에게 그에 대한 반감이 생긴다. 조르주의 행동이 한계를 넘으면 사람들은 그를 해하려 들 것이고, 조르주는 기고만장하게 "의심하길 잘했지!"라고 외칠지도 모른다.

편집성 성격의 사람은, 전복될까 봐 두려워 자기 민족을 경찰의 감시하에 두고 정책에 반감을 가졌다고 여겨지는 사람들은 모두 투옥시키며, 음모를 꾸밀까 두려워 주변 인물들을 자주 처형해서 결국에는 사람들에게 체제를 뒤엎고 싶은 욕구를 갖게 만드는 독재자와 닮았다. 이런 종류의 독재자는 진짜 음모를 발견했을 때, 공포 정치를 실시하길 잘했다는 신념을 더욱 강화하면서 잔인함을 배로 늘린다.

독재자의 예를 우연히 선택한 것이 아니다. 독재자들 중에는 편집성 성격이 많고 자기애적 특성이 강하게 나타난다. 극단적으로 의심하는 그들의 성향은 전쟁이나 쿠데타, 혁명 등 권좌에 이르기까지 겪은 위험천만한 상황들에서 살아남도록 도와준 장점이었다. 더구나 그들의 완고함과 에너지는 두려움에 떨고 길을 잃은 국민들 눈에는 매우 안심이 되는 지도자의 모습으로 보인다. 그들이 제시하는 간단하고 자극적인 해결책의 공통점은 현재의 비극을 낳은 주적을 찾아내는 것으로, 적이 해를 끼치지 못하도록 막으면 평화와 행복이 돌아온다는 것이다. 시대나 정치 경향에 따라 '적'은 달라진다. 그렇지만 편집성 성격의 소유자는 꾸준히 적들을 제거해야 행복하고 정의로운 사회가 온다는 확신을 갖고 있다.

여기서 독자들은 우리가 독재자들에게 정치적 당파의 꼬리표를 붙이지 않았다는 걸 눈치챘을 것이다. 이는, 자신이 거론되는 것을 알아챈 독재자의 분노로부터 몸을 사리기 위함이 아니다. 편집증은 우파든 좌파든 가리지 않는 데다 어느 시대에나 두 진영에 풍부하기 때문이다.

가장 최근에 만난 편집성 성격의 사람을 떠올려 보자. 분명 독재자는 아니었을 것이다. 하지만 혼탁한 시기라면, 인민의 적을 숙청하는 인민재판의 재판관으로, 또는 조국의 배신자를 처단하고 싶어 하는 동네 민병대의 우두머리로 그들을 보게 될 위험이 크다. 그러므로 독자들이여! 충분히 경계하지 않았던 당신들은 아직 시간이 있을 때 망명해야 할 것이다….

그러나 편집성 성격의 사람이 압제자를 향하여 고개를 쳐들 수도 있다. 그의 완고함은 반항 정신으로 변해 그를 지하 저항 조직의 우두머리로 만들어 줄 수도 있다. 또한 의심이 많기 때문에 정치 경찰이 놓는 모든 덫을 피해 갈 것이다. 그리고 적을 향한 증오심은 그를 무서운 영웅으로 바꿔 놓을 것이다….

선택하는 적에 따라 편집성 성격의 사람은 영웅이 되거나 범죄자가 된다. 이는 인간이 놓여 있는 상황이나 운명이 그가 택한 도덕적인 선택을 벗어나지 못한다는 걸 뜻한다. 어떤 진영을 선택하든, 편집성 성격의 사람이 역사를 만드는 경우가 많다.

역사적인 예: 스탈린

폴란드의 스탈린주의 지도자 야쿠프 베르만Jakub Berman[1]은 스탈린과 함께했던 기나긴 만찬들 중 하나를 언급했다. 참석한 고관들은 바로 다음날 끌려갈지도 모르기 때문에 겁에 질려 있었다. 여자는 만찬에서 제외되었지만, 요리를 내오는 하녀들은 예외였다. 어느 날 하녀들 중 하나가 스탈린의 요리를 세팅하는데 조금 꾸물거렸다. 그는 지체하지 않고 바로 "이 여자가 무슨 얘기를 엿듣는 거야?"라고 말했다. 베르만에 따르면 "백만 번도 더 조사를 받은 하녀들"인데도 편집적인 해석을 한 좋은 예다.

러시아인들에게는 불행한 일이지만, 스탈린이 편집성 성향을 보인 예가 이뿐은 아니다. 그는 자신을 반대하는 음모가 있을까 의심하고 그것을 경계하느라 평생을 보냈을 뿐 아니라, 놀라울 정도의 폭력으로 대응했다. 레닌이 사망했을 때, 스탈린이 속한 공산당 정치국에는 혁명 1세대 10여 명과 트로츠키나 부카린 같은 똑똑하고 유명한 몇몇 인사들이 있었다. 10년 뒤, 스탈린은 남아메리카로 도망간 트로츠키를 제외하고 거의 모든 동료들을 차례대로 재판하여 처형했다. 트로츠키 역시 몇 년 뒤 스탈린의 명령으로 암살당했다.

국민들 역시 스탈린의 편집증을 피해 가지 못했다. 1932년 우크라이나는 계획 경제가 예측한 분량의 밀을 공급하지 못했다. 무질서한 농사 때문에 수확이 줄었다는 사실을 받아들이는 대신 스탈린은 우크라이나 농부들이 음모를 꾸미고 자기들 몫으로 밀을 숨겼다고 확신했다. 밀이 보이는 대로 압수하려고 붉은 군대를 우크라이나에 보냈고, 20세기 들어 가장 극심한 기근을 초래하게 만들었으나 역사에는 공식적으로 기록되어 있지 않다. 심지어 마을 전체가 사라졌고 사람들은 흙을 먹기도 했다. 역사가들에 따르면, 2년 동안 **전시**戰時**가 아님에도** 남자, 여자, 아이 등 5백만에서 7백만 명의 우크라이나 사람들이 굶어 죽었다고 한다.

1930년대 중반에 스탈린은 자기 군대 및 자신이 보기에 쿠데타를 선동할 가능성이 있는 몇몇 장성과 장군들에게서 위협을 느끼기 시작했다. 자기 부대의 신임을 받던 뛰어난 투카체프스키Toukhatchevski 원수가 군대를 기동력이 빠른 기갑 사단으로 정비해야 한다고 주장하자, 스탈린은 오래전부터 자신이 의심해 왔던 생각(이 원수가 쿠데타를 준비한다)의 확증으로 받아들였다.[2] 그렇게 평화의 시대에 가장 유혈이 낭자한 군대 숙청이 시작되었다. 장교 3만 5천 명이 목숨을 잃었다. 이 지휘권 숙청으로 붉은 군대는 1941년 독일의 공격을 받고 초반에 크게 패하고 말았다. 군의관까지 '숙청'을 당했기 때문에 부상자 사망률 역시 아주 음울한 기록을 남겼다.

스탈린의 이 예들은 편집성 성격의 일반적인 행동을 보여 준다. **가정일 뿐인** 적에 맞서 집념을 불태우고, 그렇지 않은 게 분명한데도 위협으로 인식한다. 편집성 성격의 사람이 지배하는 국민은 불행하여라!

널리 알려진 편집성 성격 중에서, 당연히 히틀러를 빼놓을 수 없다. 히틀러는 스탈린과 마찬가지로 자신이 항상 옳다는 결연한 확신을 가진 사람이었다. 역사에 등장하는 다른 편집성 성격들처럼, 스탈린과 히틀러는 특정 계층을 제거해야 세상이 더 좋아진다고 확신했다. 히틀러는 유태인과 집시, 정신병자, '백치'들이 사라져야 한다고 여겼던 반면, 스탈린은 수백만 명의 지주들과 사회주의 배신자와 다른 계급의 적들을 '숙청'했다. 그럼에도 오늘날 스탈린이 히틀러보다 더 존중을 받는 것은, 아마도 공개적으로 '열등한 인종'을 노예로 삼겠다고 천명한 히틀러와 달리, 이 공산주의 독재자는 인류의 미래 행복이란 명목으로 범죄를 저질렀기 때문일 것이다. 더구나 스탈린은 희생자의 자녀들까지 고의로 제거하는 데까지 이르지는 않았다(부모를 경찰에 고발하라고 격려하기는 했다). 그럼에도 이 두 체제의 차이가 이들의 닮은 점, 특히 편집증이 정부의 형태로 승격된 것을 은폐해 버리면 안 된다. 나치주의에 너그러울 리가 없는 철학자 한나 아렌트Hannah Arendt는 이 두 체제의 공통점을 조명했다.[5]

편집증의 열대 버전인 '종신 대통령' 프랑수아 뒤발리에Francois Duvalier 때문에 아이티 민족은 고역을 치렀다. 그가 통치했던 14년 동안 '파파 독Papa Doc'은 진짜든 추정이든 그의 정적들을 학살하거나 추방해 버렸고, 편집성 성격의 흔들림 없는 확신으로 역사에 남을 자신의 역할(스스로를 나폴레옹이나 레닌에 비유했다)에 대한 굉장한 이론을 발전시켰다. 그러나 권력을 잡은 편집성 성격들의 목록은 너무 길어서 이 책의 한 장에 다 담을 수 없을 정도다.

편집성 성격의 온건한 형태

독재자들을 예로 들어 가며, 오래된 정신의학 개론이 '전투적인 편집성 성향'이라고 이름 붙인, 위협적이고 과대망상적인 편집성 성격을 설명했다. 하지만 이것은 편집성 성격 특성들을 갖고 있긴 하지만 친하게 지낼 수 있는 대다수의 사람들을 올바로 평가해 주지는 못한다. 다른 모든 성격장애들처럼 성격 특성이 잘 드러나지 않거나, 스트레스를 받는 상황에서만 드러나는 등 중간 형태가 무한히 존재한다. 우울증 때문에 도움을 청하러 온 자동차 정비공 마크(34세)의 이야기를 들어 보자.

난 항상 경계심이 많았던 것 같습니다. 학교에서도 교실에서도 친구들이 날 놀리면서 배신할 거라고 생각했어요. 사실 농담과 진짜 조롱을 구별하는 것도 어려웠죠. 지금도 여전히 유머를 이해하는 것이 어렵고, 참는다고 해도 처음에는 화가 치솟아요.

군대는 편했어요. 농담이 심지어 공격적인 것까지 거의 의례적이어서, 내가 그 게임에서는 남들보다 강하다고 느꼈기 때문이에요. 군복무를 연장했어야 했다고 가끔 생각합니다. 안전하다고 느껴지지 않는 민간인으로서의 생활보다 내게 잘 어울리는 세계였어요. 직장에서 난 친한 사람이 없습니다. 다른 사람들이 내가 감정을 잘 드러내지 않는다고 생각하는 건 알고 있지만 난 그들을 믿지 않아요. 그래도 기술적으로 유능하니까 사장은 날 높이 평가하죠.

여동생은 믿어도 될 것 같다는 느낌을 받기 때문에 내가 유일하게 속을 털어놓는 사람이에요. 내 이야기를 하면 동생은 내가 뭐든지 '부정적으로' 받아들이는 경향이 있다고 말합니다. 그 말이 맞는 건 알지만 나중에서야 깨달아요.

내 연애사는 언제나 지옥이었습니다. 여자가 날 마음에 들어한다는 인상을 받으면, 내 돈을 등쳐 먹으려고 관심을 보인다고 생각하죠. 그녀가 나눠서 내겠다고 하지 않으면, 저녁식사 비용 등 그녀를 위해 내가 쓴 돈을 계산합니다. 난 질투도 많아서 그녀가 어떤 남자를 바라보기만 하면 그들이 서로 알고 있고 과거에 연인 사이였으며, 어쩌면 여전히 애인 사이일지도 모른다고 생각합니다. 물론 당신이 짐작하는 것처럼, 여자들은 모두 나를 떠났습니다. 그 여자들이 날 정말로 사랑한 게 아니라는 내 생각이 확인된 셈이지요.

군대에서 알게 된 친구 두 명이 지금까지 계속 친구로 남아 있어
요. 함께 토요일 아침에 자전거를 탑니다. 둘 다 결혼을 했고 때때로 가
족의 점심식사에 날 초대합니다. 그들과 함께라면 난 긴장을 풀어요.

대체 왜 사람들이 믿기 어려워졌는지 모르겠어요. 아버지는 내가
세 살 때 돌아가셨고, 어머니는 날 좋아하지 않는 남자와 재혼하셨어요.
어머니는 항상 날 적대적으로 대하셨죠. 내 심리치료사는 바로 거기서
내가 사람들에 대한 신뢰를 잃었고 그게 쭉 이어진 거라고 했어요. 하지
만 난 내 친아버지가 사람들을 경계했고 혼자 지내는 걸 좋아하기로 유
명했다는 것 역시 알고 있습니다.

다니엘은 운이 좋게도 자신의 장애에 대해 자각했다. 그는 심리치
료를 받으면서 개선될 거라고 믿어 의심치 않는다.

사실 그는 의심이 많고 과민하지만 덜 완고하다. 다른 사람들을
의심하지만 자기 자신에 대해서도 의심한다. 그는 높은 자존감을 가
진 것 같지 않다. 의심, 과민함, 우울한 기질 등 편집성 성격의 소극적
인 형태인 **민감성 성격**Sensitive Personality의 특성을 갖고 있다.[4] 오래전부
터 정신과 의사들은 예민한 사람들이 타인에게 위협을 받는다고 느끼
는 이유가 스스로를 약하게 느끼기 때문이라고 의심해 왔다. 편집성
성격처럼 예민하고 남을 경계하는 성격은 오히려 좋지 않은 자아상이
원인이다. 이런 사람들은 타인을 대할 때 자신이 약하다고 느끼며 슬
퍼한다.

예민한 편집성 성격을 20세기 초기에는 '영국인 가정교사들의 망
상'이란 명칭으로 설명했다. 보통 '나이가 많은 여자들'이었던 가정교

사들은 고용주의 나라인 외국에 살면서 사회적으로 고립되어 있었고, 좋지 못한 대우를 받았으며, 자신이 학대받는다고 우울증을 바탕으로 생각했던 것으로 보인다.

예민한 편집성 성격은 공격적인 편집성 성격보다 좀 더 흔하다. 예민한 성격을 가진 비서 마리 클레르를 대해야 하는 보험 회사의 임원 필립처럼, 독자들도 분명 이런 성격을 만난 적이 있을 것이다.

어떤 관점에서 마리 클레르는 뛰어난 비서입니다. 시간을 엄수하고 규칙적으로 일하는 데다 일을 잘하려고 신경을 많이 쓰거든요. 그렇지만 그녀와의 관계는 정말 어려워요. 만약 오타 때문에 지적을 하면 곧바로 자존심 상해하고 내게 화를 냅니다. 언젠가 잘못을 (게다가 많지도 않아요) 지적하는 게 당연하고 그걸 나쁘게 받아들이면 안 된다고 설명하려고 했습니다. 그녀는 오열을 터뜨리면서 내가 트집만 잡고 과도하게 일을 맡겨 실수를 저지르게 만든다며 비난했죠. 그렇게 심각하게 받아들이는 걸 보고 아연실색했어요. 나중에 사태가 조금 진정이 되자 그 일을 두고 가볍게 농담을 던졌더니 얼굴이 굳어 버리더군요.

동료들과의 관계가 더 나은 것도 아니에요. 대수롭지 않은 농담도 부정적으로 받아들이니까 동료들은 그녀와 함께 점심을 먹지 않는다고 하더군요. 그녀는 서류나 스테이플러를 찾지 못하면, 동료들이 사용하고 나서 분실했다고 비난합니다. 그녀가 실수한 걸 보여 주면, 며칠 동안 자존심 상해하고 토라져 있습니다. 항상 우울한 얼굴에 감정을 잘 드러내지 않아서, 그녀가 눈물을 감추는 걸 본 적도 있어요. 일을 정말 잘하긴 하지만, 이런 상황에서 그녀를 계속 고용할 수 있을까요?

현재 예민한 성격은 심리치료를 동반한 항우울제 치료로 크게 개선이 가능하다. 마리 클레르도 그렇게 했다. 명랑하고 개방적인 사람이 되진 않았지만 조금씩 경계심을 덜어 내고 비판을 좀 더 쉽게 받아들이게 되었다.

그러므로 편집성 성격을 지닌 사람들은 종종 실패를 기회 삼아 여러 가지 형태로 의사의 도움을 찾는 경우가 많다.

우리 모두는 편집성 성격이 아닐까?

대학교 1학년생들을 대상으로 하는 첫 강의를 앞두고 난 덜덜 떨었습니다. 4백 명까지 수용 가능한 계단식 강의실이었고 그렇게 많은 사람들 앞에서 강의한 건 처음이었거든요. 처음 몇 분은 정말 힘들었습니다. 목이 메는 듯했고 손은 덜덜 떨렸지만 준비를 열심히 했기 때문에 강의는 술술 흘러나왔고 학생들은 집중해서 듣는 것 같았습니다. 좀 더 차분해지기 시작했어요. 그러나 3번째 줄에 앉은 학생 두 명이 소곤거리는 걸 봤고 그중 한 명이 웃기 시작했어요. 그러자 곧 '날 비웃고 있군! 내가 떠는 걸 눈치챈 거야!'라는 생각이 들더군요.

대학 조교인 알랭처럼 대중을 상대해야 하는 사람이라면 누구나 공감하는 경험이다. 교수나 강사는 물론이고 좀 더 보편적으로는 그룹 앞에서 발표를 해야 하는 사람이라면 모두 해당된다. 웃고 있는 청중을 보면 우리는 그 웃음이 나 자신을 향한 것이라고 생각한다. 대중 앞에서 말하는 것이 익숙해야 '재밌는 농담을 주고받고 있나 보군', '앞서 강의한 강사에 대해 이야기하는 거겠지', '다른 사람을 비웃고 있군'과 같이 있을 수 있는 다른 가정들을 침착하게 떠올릴 수 있다. 그렇다면 강연자들은 모두 편집성 성격이란 뜻일까? 아니다. 이는 단순히 높은 목표가 있는데(여기서는 청중을 사로잡는 것) 스트레스 받는 상황에 있을 때, 우리가 주변 환경을 위협적으로 인식하고 **적대적으로 해석**하는 경향이 있음을 말해 줄 뿐이다.

익숙하지 않거나 낯설다는 점 역시 위협적이라고 가정하게 만든다. 언어를 알아듣지 못하는 이국적인 나라를 여행할 때 바로 이런 점에서 우리는 유독 경계심이 높아진다. 그래도 지나치게 순진한 것보다는 과하게 경계하는 편이 더 낫지 않을까?

편집성 성격은 쓸모가 있나?

진화 심리학자들에 따르면, 특정 유형의 성격들이 지금까지 여러 세대를 거쳐 전해진 것은, 생존과 번식에 유리하니까 진화하면서 유전적으로 선택되었다는 것이다. 편집성 성격은 이 가설에 당황하지 않는다. 경계심 덕분에 적이 나타나도 놀라지 않았고 덫이나 배신자를 피할 수 있어서 생존 가능성을 높여 주었기 때문이다. 또한 완고함은, 우리 조상들이 살았던 수천 년 동안에는 환경이 한 인간의 생애 동안 크게 달라지지 않았으므로 지도자의 위치에 올라가는 데 도움을 주었다. 지나치게 유순하면 좀 더 권위적인 사람들에게 휘둘리기 쉽기 때문이다(원시 사회에서 아내 수가

적으면 후손의 수도 적어진다). 다른 한편으로는 지나치게 의심이 많으면 동맹국을 찾거나 협력해서 일하는 데 방해가 될 수 있고, 지나친 완고함 때문에 현대 사회처럼 급변하는 환경에 적응하는 것이 곤란해질 수도 있다.

약간의 편집성 성격은 다음과 같은 상황에서 유리할 수 있다.

- 법 적용에 완고해야 할 때(경찰, 판사, 법무담당 부서).
- 상대가 정비공이든 공무원이든 갈등시 자신의 권리를 주장할 줄 알아야 할 때.
- 잠재적으로 위험하거나 보복해 올 수 있는 적을 상대해야 할 때(경찰 업무, 세관, 대테러 부서, 불안정한 나라에서 사업을 하는 경우).

이런 분야에서 일하는 사람들이 모두 편집성 성격이라는 의미는 아니다. 다만 잘 제어된 편집성 성격 특성을 갖고 있다면 이런 직업에 종사할 때 유리하다는 뜻이다.

편집성 성격이 병이 될 때

편집성 성격이라고 겨우 부를 수 있을 정도로 약간 예민하고 완고한 성격부터, 학대받고 있다는 진짜 망상을 가지고 자신을 향해 모든 음모가 꾸며지고 있다고 상상하는 편집성 성격까지 그 사이에는 수많은 중간 단계가 존재한다.

싱글인 아델(53세)은 건물주인 거대 보험 회사가 새로운 세입자와 더 높은 가격으로 임대 계약을 하기 위해 자신을 집에서 내쫓으려 한다는 생각을 품었다. 그녀는 점차 아파트에서 발견한 것들이 자신을 내쫓으려는 회사의 의지를 반영하는 단서들이라고 여기게 되었다.

엘리베이터 근처에서 파란 작업복을 입고 일하는 노동자는 분명 자신의 출입을 감시하기 위해 거기 있는 것이었다. 복도에 그려진 낙서는 두려움에 떨게 만들려는 위협이었다. 관리인과 함께 와서 그녀가 없는 동안 점침하고 간 직원은 도청장치를 심고 간 것이라 여겼다. 아델은 관리인에게 자신이 없을 때는 집에 오지 말라면서 예비 열쇠를 회수했다. 그러나 그녀는 매번 특정 물건들의 자리가 바뀐 것이 틀림없다며 자신이 없을 때 낯선 사람이 집에 들어온다고 점점 확신했다.

감시와 추적을 당하고 있다는 확신 때문에 그녀는 불안해서 잠도 못 자고 건물에서 무슨 소리가 나는지 귀를 기울이며, 수도관에서 나는 꾸르륵 소리까지 수상하게 여겼다. 아델은 수면제 처방을 부탁하기 위해 정신과 의사를 찾아갔고, 진단을 내린 의사는 그녀의 망상이 몇 주 내로 사라지게 하는 치료제를 처방했다. 정신과 의사의 제안으로 그녀는 공동 소유주들의 비용 부담 문제를 상의하기 위해 보험 회사와 만날 약속을 잡게 되었고, 자신을 향한 적대감이 전혀 없다는 걸 알게 되면서 완전히 회복했다.

이 예에서 아델은 과한 의심의 단계를 넘어 잘못된 해석까지 하며 말도 안 되는 음모를 상상했다. 이것을 **박해 망상**이라고 한다. 놀라운 것은 이 기이한 망상들이 치료를 받으면 편집성 성격 특성보다 더 쉽게 사라진다는 것이다.

영화와 문학 속의 편집성 성격

부뉴엘Luis Buñuel의 영화 〈이상한 정열Él, This Strange Passion〉(1952)은, 사랑을 할 때 나타나는 편집증의 진정한 임상 연구다. 부유한 멕시코 사람인 프란시스코는 젊고 아름다운 여인을 유혹하여 결혼한다. 함께 황홀한 신혼여행을 떠나지만 어느 날 저녁 아내에게 키스하려고 다가서다가 눈을 감고 황홀해하는 아내에게 "누구를 생각하는 거냐?"라고 묻기 시작하면서부터 상황이 파국으로 치닫는다.

에드워드 드미트릭Edward Dmytryk의 〈케인호의 반란The Caine Mutiny〉(1954) 은 허먼 오크Herman Wouk의 소설을 영화화한 것으로, 권위적이면서 무능한 선장역을 맡아 험프리 보가트Humphrey Bogart가 열연한 편집성 인물은 부하들을 자극해 결국 그가 의심하는 주변인들의 증오를 불러일으키고 만다.

스탠리 큐브릭Stanley Kubrick의 걸작인 〈닥터 스트레인지러브Dr. Strangelove〉 (1963)에서 스털링 헤이든Sterling Hayden이 연기한 리퍼 장군은 완고하고 확신에 가득 찬 진짜 편집증을 보여 준다. 소비에트 연방이 '상수원'을 오염시켰다고 확신하고 3차 세계대전을 일으킨다. (원자력을 책임지는 사람들 중에 적성 검사를 통해 편집성 성격을 걸러 냈기를 바란다.)

영국 작가 에블린 워Evelyn Waugh는 《모략Black Mischief》에서 편집증적 망상 경험에 대해 묘사했다. 그는 여객선을 타고 유람하면서 점점 끔찍하게 변하는 고조되는 환각 가운데, 승무원들과 승객들이 그를 향해 끊임없이 쏟아내는 무례한 발언을 듣는다.

편집성 성격에 어떻게 대처하면 될까?

■ **당신의 동기와 의도를 명확하게 표현하라**

편집성 성격인 사람은 당신이 자기를 해치려 한다고 언제나 의심한다. 그러므로 그 의심을 확인시켜 주는 '단서'를 제공하면 안 된다. 최고의 방법은 가능하면 애매하지 않은 방식으로 대화하는 것이다. 해석할 여지를 조금이라도 메시지 속에 남기면 절대로 안 된다. 특히 비판을 해야 한다면 단호하고 명확하며 간결하게 하라.

이렇게 말하라. "내게 알리지 않고 상사가 이 서류를 당신에게 맡기겠다고 했다지. 그게 날 불편하게 만들었어. 다음부터는 내게 미리 말을 해줬으면 해"(간결한 행동 묘사).

이렇게 말하지 말라. "이러면 안 돼. 당신과 일할 수가 없잖아. 난처한 일이 생겨도 날 의지하지 마"(모호하고 위협적인 비판).

이처럼, 흐루시초프Khrouchtchev는 소련 공산당원들의 절반이 처형당하거나 강제수용소로 보내졌던 시대에 스탈린 바로 옆에서 몇 년간 살아남았다. 미국의 역사가 로버트 콘퀘스트Robert Conquest[5]는 아마도 흐루시초프가 스탈린에게 언제나 순진하고 솔직한 모습을 보였기 때문이라고 했다. 둥글둥글한 머리와 '용감한 러시아 농민'처럼 순진하게 꾸민 시선 덕분에 말이다.

■ 예의를 철저히 지키라

어느 날엔가 회의 도중에 친구 하나를 동시에 여러 명에게 소개한 일이 있었습니다. 그가 악수를 하기 시작했는데 예의에 어긋나는 일이라기보다 동작이 일치하지 않는 실수를 했어요. 이전 사람과 악수하고 있는 상태에서 그 친구가 다음 사람을 바라본 것입니다. 소개한 사람들 중에 편집성 성격이 있었는데 상대가 자신을 무시한다는 걸 보여 주려고 일부러 고개를 돌린 것이라고 바로 결론짓더군요. 험악한 관계가 이렇게 시작되었죠.

에티켓과 관련된 당신의 모든 실수는 편집성 성격에게는 빈정거림이나 무시의 신호로 받아들여질 위험이 높다. 그러므로 편집성 성격인 사람과 사업을 하려거든 '규범에 맞는' 예의를 차려야 한다. 절대 기다리게 하지 말고 그의 메일에 바로 답신을 해야 하며 정중하게 대하고 다른 사람에게 소개할 때 절대 실수해서는 안 되며, 꼭 필요한 경우가 아니고서는 그의 말을 자르지 않도록 한다.

잠깐! 비굴한 모습을 보이거나 너무 상냥하게 대하라는 것이 절대 아니다! 그렇게 되면 편집성 성격의 사람이 지닌 극도로 예민한 안테나가 당신에게 진정성이 부족하다는 걸 탐지해 낼 것이다. 그 사람은 즉시 당신을 경계할 것이고, 자신의 의심을 잠재우려고 일부러 나쁜 행동을 보여 줄지도 모른다.

■ 그 사람과 자주 만남을 유지하라

편집성 성격의 사람과 자주 만나는 것은 극단적인 긴장을 유발하기 때문에, 최대한 그를 피하거나 아예 만나지 않으려는 마음이 생길지도 모른다. 멀리해도 아무런 해가 없는 사람이라면 주저하지 말라. 그러나 인생의 여러 사정들로 인해 상사나 이웃, 동료, 부모님 등 도저히 피할 수 없는 편집성 성격의 사람들이 있을 수도 있다. 그렇다면 이사를 가거나 이직을 할 때까지는 그들을 상대할 수밖에 없다. 그런 경우라면 거리를 두는 전략은 그리 좋지 못하다.

이웃에 사는 편집성 성격의 사람과는 너무 가깝지 않으면서도 자주 만나야 할 필요가 있다. 철저하게 피하면, 그는 당신이 그를 무시하거나 놀린다고 생각한다.

당신이 편집성 성격의 사람을 피하면 그는 당신이 자신을 상대로 음모를 꾸민다고 생각할 수도 있다. 심지어 자기가 아직 발견하지 못했지만 당신이 저지른 나쁜 짓 때문에 자신이 보복을 당할까 봐 걱정되어 당신이 도망가는 것이라고 생각하기도 한다. 예를 들어 편집성 성격의 사람이 방금 상사에게 질책을 당했다고 해 보자. 그런데 생각해 보니 몇 주 전부터 당신이 그를 피해 다녔다. 그러므로 그는 자신에 대해 상사에게 안 좋은 말을 전한 사람이 당신이라고 생각한다! 당신이 없기 때문에 그 사람은 자신을 향한 당신의 나쁜 의도를 마음대로 상상할 자유를 얻은 것이다. 반면 예의를 갖춘 걱정이나, 적대감을 보이지 않는 잦은 만남은 그 사람이 당신에 대해 자주 '점검'할 여지를 주기 때문에 상상력이 넘치는 걸 진정시킬 수 있다.

■ 법과 규정을 근거로 삼자

편집성 성격은 자신이 법을 존중하는 사람이고 정의만을 추구한다고 여긴다. 퇴폐와 부패에서 민중을 구하기 위해서라면 일부는 몰살시켜도 좋고, 자신은 항상 민중의 행복을 위해 행동한다고 생각하는 위대한 편집성 성격 독재자처럼 말이다. 대부분의 편집성 성격들은 법과 규정에 열광적인 모습을 보인다. 그래서 그들의 편지 형식을 보면 자기 입장의 정당성을 여러 가지 면에서 논증한 법적 양식을 가지고 있다. 그들은 재판에 강한 매력을 느낀다. 그럴 필요가 없는 대의를 위해 법적 행사를 하려 들고, 시간과 돈을 아낌없이 써서 결국에는 손해를 보는 수임 고객들을 겪어 보지 않은 변호사들이 없다.

편집성 성격은 어떤 개인에게 패했다고 느낄 때 분노하는 만큼이나 법, 규정, 권위자 앞이라면 고개를 숙이는 것도 받아들인다(자기 케이스가 규정에 설명된 것과 일치하지 않는다고 생각하는 경우를 제외하고). 놀라운 사실은, 대숙청으로 공산당원들이 많이 줄었지만, 그 가운데 한 그룹은 언제나 스탈린의 용서를 받았다는 것이다. 바로 차르 마지막 시대의 국회였던 두마Duma의 과거 멤버들이었다!

그러나 조심해야 할 것은 편집성 성격을 지닌 사람들이 법적인 특성에 열광하기도 하지만, 당신보다 법과 규정을 더 잘 알기 때문에 자신의 이익을 위해 사용할 줄 안다는 점이다. 그 분야에서 그 사람에게 맞서기 전에는 신중에 신중을 기하거나, 확신이 없다면 아예 시작하지 말길 바란다. 특히 관련된 분야의 전문가와 미리 상담해 보는 것이 좋다.

■ 작은 승리들을 허용하되, 어떤 것을 허용할지 잘 선택하자

우리 모두가 그렇지만, 편집성 성격을 지닌 사람도 사기를 유지하기 위해서는 크든 작든 이기는 게 필요하다. 당신 때문에 완전히 실망하게됐다면, 그의 분노가 높아질 위험이 크다. 그러므로 핵심은 양보하지 않도록 정확한 한계를 정하되, 부차적이라고 여겨지는 부분에서는 양보할 줄 아는 게 좋다. 직장에서 편집성 동료가 정당한 자기 권리라고 여기는 특전을 누리는 것이 당신에게 해가 되지 않는다면 내버려 두자. 반면, 당신이 미리 정해 놓은 한계를 넘는 즉시 저항해야 한다.

> 의사가 잘못 치료했다고 생각해서 그 의사를 끔찍히도 원망하는 한 편집증 환자가 있었다. 상담은 의사가 더 이상 중지시킬 수 없는 공격적이고 무례한 독백이 되어 버렸다. 어느 날 의사는 환자를 더 이상 보지 않겠다고 알렸다. 더욱 화가 난 환자는 점점 더 난폭해지는 편지와 전화로 의사를 괴롭혔다. 조언을 얻은 의사는 환자에게 다시 보자고 제안했다. 대신 서로간의 존중할 의무를 명확하게 정하고, 환자가 다시 공격적이 되면 상담을 중단할 권리가 의사에게 있음을 명문화한 계약서에 서로 서명해야 한다는 조건을 달았다. 편집증 환자는 계약의 몇몇 조항을 수정하게 만든 뒤에야 이를 받아들였다. 견딜 만한 긴장 수준이 유지되는 가운데 상담은 재개되었다. (그 사이 편집성 성격의 환자는 집주인이라는 새로운 적을 찾아냈다.)

■ 다른 데서 같은 편을 찾자

직장이나 사생활에서 공격적인 편집성 성격의 사람과 가까이 지내면

좌절감이 찾아오고 지치며 가끔은 위험한 상황이 되기도 한다. 조언과 지지, 위안은 다른 데서 찾는 것이 좋다. 특히 편집성 성격의 사람을 같이 알고 있는 경우에는 더욱 다른 곳에서 같은 편을 찾아야 한다. 회사라는 세계는 특히나 더 그렇다. 그를 아는 사람들은 이미 뜨거운 맛을 보았기에, 앞장서서 당신을 도와주는 것이 내키지 않을 것이다.

이렇게 하지 말라

▪ 오해 푸는 것을 포기하지 말자

편집성 성격의 사람들은 너무 피곤하고 좌절감을 주기 때문에, 당신은 오해가 생겨도 해명하는 걸 포기하고 싶어진다. 어쨌든 잘못은 그들에게 있으니 오해를 풀려면 그쪽에서 노력해야 한다고 말이다. 이 입장은 두 가지 이유에서 따져 볼 만하다.

- 당신의 이익을 위해 오해를 풀 기회가 있다면 왜 시도하지 않는가?
- 윤리적인 관점에서 다른 사람의 잘못된 생각을 바로잡아 주지 않는 것은 그에게서 개선될 기회와 인간관계에 대한 비관적인 관점을 수정할 기회를 뺏는 것이다.

은행 임원인 파트릭(43세)의 이야기다.

로제는 오래된 친구이지만 너무 예민해서 자주 만나면 좀 피곤합니다.

그를 처음 알았을 때부터 항상 그랬어요. 그래도 로제는 긴장이 좀 풀려 있으면 너그럽고 우정에 충실하고 꽤 재밌는 편이에요.

어느 날 저녁 친구들끼리 저녁을 먹는데 농담하는 분위기가 되었어요. 로제와 처음 만났을 때 그가 첫 직장에서 어떻게 사장과 사이가 틀어졌는지 이야기를 시작했어요. 그 늙은 사장은 자만심에 젖어서 매우 점잔을 빼지만 완전히 구식이었기 때문에, 로제는 사장이 기대하는 만큼 그를 존중하지 않았어요. 우여곡절이 많아서 이야기는 꽤 재미있었습니다. 내 의도는 로제를 놀리는 게 전혀 아니었고, 사장의 미움을 사면 사태가 얼마나 나쁘게 돌아갈 수 있는지를 보여 주려던 거였지요.

다른 사람들은 웃는데 로제는 불쾌해하는 걸 좀 나중에야 눈치챘어요. 바로 화제를 바꿨고 다시 대화가 계속됐지만 로제는 말이 없었습니다. 다들 작별 인사를 하고 있을 때 로제가 내게 쌀쌀맞다는 걸 느꼈습니다. 직업적으로는 내가 더 잘 풀렸다고 생각하는 걸 알기 때문에 로제가 내 얘기를 자신보다 우월한 위치에 있는 친구가 놀리는 것으로 받아들였음을 깨달았습니다.

난 어떤 태도를 취해야 할지 주저했어요. 아무 얘기도 하지 않고 시간이 흘러 무례함이 잊히기를 기다릴 수도 있었어요. 하지만 로제를 잘 알기 때문에 언제나 그 기억을 생생하게 간직할 거라고 생각했죠. 그래서 먼저 말을 꺼냈습니다. 로제를 불러 내 이야기에 불쾌해했다는 걸 눈치챘다고 말했어요.

그는 부인했습니다. 난 그가 '실토'하도록 만들지 않았어요. 난 로제에게 어쩌면 유쾌한 기억이 아닐 수도 있다는 걸 늦게야 깨달았다고, 불편하게 만들었단 생각에 걱정이 되었다고 말했습니다. 실은 유쾌한 기억은 아니었다고 대답하더군요. 내 기억에 웃기는 사람은 사장이지 그가 아니었다고, 그래서 이야기할 만하다고 생각했던 거라고 덧붙였어요. 로제 역시 이 이야기에서 웃기는 사람은 사장이었다고 인정했죠. 난 그를 불러 세운 게 어쩌면 잘못일 수도 있지만 오해를 남겨 두려니 괴로웠다고 이야기하며 마무리했습니다. 로제는 우리 사이에 오해가 없다고 대답했어요. 꽤 차가웠지만 다시 만났을 때 보니 날 다시 만난 걸 만족스러워하는 것 같았습니다.

파트릭의 이야기는 오해를 푸는 시도가 유용하다는 것을 보여 주는 좋은 예다. 더구나 다소 '편집성'인 성격을 대할 때 따라야 할 두 가지 황금률을 지켰다.

- 오해의 책임을 친구에게 지우기보다 자신에게 있다고 했다.
- 친구가 화났다는 것을 스스로 실토하게 만들지 않았다. 이는 친구가 틀렸음을 인정하도록 만드는 것이기 때문이다.

결국 이 일을 해명하기 위해 파트릭이 보여 준 근심은, 로제로 하여금 그의 친구가 자신의 감정에 신경 쓴다는 걸 깨닫게 해줬을 것이다. 그러므로 파트릭은 로제에게 '적'이 되지 않았다.

▪ 스스로 만든 그 사람의 자아상을 공격하지 말자
그들의 완고함 때문에, 또는 그들의 불쾌한 방식 때문에, 또는 그들이 보이는 악의적 태도 때문에(사실, 그들 스스로는 완벽하게 양심적이라고 생각한다는 것을 잊지 말자) 우리는 폭발적으로 편집성 성격의 소유자들에게 비난을 쏟아 붓고 싶은 유혹에 시달린다. 그렇지만 즉시 그 유혹에 저항하는 것이 좋다. 상처 주는 말로 모욕을 주면 당신의 신경은 가라앉을지 몰라도 당신을 꺾고 싶다는 그의 분노는 상승하게 될 것이다. 게다가 그의 의심에 확신을 줄 것이다. "그래, 당신은 처음부터 날 증오하고 무시했어. 의심하길 잘했군!"

만약 당신이 폭발한다 해도, 그를 비난할 때는 그의 '행동'에 집중해야 한다.

편집성 성격인 사람에게 분노 표현하기

이렇게 말하라 : "당신 주장은 더 이상 듣기 싫어" 또는 "항상 같은 얘기로 날 엿먹이지 마." 이 두 가지 예는 사람 자체가 아니라 행동을 비난하는 것이다. 뭐니 뭐니 해도 화난 감정을 진실하게 표현해야 그는 당신의 진실성을 깨닫는 동시에 타격을 입는다.

이렇게 말하지 말라 : "당신은 멍청이일 뿐이야" 또는 "당신을 정신병원에 처넣어야 했어!" 또는 "가서 치료나 받으시지!" 이 경우 사람 자체를 공격하는 것이기 때문에 그들은 견딜 수 없어할 것이고 당신에게 말도 안 되는 보복을 할 것이다.

■ 실수를 저지르지 말자

직업상의 관계에서 당신을 일단 적이라고 확신한 편집성 성격은 당신을 꺾으려고 온갖 기회들을 찾을 것이다. 조금의 실수나 서투른 행동,

부주의함을 발견하게 되면, 그들은 바로 당신을 공격하거나 당신에게 소송을 걸 때 사용할 생각으로 몹시 기뻐한다. 그러니 결단코 흠잡을 수 없는 모습만 보이라. 그가 눈에 보이걸랑 기름을 잘 친 로봇으로 변신하라.

편집성 성격과 만난다는 것은 말을 줄이고 말의 영향력에 대해 생각해 보는 좋은 훈련이다.

■ 그를 비방하지 말라. 곧 귀에 들어갈 것이다

보통 비방에는 장점이 있다. 그 자리에 없는 사람을 비방하면서 대화가 통하는 상대와 암묵적인 유대감이 싹튼다. 험담을 나누며 우정이 꽃핀다. 비방은 자신보다 강한 적에게 대놓고 이야기하지 못하는 것을 공범과 낮은 소리로 이야기함으로써 화를 잠재운다. 사장 험담하기가 그 좋은 예다.

그러나 비방은 단점도 있다. 너무 쉽게 안도감을 주기 때문에 비방하는 대상을 좀 더 솔직하게 마주하고 싶은 욕망을 없애 버린다. 그러니 동료와 뒤에서 험담하기보다 불만을 직접 표현하는 것이 더 낫다.

편집성 성격을 지닌 사람을 비방하는 것은 더욱 위험한 행동이다. 그는 예민해서 미심쩍은 적을 탐지하고 자신의 의심을 확인하고 싶은 쪽으로 행동하기 때문에, 당신이 자신을 비방했다는 것을 어떻게든 알아낼 확률이 높다. 편집성 성격을 지닌 사람의 해악을 아는 당신의 라이벌이 그에게 어느 정도 와전시켜 당신의 말을 전달해서 그를 당신의 적으로 세워 놓고 유용하게 써먹을 수도 있다.

■ 정치에 대해 토론하지 말자

편집성 성격을 대할 때 신중해야 할 분야가 있다. 바로 정치다. 정치 이야기는 사람들을 쉽게 흥분하게 만들어, 서로 의견이 다를 때 대화가 거칠어지기 쉽다. 아마도 이런 이유로 에티켓 교과서에서 정치적인 주제는 피하라고 권고하는 것이다. 그러나 대부분의 경우 그룹 내에서 정치 이야기를 할 때 의견 불일치로 긴장감이 돌면, 사람들은 즉시 화제를 돌리거나 적어도 특정 주제에서는 의견 일치를 찾으려고 노력한다. 격한 분위기를 만드는 것을 피하기 위해서 언제라도 대결을 그만둘 준비가 되어 있는 것이다.

그러나 편집성 성격은 그런 자세로 듣지 않는다. 끝까지 자기 의견을 고수하지 않는 것은 패배를 의미한다. 대화란 방어 자세를 낮추면 안 되는 싸움이다. 편집성 성격의 사람 쪽에서 화해 시도를 해 올리 만무하니 정치 이야기는 오히려 단호함만 강화시켜 줄 뿐이다. 편집성 성격은 극단적인 정치적 입장에 끌리기 때문에(악의적으로 적을 지목하고, 적에게 모든 사회적 악의 책임을 지우며, 엄격하게 처벌해야 한다는 성격을 보이는 입장들[6]), 정치 토론은 쉽게 불타오를 위험이 크다.

편집성 성격의 두 가지 특성 중 하나는 완고함이다. 그들은 확고한 자기 확신을 적당하게 표현하는 걸 견디지 못한다. 친구들과의 대화라는 상황에서조차 말이다. 그리고 모든 악을 책임져야 할 적을 지목하고 가차 없이 대해야 한다며 정치 문제를 단순화하는 경향이 있다. 결론을 내리자면, 정치 이야기를 하기 전에 상대가 침착함을 잃지 않고 논쟁적인 토론의 규칙을 받아들일 수 있는 대화 상대인지를 먼저 확인하라. (그렇다고 정치 이야기를 하면서 열을 올리는 사람이 모두 편집성 성격이라는 것은 아니니 주의하라!)

■ 당신 자신이 편집성 성격이 되지 말라

편집성 성격을 지닌 사람과의 관계는 가끔 싸움판 초기와 비슷하다. 중심인물 한 명이 다른 사람을 부주의하게 밀치면, 상대는 모욕을 당했다고 느끼면서 그를 난폭하게 밀친다. 놀라고 격분한 주모자가 더욱 난폭하게 밀치며 반격하면, 처음으로 상대의 주먹이 날아오기 시작하면서 난투가 벌어진다. 그때부터 구경하게 된 사람들은 누가 '먼저' 싸움을 시작했는지 알아보기 어렵다.

편집성 성격의 소유자 앞에서 이와 같은 상황에 처하지 않도록 주의하라. 거리를 조금 두고 그에게 약간의 공간을 허락해 주는 것만으로 충분할 때도 있다. 갈등을 완화하기 위해 솔직하게 오해를 밝히려고 시도하는 것도 좋다. 간단히 말하면 지나치게 격분하거나 미미한 공격에 싸움을 걸려고 하거나 터무니없이 큰 보복을 하는 등 당신 자신이 편집성 성격인 것처럼 행동하지 않도록 조심하라.

편집성 성격의 소유자가 우리에게 끼친 피해와 좌절감이 너무나 커서, 분노 때문에 점점 완고해지고 싶고, 작은 행동 하나에도 의심이 가고, 작은 오해에도 폭발하고 싶어질 테니까 이것이 쉬운 일은 아니다. 어떤 면에서 편집성 성격의 사람은 우리를 편집성 성격으로 만든다. 시골에서 이웃 간에 발생한 토지 경계로 인한 갈등이 총질로 끝났을 때, 둘 중에 살인자가 되는 것은 더 미친 사람이 아니라, 고집 센 편집성 성격이 막다른 곳까지 몰아넣은 사람일 때도 있다.

결론을 내리자면, 편집성 성격에도 정도가 있음을 인정하고, 편집성 성격이라고 모두 거부하거나 위대한 독재자의 축소 모델인 '쌈닭 편집성'이라고 걱정할 필요는 없다. 반면 약간의 재치와 신중함을 갖고 있다면, 편집성 성격 특성을 보이지만 괜찮을 수도 있는 사람들과의 갈등을 어느 정도 피할 수 있을 것이다.

| 편집성 성격에 대처하기 |

이렇게 하라

- 당신의 동기와 의도를 명확하게 표현하라.

- 예의를 철저하게 존중하라.

- 그 사람과 자주 만남을 유지하라.

- 법과 규정을 근거로 삼자.

- 작은 승리들을 허용하되, 어떤 것을 허용할지 잘 선택하자.

- 다른 곳에서 같은 편을 찾자.

이렇게 하지 말라

- 오해 푸는 것을 포기하지 말자.

- 스스로 만든 그 사람의 자아상을 공격하지 말자.

- 실수를 저지르지 말자.

- 그 사람을 비방하지 말라. 곧 귀에 들어갈 것이다.

- 정치에 대해 토론하지 말자.

- 당신 자신이 편집성 성격이 되지 말라.

당신의 상사라면 : 상사를 바꾸거나 충실한 하인이 되라.

배우자라면 : 도움을 받기 위해 심리학자를 찾아가라.

직장 동료나 부하직원이라면 : 더 악화되기 전에 변호사와 상담하고 이 장을 다시 읽어 보라.

 당신은 **편집성 성격 특성**을 갖고 있습니까?

	그렇다	그렇지 않다
1. 나에 대해 농담하는 것을 잘 견디지 못한다.		
2. 내게 잘못했다고 생각되어서 사이가 완전히 틀어진 사람들이 여러 명 있다.		
3. 새로 알게 되는 사람들을 경계하는 편이다.		
4. 내가 생각하는 것보다 적이 더 많다.		
5. 누군가에게 뭔가를 털어놓을 때, 그걸 이용하여 날 공격할까 봐 자주 두렵다.		
6. 의심이 많다는 비난을 듣는다.		
7. 인생을 헤쳐 나가려면, 항상 거칠고 완고하게 보여야 한다.		
8. 날 좋게 여기는 것 같으면, 내게 뭔가 얻을 게 있어서라고 생각한다.		
9. 나쁜 행동 때문에 벌주고 싶은 사람들에 대해 자주 생각한다.		
10. 이 질문지가 불편하다.		

3

"당신을 유혹하여 나의 가치를 증명할 거야!"

연극성 성격에 대처하는 법

브뤼노(28세)는 대기업 본사 직원이다.

카롤린과 나는 거의 같은 시기, 같은 직급에 채용되어서 서로 빠르게
친해졌고 회사에 대한 인상들을 자연스럽게 나누곤 했죠. 그녀는 눈에
안 띌 수가 없었어요. 그녀를 복도에서 처음 본 날 회색 정장을 입고 있
었는데, 재킷은 매우 클래식했지만 미니스커트가 인상적이어서 그녀의
멋진 다리에 눈길이 가지 않는 사람이 없었죠. 하지만 말을 걸면 차가
운 태도를 보이고 매우 직업적인, 흔히 말하는 '사무적인' 태도여서 섹
시한 외양과 대조를 이룹니다. 자신이 도발적이라는 걸 전혀 모른다는
듯이.

첫 회의 때 그녀는 거의 발언하지 않고 이해할 수 없는 조금 과한
시선을 내게 던지기만 했어요. 회의가 끝나고 나는 그녀와 이야기를 했
습니다. 카롤린은 내 말에 귀를 기울이며 뜨거운 시선으로 날 감쌌고,
내 농담에 웃었습니다. 이게 사실이라면 너무 멋진 일 아닌가요? 믿기

지 않았어요. 그런데 곧 의심할 만한 증거가 생겼지요. 상사인 알렉스가 우리 이야기에 끼어들자 그에게도 같은 태도를 보이는 겁니다. 실망하고 화가 나서 며칠 동안 카롤린에게 말을 걸지 않았어요.

그런데 어느 날 저녁, 치과에 가려고 퇴근 준비를 하는데 그녀가 내 사무실로 와서 앉더군요. 난 시간이 없었어요. 그런데 그녀는 아기 같은 목소리로 왜 자기에게 말을 걸지 않느냐고 묻더군요. 난 약속이 있다고 설명하면서 다음날 이야기하자고 했어요. 그녀는 내가 자길 싫어하는 것 같다며 낙심한 목소리를 내더군요. 마치 버려진 소녀처럼 슬픈 눈으로 날 바라봤고 눈물이 고인 것 같아서 솔직히 무척 감동적이었어요. 난 집까지 바래다 줄 테니 차에서 얘기하자고 했어요. 그러자 아이 같은 목소리로 고맙다면서 내 목을 끌어안았죠. 하지만 그 아이가 175센티미터의 섹시한 여자라는 걸 난 잊을 수가 없었어요.

결국 난 그녀와 저녁을 먹었습니다. 다시 내 말에 집중하며 웃는 그녀를 보고, 우리 집으로 가서 한잔 하지 않겠냐고 제안하지 않을 수 없었어요. 그녀는 다시 말투가 바뀌더니 걱정스런 얼굴로, 지금 자기가 그리 자유로운 편은 아니라고, 남자들과의 관계에 매우 실망했다고 하더군요. 카롤린의 모호한 태도에 애인이 있는지 없는지 알아 낼 수가 없었습니다. 결국 피곤해진 나는 그녀를 집에 데려다 줬습니다. 가는 길에 우린 별로 말이 없었어요. 하지만 그녀는 차에서 내리면서 내 입술에 키스해 날 깜짝 놀라게 만들었죠.

우리 관계에서 일어났던 에피소드들을 다 말하진 않을 겁니다! 몇 주 동안 오락가락하는 그녀의 마음에 들려고 무진 애를 썼습니다. 끊임없이 바뀌는 그녀의 태도에 내가 싫증이라도 내면 곧바로 날 도발했지요.

마침내 함께 밤을 보냈습니다. 그런데 사랑을 나눈 뒤 아직 침대에 있는데 자신이 유부남의 애인이라는 비밀을 털어놓더군요. 그녀는 꿈꾸는 듯한 눈을 하고 황홀한 표정으로 그 남자가 얼마나 강하고 멋지고 신비로운지 이야기했어요. 정말 참을 수가 없더군요! 관계를 끝내기로 했어요. 아무 말 없이 카롤린을 데려다 줬습니다. 떠나면서 회사 밖에서는 안 보는 게 좋겠다고 말했어요. 며칠 동안 그녀는 날 원망했지만 곧 새로 온 직원에게 매력을 발산하는 걸 보았죠.

직장에는 카롤린을 좋아하는 사람들도 있고 싫어하는 사람들도 있습니다. 카롤린은 고객들에게 매우 영악하게 굴어서 고객들은 자신들의 필요를 이해받는다고 느끼죠. 회의에서는 좋은 아이디어를 자주 내놓고요. 반면 서류를 체계적으로 구성해야 할 때면, 지루해하다 못해 무관심하여 그냥 일을 다른 사람에게 넘겨 버립니다. 회의 때는 뭐든 중요하게 여긴다는 표정으로 조금 극적인 방식으로 표현을 합니다. 마치 요구르트 광고를 결정하는 일이 잘못되면 하늘이 무너지는 비극이라도 일어날 것처럼요. 그러나 아직 그녀에게 질리지 않은 새로 온 직원들은 잘도 넘어갑니다.

카롤린과는 그냥 친구입니다. 그녀는 내가 자기를 원망하지는 않지만 날 '가질' 수도 없다는 걸 느낀 것 같아요. 가끔 내게 와서 비밀을 털어놓고 갑니다. 새로 온 물품 책임자가 얼마나 훌륭하고 멋지고 굉장한지 얘기했다가, 2주 뒤에는 얼마나 나쁘고 쩨쩨하며 무능한지 모르겠다고 이야기하죠. 그녀와 함께 있으면 언제나 '영화' 같아요.

카롤린을 알게 된 지 이제 2년 됐지만, 어떤 면에서 그녀의 진짜 모습을 모르겠다는 느낌을 항상 받습니다. 사소한 대화라도 내 주의를 끌기 위해 연기하는 것 같거든요. 자연스러운 모습을 보이는 게 불가능한 것처럼. 어쩌면 그게 본성인지도 모르죠!

카롤린에 대해 어떻게 생각하는가?

　　　　　　　　카롤린은 갖고 있는 모든 방법을 동원해 끊임없이 주변 사람들의 주의를 끌려고 한다. 너무 튀지 않는 도발적인 복장, 유혹하는 행동, 회의 때의 연극적인 발표, 당황스러울 정도의 갑작스런 태도 변화(유혹에서 무관심으로 바뀐다), 극적으로 과장된 도움 요청(슬퍼하는 어린 소녀처럼 보이려고 할 때) 등 타인의 주의를 끌기 위한 매우 폭넓은 '재주'를 갖고 있다.

　브뤼노는 그녀의 감정이 빨리 변한다는 것도 알아챘다. 같은 날 저녁에 그녀의 감정은 절망에서 유혹 게임의 흥분으로 바뀌었다가, 약간 납득하기 힘든 슬픔으로 바뀌고, 차가워졌다가 격정적인 키스로 끝을 맺었다! 말하자면 그녀는 감탄을 늘어놓으며 어떤 사람을 이상화했다가 지나치게 깎아내리는 경향이 있다. 같은 사람인데도! 브뤼노는 카롤린이 배우처럼 '연기'하는 것인지, 연극적인 행동이 진짜 본성인지 알 수 없다는 걸 깨달았다!

　카롤린은 연극성 성격의 모든 특성들을 갖고 있다.

- 타인의 관심을 끌려 한다. 모두의 관심 대상이 되지 않는 상황을 견디지 못한다. 주변인들의 애정을 심하게 갈구한다.

- 자신의 감정 표현을 극화한다. 그 감정은 자주 빠르게 변한다.

- 감정적인 발화 양식을 구사한다. 인상 위주로 말하고 정확함이나 세부사항은 부족하다.

- 주변 인물들을 이상화하거나 그 반대로 지나치게 평가절하하는 경향이 있다.

카롤린은 어떻게 세상을 볼까?

회의에서 카롤린은 항상 참석자들의 관심의 대상이 되려고 한다. 일대일로 있을 때는 상대방의 관심을 완전히 사로잡으려고 한다. 그녀의 기본 믿음은 아마도 이런 것일 게다. **"도움을 받으려면 항상 다른 사람들을 사로잡고 관심을 끌어야만 해."** 이 말은 그녀가 혼자 알아서 할 능력이 없으므로 도움이 필요하다고 생각한다는 뜻이다. 사실 연극성 성격은 눈길을 끄는 외양 아래 자신에 대한 과소평가된 이미지를 갖고 있는 경우가 많아서, 끊임없이 타인의 매료된 시선에서 안도감을 찾는 경향이 있다. 그들의 감정은 자주 빠르게 변하는데, 남의 흥미를 더 끌거나 놀라게 만들기 위함인지, 아니면 아이들처럼 진실로 웃다가 울다가 하는 것인지 알기가 어렵다.

여자들은 모두 카롤린과 조금 비슷하지 않나?

페미니스트들을 자극하려는 의도는 없지만 정신과 의사들을 흥분시키는 논쟁을 다시 끄집어내 보자.

남의 마음에 들 필요성, 수시로 바뀌는 기분, 도움 구하기⋯. 전통적인 여성적 특징 아닌가? 여러 세기 동안 문학을 통해 우리가 배운 것은 '여자들은 자주 바뀌고', 유혹의 기쁨을 위해 농락하려 하고, 남자의 힘을 독차지하기 위해 약한 존재인 척하며, 배신을 잘하고 연기를 한다는 것이었다.

연극성 성격이라고 말하기 전에는 '히스테리성 성격hysterical personality'이라고 했다. '히스테리hysteria'란 말은 그리스어 husteros에서 유래했고 이는 전형적인 여성 기관인 자궁, 모태의 이름이다. 그리스인들은 여자들의 시끄럽고 지나친 감정 표현 따위가 자궁의 내부적인 동요 때문에 유발된다고 생각했다. 게다가 의사들은 마비, 위축, 복부 통증, 간질과 유사한 발작, 기억상실 등의 다양하고 눈에 띄는 장애를 가진 환자들에게서 방금 묘사한 성격 특성들이 나타나는 걸 관찰했다. 육체적인 질병에서 관찰되는 이 가지각색의 증상들은 변덕스러운 방식으로 왔다가 그치기 때문에, 눈에 띄는 사건에 의해 나타나거나 사라질 수 있었고, 잘 알려진 육체적인 질병과 일치하는 것이 없었다. 19세기까지만 해도 이 장애들을 여전히 '자궁 발작uterine fury'이란 이름으로 불렀다고 한다.

1980년에 '히스테리성 성격'이란 용어는 정신장애 진단 및 통계 편람인 미국의 DSM-III 분류법에서 사라졌다. 과장되고 연극적인 감정 표현은 '히스테리성' 성격에게 상당히 지속적으로 나타나는 특성이었다. 그래서 플루트 소리에 맞춰 판토마임을 공연하는 연극배우를 지칭하는 라틴어 'histrio'에 유래한 '연극성'이란 용어를 채택하였다. 그리고 눈에 띄는 히스테리 증상들은 (마비, 졸도, 기억상실 등의) 신체화장애somatization disorder, 분열장애dissociative disorder, 전환장애conversion disorder라는 다른 진단 용어 아래 묶이게 되었다.

'히스테리'란 용어를 버리게 된 이유

1. 의학의 발달로 '히스테리성'이라고 부르는 환자의 행동이나 장애들이 자궁과 전혀 관계가 없다는 것이 확인되었다.

2. 추가적인 증거로 일부 남자들에게서도 동일한 증상이 보인다는 것이다.[1] 그런데 남자에게는 자궁이 없다. (적어도 이것 하나는 확실하다.)

3. 히스테리성 성격을 가진 환자들 중에 마비나 졸도 등의 눈에 띄는 히스테리성 증상이 전혀 나타나지 않는 이들이 많다. 역으로 이런 증상들로 고통받는 사람들이 이전부터 항상 '히스테리성 성격'을 가진 것은 아니었다.

4. '히스테리성'이란 용어는 그 가치가 떨어졌고, 남성 정신과 의사들이 손을 쓸 수 없는 여성 환자들을 가리킬 때 자주 사용되었다.[2] 또 현대어에서는 모욕적인 말이 되었다.

히스테리와 역사

정신과 의사와 심리학자들이 지난 세기부터 히스테리에 대해 쓴 것들을 모두 읽고 싶다면, 어지

간한 용기가 아니고서는 불가능하다. 몇 년 동안 읽어도 다 못 읽기 때문이다. 주목받고 싶은 히스테리들의 은밀한 소원이 완벽하게 이루어졌다고 봐도 좋다!

프로이트는 비엔나 상류 사회 출신인 히스테리성 환자들을 직접 관찰한 것을 토대로 이론의 근간을 세웠고, 이는 '불경'한 질문 두 가지를 떠오르게 한다. 몇몇 비엔나 아가씨 환자들의 히스테리를 설명하기 위해 세운 이론인데, 다른 형태의 정신장애들을 설명해 줄 수 있을까? 더구나 의사의 지지와 관심을 갈구했다고 하고, 의사가 듣기 원하는 이야기를 한 환자들의 증상과 발언을 토대로 이론을 세운다는 것이 신중한 일이었을까? 프로이트 역시 스스로 많은 의문을 품었다.[3] 이 환자들의 많은 수가 어린 시절 근친상간을 당하거나 성추행을 겪었다고 이야기했기 때문에, 프로이트는 처음에는 그것이 악의 근원이라고 보았다. 그리고 이 이야기들이 상상이나 자기 이론의 주요 근간인 억압된 오이디푸스적 갈등에 해당하는 여성의 환상은 아닌지 자문했다. 사실 아동의 성적 학대나 근친상간의 빈도와 관련해 현재 우리가 아는 것을 비추어 볼 때, 학자들은 프로이트의 환자들이 가족 내 남성들에게 정말로 성적 학대를 당했다고 생각한다. 미국의 페미니스트들은, 정신과 의사들이 환자가 근친상간을 당했다는 이야기를 해도 회의적인 태도를 보인 이유가 프로이트에게 있다고 비난했다. 정신분석이 그것은 '꾸며 낸 이야기'라고 가르쳤기 때문이다. (현재 이에 반발해 과도하게 반대되는 흐름이 생겨나고 있다. 성인에게서 나타나는 모든 정신장애는 어린 시절에 겪은 성추행 때문이라고 설명하는 정신치료적 관점이 존재한다.)

히스테리를 매력적인 것으로 보자는 논쟁이 우리를 삼천포로 빠지도록 이끈 것 같다. 다시 연극성 성격으로 되돌아와 보자.

연극성 성격의 근거들이 앞서 서술한 것과 비슷하다는 것을 염두에 두고 역학 연구를 살펴보면, 이 성격 범주는 남자보다 여자에게서 2배나 많이 나타난다. 물론 연극성 성격인 남자가 여자와 똑같이 행동하지는 않는다. 예를 들어 유혹하는 행동들은 남녀의 사회적 역할에 따라 사실상 달라진다. 연극성 성격의 남성은 연극에 등장하는 호색한처럼 자신감을 가지고 표현하고, 열정적으로 고백한다. 그러나 모두의 주목을 받고 싶다는 욕구가 너무 강렬해서, 관심을 받기 위해 자신의 외모나 복장, 남성적 매력 등을 내세운다. 물론 이 세상에는 연극적인 언행의 지형도가 존재하므로, 성격을 본래의 문화적인 문맥 안에서 보아야 한다. 남부 이탈리아 사람에게는 정상적인 몸가짐도 스웨덴에서는 연극적으로 비칠 수 있다. 배우 알도 마시온Aldo Maccione 또는 그가 연기한 인물들이 베르그만Bergman 영화에 등장한다면 정말 놀라울 테니까!

연극적인 언행이 조금은 유익할 때

연기자나 변호사, 정치인이나 광고인 같은 직업을 가진 사람들은 대중의 관심을 끌고 사로잡아야 하며 대중의 감정을 이용해야 한다. 이들 중에는 연극성 성격이 많다. 그들에게 맞는 '무대'를 제공해 줄 수 있다고 느껴서 그런 직업에 끌린 것이다. 제철산업이나 농업보다는 분명 미디어나 광고 계통에 연극성 성격의 사람들이 더 많다. 시골이나 지방보다는 대도시에 더 끌리기 때문이다. 변호사 약혼자에 대한 사빈(28세)의 이야기다.

앙드레는 엄청난 매력을 발산하며 날 유혹했습니다. 말을 잘하고 눈에
띄는 데다, 열정적인 고백을 하다가도 순식간에 거리를 두는 신중함이
있었고, 내 친구들과 금방 어울렸기에 난 그에게 흠뻑 빠지고 말았어요.
그러나 조금씩 그가 항상 공연중이라는 걸 알아챘습니다. 저녁식사 자
리에 가면 모두가 자신에게 주목하도록 하는 데 집요했어요. 관심을 끌
기 위해 화를 내는 것도 서슴지 않았죠. 찬사를 받기 위해 사람들의 관
심을 끌 필요까지는 없다고, 내가 너무 심하다는 눈치를 주려고 하면,
앙드레는 상처를 받았고 내 조언을 좋게 받아들이지 않았습니다. 자신
은 그 순간의 기분을 따랐을 뿐이지 관심을 끌려는 것이 아니라고 하더
군요. 더 심한 건 정말 그렇게 생각한다는 겁니다! 자기가 행동하는 방
식을 잘 모르는 것 같았어요. 나와 함께 있을 때에도 긴장을 푼 적이 없
고 언제나 조금 과하게 행동해요. 이제는 매력이라고 느껴지기보다 피곤
합니다. 내가 조금이라도 거리를 두는 것 같거나 피곤해하면 토라지거
나 연극적인 분노를 표출하고 결국에는 눈물로 마무리하거든요.

사빈은 남자친구에게서 연극성 성격의 꽤 독특한 특성을 발견했
다. 스스로를 관찰하는 능력과 실제 자기 감정을 인정하는 능력이 부
족하다는 것이다. 앙드레는 기분이 유쾌했기 때문에 익살을 부렸고 불
쾌했기 때문에 화를 낸 것이라고 말했다. 오히려 앙드레의 감정은 사빈
의 마음에 들지 않을까 봐 걱정하고 있고, 그래서 스스로에게 쇼를 하
도록 부추겼는데도 말이다. 그 걱정을 자각하는 것이 어쩌면 앙드레

를 너무 불안하게 만들기 때문에, 그는 고통스런 감정의 자각으로부터 보호해 주는, 정신분석의 **방어기제**defense mechanism라고 부르는 것을 통해 감정을 배출해 버린다. (방어기제와 자아심리학은 정신분석 이론에서 가장 많이 발전한 분과로, 안나 프로이트가 기초를 세웠으며 앵글로색슨계 나라에서 매우 발달했다.[4])

과도한 연극적 언행이 실패로 이끌 때

　　　　　　　　앙드레는 연극적 언행 때문에 아마도 변호사라는 직업을 택했을 것이고, 또한 연극적 언행 덕분에 성공하는 데 도움을 받았을 것이다. 반면 법정에 적합한 그의 연극적인 행동은 사생활에 해를 끼쳤다. 환멸을 느낀 사빈은 그를 떠나 버렸다.

연극성 성격은 처음 볼 때는 매력적이지만 지나친 표현이나 변덕스런 기분, 관심에 대한 목마름 때문에 상대방은 싫증을 느끼고 떠나 버린다. 그 결과 끊임없이 매력을 발산하고 유혹하지 않으면 상대방이 떠난다고 더욱 확신하게 되어, 더욱 연극적인 방식으로 새로운 관계를 시작하고 새로운 실패로 끝맺는다.

일부 스타 영화배우들의 불행한 연애생활은 연극성 성격의 신호이기도 하다. 처음에는 푹 빠졌지만 곧 그들의 과장된 행동에 질린 파트너에게 자주 차이거나, 반대로 좀 더 많은 관심을 주는 새로운 사람에게 가기 위해 그들 자신이 파트너를 차 버리기도 한다.

영화 〈선셋 대로Sunset Boulevard〉(1950)에서 글로리아 스완슨Gloria Swanson이 연기한 한물간 스타는 모든 종류의 연극성 행동을 이용하여 젊은 시나리오 작가를 유혹한다. 결말은 좋지 않다.

빅터 플레밍Victor Fleming의 영화 〈바람과 함께 사라지다Gone with the Wind〉(1939)에서 비비안 리Vivian Leigh가 연기한 스칼렛 오하라는 남자들의 흥미를 유발하는 연극성 성향을 보이지만, 가질 수 없는 사람일 때에만 사랑에 빠진다.

에두아르 몰리나로Edouard Molinaro의 〈새장 속의 광대La Cage aux folles〉(1978) 역시 빼놓을 수 없다. 미셸 세로Michel Serrault가 연기한 알뱅은 엄청나게 감정적이고 표현이 풍부한 50대의 동성애자로 강한 연극성 성격 특징들을 지니고 있다.

귀스타브 플로베르Gustave Flaubert는 《마담 보바리Madame Bovary》가 감수성이 풍부하고 애정을 갈구하며 기분이 변덕스럽고 공상을 좋아하며 형편없는 애인을 이상화하는 경향이 있다고 설명했는데, 이는 연극성 성격의 그럴듯한 초상이 될수 있다.

체호프Tchekhov의 소설 《결투The Duel》에서 나데지아는 아름다운 연극성 인물로 남편을 떠나 카스피 해까지 젊고 잘생긴 공무원을 따라간다. 젊은이가 나데지아에게 싫증을 느끼자 그녀는 여러 가지로 고통받는 모습을 보이지만 애인은 측은히 여기지 않았고 그 반대였다. 그녀에게 남은 것이라곤 다른 남자, 장교 키릴린을 유혹하는 일밖에 없었다.

연극성 성격에 어떻게 대처하면 될까?

■ 지나치고 극적인 과장을 예상하자

연극성 성격이 무엇인지 잘 이해했다면 그들의 지나친 연극적인 행동이 '변덕'이 아니라 성격의 일부인 존재 방식임을 알았을 것이다. 그러므로 "그래도 쇼는 그만둬야 해"라고 말하며 화를 내 봤자 소용이 없다. 그 사람에게 그건 '쇼'가 아니라 자연스러운 행동이며 타인의 시선에서 안도하기 위한 방법이고, 너무 우울한 감정이 생기기 전에 미리 차단하는 방법이다. '지나치게 행동'할 때 화를 내기보다는 연극성 언행이 근시나 탈모와 동등한 자연 현상이라고 받아들이자. 당신은 친구가 근시나 대머리라고 화를 내는가?

■ 한계를 정해 놓고 가끔은 무대를 허용해 주자

직장에서, 특히 회의 때 연극성 성격을 받아주는 게 매우 어려울 때가 있다. 명확한 사실에 근거를 둔 문제 해결에 집중한 발표를 기대했는데, 모호하고 극화시킨 감정에 몰입된 발표를 하고 있으니 말이다. 상사들 중에는 이들이 표현할 기회를 아예 막아 버리고 '꼼짝 못하게 눌러 버리는' 시도를 하기도 한다.

조슬린은 병원에서 근무하는 사회복지사로 금요일마다 열리는 회의에서 모두를 피곤하게 만들었다. 시간이 없어서 의료진이 모든 환자들의 서류를 검토하고 중요한 문제에 집중해야 하는데도, 조슬린이 끼어들어 몇몇 환자들의 심리 문제와 자신이 어떻게 그들을 위로했는지 극적으로 묘사하면서, 환자들의 신뢰를 얻어 낸 방법에 대해 이야기를 늘어놓았다. 간호사들은 결국은 조슬린의 자기 자랑에 화가 났고, 의사들은 환자의 의료 문제에 집중하지 못하도록 그녀가 계속 끼어드는 것을 참지 못했다.

그러다가 병동 과장이 조슬린이 발언할 때마다 갑자기 도중에 말을 끊어 버리기 시작했다. 놀란 조슬린은 곧 눈물을 보이고 말았다. 그리고 남은 회의 시간 동안 말을 한마디도 하지 않았다. 그리고 다음 회의 때 헤어스타일을 바꾸고 나타나 다시 관심을 끌고자 한 환자가 그녀에게 털어놓은 매우 극적인 이야기를 하기 시작했다. 그러자 의사들이 좀 더 거친 방식으로 말을 끊었다. 발언권을 가져오려던 시도는 실패했고 조슬린은 결국 문이 부서져라 쾅 닫고는 회의장을 떠났다.

모두들 거북해했고, 팀 전체가 거부 반응이 일기까지 손을 놓고 있었다는 것과 그래도 조슬린이 가끔은 환자 관리에 중요한 정보를 주었다는 것을 나중에서야 깨달았다.

조슬린은 다음날 출근하지 않았고 그녀가 2주간 병가를 냈다는 소식이 들렸다.

이 이야기는 일반적인 두 가지 사실을 분명하게 알려 준다. 먼저 연극성 성격이 얼마나 짜증나는지(심리치료사도 포함이다), 그리고 거부하는 태도를 보이면 그만큼 얼마나 행동이 심해지는지 여실히 알 수 있다. 어쩌면 냉담한 아버지의 관심을 끄는 유일한 방법으로 연극적인 행동을 '학습한' 것인지도 모른다. 팀이 조슬린을 거부할수록 그녀는 더욱더 눈에 띄는 행동으로 그들의 관심을 다시 끌려 했고, 이는 팀을 더욱 적대적으로 만들어 조슬린이 '아프다'며 떠나는 '극적인' 상황을 낳았다.

당신은 이렇게 말할지도 모르겠다. 왜 조슬린은 지나친 참견이 모두를 짜증나게 만든다는 걸 모르는 걸까? 왜 회의 때 표현을 자제하는 전략을 쓰지 않았을까? 물론 조슬린이 '보통' 성격을 가졌다면 상황을 고려해 행동을 고쳤을 것이다. 하지만 이 책에 그녀를 예로 든 것은 바로 그녀가 '힘든 성격'이란 얘기다. 즉, 그녀는 자신의 적절치 못한 행동을 고치기가 어렵고 오히려 융통성 없이 그걸 반복한다.

이야기는 계속된다. 의료팀은 '조슬린 케이스'에 대해 이야기하려고 정신과 의사를 만났다. 다음 내용은 각자 면담을 하고 나서, 조슬린이 돌아온 이후의 이야기다.

조슬린이 다시 출근했을 때 모두가 그녀에게 따뜻한 인사를 건넸다. 그녀가 회의장에 들어섰을 때 모든 팀이 '해피 버스데이' 분위기의 노래로 그녀를 맞이했다. 조슬린은 놀라는 동시에 기뻐했다. 서류 검토를 시작했을 때 조슬린은 그만 참지 못하고 그녀가 얻은 신뢰에 대해 이야기하려고 끼어들었다. 병동 과장은 이번에는 그녀가 끝까지 이야기하도록 놔두었고, 환자들을 이해하는 데 그녀가 얻은 정보들이 중요했다고 말했다. 그리고 환자별로 문제를 빨리 짚고 넘어갈 수 있게 회의 전에 요약한 내용을 적어 오는 건 어떻겠냐고 조슬린에게 제안했다. 조슬린은 그녀가 항상 추구했던 진짜 '역할'을 부여받은 것이다. 실제로 그녀는 손에 수첩을 들고 심각한 표정으로 자신이 적어 둔 노트를 서류별로 빠르게 읽어 나갔다. 덕분에 회의는 좀 더 효율적이 되었고 의료팀은 환자에게 중요한 정보들을 얻게 되었다.

이해했는가? 이들은 조슬린에게 규칙을 정해 주고 관심을 허용함으로써, 그녀가 좀 더 적합한 행동을 하도록 이끌 수 있었다. 그러므로 연극성 성격의 사람들에게는 한계를 정해 놓고 무대를 허용해 주자.

▪ '정상적인' 행동을 할 때마다 관심을 보여 주자

가끔 그리고 특별히 당신의 호의를 확실하게 보여 주면, 연극성 성격은 얼마간 연극적인 행동이나 마술사 같은 행동을 그만둔다. 잠깐! 잠시 갠 하늘을 그냥 보내 버리면 안 된다! 바로 그 순간, 그렇게 행동할 때 그 사람을 더 아낀다는 걸 보여 줘야 한다. **불편한 행동을 줄이는 최고의 방법은 받아들일 만한 행동을 할 때마다 재빨리 격려하는 것이다.**

▪ 영웅에서 형편없는 놈으로, 또는 그 반대가 될 것을 예상하자

연극성 성격은 주변 사람들을 과소평가하거나 이상화하는 경향이 있다. 왜일까? 강렬한 감정을 찾기 때문인지도 모른다. 실은 그들로서는 진짜로 느끼기 어려운 감정 말이다. 어떤 연극성 성격은 심층의 감정, 의식적으로는 너무 견디기 어려운 감정을 끊어 버리는 '퓨즈'가 있는 것처럼 보인다. 감정적 활성화를 유지하기 위해 그걸 대체할 감정들을 끌어들이는 것이다. 어쩌면 이상화했던 냉담한 아버지의 관심을 끌려고 했던 어린 시절의 상황을 재생하는 것인지도 모른다. 연극성 성격의 동료는 좋아하는 스타를 떠받드는 열광적인 팬처럼 당신을 찬미하겠지만 그녀를 실망시키면 당신의 이미지를 조각조각 (상징적으로) 찢어 버리고는 당신을 근본적으로 악하고 형편없는 사람처럼 말할 것이다.

너무 걱정하지 말라. 그녀에게 관심을 보이면 다시 그녀의 신전에서 한 자리를 차지할 수 있을 것이다.

이렇게 하지 말라

■ 절대 빈정거리지 말자

연극성 성격은 우습게 보일 때가 많아서 주변 사람들은 그를 놀리고 싶은 유혹이 인다. 관심을 끌려는 욕구가 우리에게도 있지만 우리는 잘 감추는 반면 그들은 너무 티가 나기 때문이다. 그 욕구가 우리 안에도 있다는 걸 인정하기 싫어서 그들을 쉬 놀리는 것이다. 마치 새로 태어난 동생에게 관심을 더 주자마자 이목을 끄는 짓을 하는 두 살짜리 어린아이를 보고 우리가 웃는 것처럼.

히스테리적인 사람들을 쉬 놀리는 또 다른 이유는 그들이 타인의 의견에 민감하고 감정적으로 반응하므로 무서운 적이 될 수 없기 때문이다. (편집광을 놀리는 경우는 쉽게 볼 수 없다!) 그런데 누구에게나 상처가 되는 빈정거림에 연극성 성격은 더 상처를 받는다. 그리고 다시 관심을 얻으려고 울음을 터트리거나, 자살을 기도하거나, 결근을 하는 등 더 심한 방법들을 동원할 위험이 있다.

■ 유혹적인 행동에 넘어가지 말자

연극성 성격은 당신의 관심을 끌기 위해 무슨 짓이라도 할 준비가 되어 있다. 그래서 직장 내 관계일지라도 관계를 '성적으로' 만드는 경향이 있다. 보통은 매력적인 웃음이나 뭔가 아는 듯한 시선 등 눈에 띄지 않게 도발하지만, 순진한 이들은 이것을 '다 넘어왔다'고 믿는다. 그러나 접근을 시도하면 연극성 성격은 놀란 얼굴로 밀어 내기 때문에 당혹스러움을 넘어 화가 날 정도다! 구애 행동 같은 유혹적인 행동들이지만 그들에게는 관심을 끌 목적으로 발산하는 매력일 뿐 깊은 관계로 발전시킬 의도가 전혀 없음을 당신이 이해하지 못한 것이다. 그래서 연극성 성격의 여성들은 종종 '선정적인 여자' 취급을 받는다.

풍속이 자유로워지면서 일부 연극성 성격인 여성들은 관심을 끌려고 성을 이용하기까지 한다. 언제나 진정한 욕망 때문에 그렇게 행동하는 것은 아니지만, 남들이 매력적이라고 생각하는 모습이 되려고 (어떨 때는 그렇지만 그렇지 않은 경우도 있다) 매우 자유로운 몸가짐을 하고, 파트너를 자주 바꾸며, 노련하고 자유로운 정부情婦처럼 처신한다. 일부 연극성 성격인 남자들은 엄청난 매력으로 유혹하지만, 진짜 의도를 파악하기가 어렵고 솔직하게 다가오지 않기 때문에 여자들은 어리둥절해진다. '선정적'이라는 말을 사용하지는 않지만, 일부 남자들이 보이는 연극성 행동은 선정적이라고 할 수 있을 정도다. (소심함이나 조심성 때문에 관계를 진전시키는 걸 주저하는 남자들과는 당연히 구별된다.)

■ 너무 측은히 여기지 말자

이들의 감정적인 모습이나 사실은 약한 모습, 또는 조금은 어린아이 같은 행동들을 보고 감동해서 그들을 보호해 주고 싶은 마음이 생길지도 모른다. (보호해 주고 싶고 아껴 주고 싶은 아름다운 연극성 성격의 여성과 사랑에 빠져 보지 않은 남자가 어디 있으랴?) 그러나 조심하라. 거리가 가까워지는 순간, 변덕스러운 기분에 끌려가게 되고 상대의 급변하는 태도에 당황하게 되면서도 그들의 극적인 묘사에 당신 자신이 빠져들 수도 있다. 그 사람의 욕구를 너무 존중해 주고 싶은 나머지, 더 이상 도와줄 수 없는 지경에 이르는 것이다.

클레르와의 관계는 처음부터 견디기 힘들었습니다. 예를 들어, 둘만의 멋진 저녁식사를 하고 있었어요. 디저트를 먹는데 갑자기 한마디도 없이 눈물을 쏟는 겁니다. 깜짝 놀라서 집요하게 물어보았더니 3년 전 사이가 틀어진 아버지와 마지막으로 저녁식사를 했을 때 같은 디저트를 먹었다고 하더군요. 친구들과 함께 저녁식사를 하고 돌아오는 길에, 내가 옆 테이블에 앉은 여자를 유혹했다며 크게 화를 내기도 했어요. 전혀 사실이 아닌데. 나 자신을 변호하다가 결국 화를 내자, 그녀는 어린 소녀처럼 울어 버렸고 죄책감을 느끼는 건 결국 나였어요.

내가 조금씩 깨달은 것은 이 모든 사건들이, 그녀가 나와 감정적인 교류를 원할 때 나오는 반사적 행동이라는 거였어요. 그래서 그 농간에 넘어가지 않았죠. 그녀가 그런 반응을 보일 때마다 난 진정하라고 말하거나 나중에 이야기하자고 했습니다. 그녀가 조금씩 진정하면 좀 더 정상적으로 솔직하게 대화를 할 수 있었어요. 클레르가 한 친구에게 자기를 그렇게 견뎌 낸 건 내가 처음이었고 그래서 안심이 된다고 했다더군요.

연극성 성격에게는 당신이 관객이란 사실을 잊지 말자. 너무 '쉬운' 관객은 흥미가 금세 떨어진다. 결론을 내리자면, 우리가 이곳에 소개한 연극성 성격은 예전에 '히스테리'란 용어로 묶였던 다양한 증상의 한 면만을 의미한다는 걸 기억하라. 불가사의한 장애인 '히스테리'는 여전히 심리학자들 사이에 흥미로운 논쟁을 불러일으키고 있다.

이렇게 하라

- 지나치고 극적인 과장을 예상하자.

- 한계를 정해 놓고 가끔은 무대를 허용해 주자.

- '정상적인' 행동을 할 때마다 관심을 보여 주자.

- 영웅에서 형편없는 놈으로, 또는 그 반대가 될 것을 예상하자.

이렇게 하지 말라

- 절대 빈정거리지 말자.

- 보통은 거짓이기 쉬운 유혹적인 행동에 넘어가지 말자.

- 너무 측은히 여기지 말자.

당신의 배우자라면 : 연극과 그 다채로움을 즐겨라. 어쨌든 그 때문에 결혼한 거니까.

당신의 상사라면 : 상사가 정반대를 요구하더라도 당신 자신으로 남도록 노력하라.

직장 동료나 부하직원이라면 : 당신을 이상화할 수 있도록 거리를 유지하라.

 당신은 **연극성 성격 특성**을 갖고 있습니까?

	그렇다	그렇지 않다
1. 다른 사람들의 시선은 날 흥분시킨다.		
2. 가끔 '쇼를 한다'는 비난을 듣는다.		
3. 난 쉽게 감동한다.		
4. 관계를 더 진전시킬 마음이 없을 때조차 유혹하는 걸 즐긴다.		
5. 다른 사람들의 도움을 받으려면 먼저 그들을 매혹시켜야 한다.		
6. 그룹 내에서 사람들이 내게 관심을 가져 주지 않으면 기분이 곧 안 좋아진다.		
7. 내게 무관심하거나 내가 가질 수 없는 사람과 사랑에 빠지는 경향이 있다.		
8. 옷을 입는 방식이 너무 도발적이거나 엉뚱하다는 얘기를 듣는다.		
9. 당혹스러운 상황에서 기절해 본 적이 있다.		
10. 내가 사람들에게 어떤 인상을 주는지 자주 궁금하다.		

4

"내가 모든 것을
통제할 거야!"

강박성 성격에 대처하는 법

"결정을 하기까지, 난 오래 망설인다."
— 쥘 르나르

다니엘(38세)의 이야기다.

어느 날인가 남들을 위해 일하는데 질려서 내 회사를 차리기로 했습니다. 난 사업을 하는 데 필요한 자질들을 갖추고 있어요. 흔히 말하는 것처럼 사업 감각이 있고 창의적인 편인 데다 에너지가 차고 넘치거든요. 하지만 내 단점들도 잘 알고 있습니다. 회계를 싫어하고 행정적인 업무들이 지루하죠. 관리도 잘 못해요. 그래서 매형인 장 마크과 동업하기로 했습니다. 안 지 오래된 사람이고 가족 모임 때 보니 믿을 만해 보였어요. 진지하고 집에 있는 시간이 별로 없다고 누나가 불평할 정도로 열심히 일하는 사람이죠. 신중하고 겸손한 편인 데다 아이들 교육에 신경을 많이 쓰는 점도 마음에 들었고요.

더군다나 누나에게서 매형이 회사에서 일로 인정받지 못한다고 여기는 걸 알게 되자 동업을 제안했습니다. 매형은 깜짝 놀라고 걱정하는 모습을 보이더니 생각해 보겠다고 하더군요. 이후 몇 주 동안 내게 자주 전화해 프로젝트나 동업 조건 등의 세부 사항들을 물어 봤어요. 결국 난 화를 냈습니다. 나를 믿지 못한다면 동업할 수 없다고 말이죠. 누나에게 전화가 오더군요. 누나는 믿고 못 믿고의 문제가 아니라고, 매형이 내 성실함을 의심하는 게 아니라고 하더군요. 단지 매형은 결정을 내리기 전에 항상 아주 사소한 것까지 알아야 할 필요가 있대요. 그게 세탁기를 구입하는 것이든 다음 휴가 장소를 결정하는 것이든 말이죠. 전화를 끊고서 내가 지겨워하는 세부 사항에 매형이 신경을 잘 쓰니까 나와 서로 보완이 되겠다고 생각했습니다. 과거에 함께 일했던 고객들이 나와 계속 일하길 원해서 회사는 금세 자리를 잡았습니다. 매형은 절차와 표준을 세우기 위해 열심히 일했어요. 너무 시간을 들이는 듯했지만 잘해냈습니다. 누나는 내가 매형에게 너무 많은 일을 시킨다고 전화로 괴롭혔어요. 매형이 주말 내내 컴퓨터 앞에서 산다고 하면서!

매형에게 일을 조금 덜 하는 건 어떻겠냐고, 세부 사항에 너무 집착하지 말라고 말했습니다. 하지만 곧 포기했어요. 매형은 매번 자기가 왜 그렇게 하는지 한참을 설명하거든요. 말을 끊을 수가 없어서 내 시간까지 뺏기고 말았습니다!

곧 직원 10명을 고용하게 됐어요. 그리고 석 달 전 중소기업 사장이라면 다들 꿈꾸는 주문이 들어왔지요. 대형마트 유통사가 요구르트 제품의 포장을 납품해 달라고 한 거죠. 우리에게 꽤 좋은 조건으로 계약을 성사시키는 데 성공했습니다. 이 사람들과 그렇게 하는 게 쉽지 않은데도 말입니다!

그런데 처음으로 매형에게 조금 화가 났던 것은, 매형이 기뻐하지는 않고 계약서를 읽고 또 읽은 뒤 이런 저런 가능성을 예상하지 않았다고 지적하는 거예요. 사실 결코 일어날 리가 없는 일이었죠. 매형은 굉장한 계약이라고 마침내 인정하긴 했습니다. 그런데 생산 단계로 넘어가야 할 때가 되자 우리가 표준을 준수하고자 한다면, 주문받은 포장을 원하는 속도대로 생산할 수 없다고 하는 게 아닙니까? 이미 납품한 포장에 고객이 만족을 했는데 말예요! 그러나 매형은 매우 엄격한 통계상의 표준을 준수하길 고집했습니다. 그 당시로는 우리 능력 밖인 새 설비를 구입하자고 했고요. 난 차라리 하자가 있는 포장을 골라 내는 품질 감독을 세우자고 했습니다. 매형은 동의했죠. 그런데 너무 복잡한 절차를 세운 나머지 직원들은 도저히 적용할 수 없다며 내 사무실을 찾아와 이야기할 정도였어요.

결국 매형의 동의를 얻어 제조와 영업직에서 매형을 해방시켰습니다. 회계와 행정 업무만 담당하도록 했고 회사는 하자 없이 잘 돌아가고 있습니다. 그랬더니 누나가 이혼 얘기를 꺼냅니다. 계속 일만 하는 것으로 부족해서 집에 돌아오면 누나가 제대로 안 한 집안일을 하나하나 지적한다고 해요!

장 마크에 대해 어떻게 생각하는가?

장 마크는 뭐든지 완벽하게 하려고 특히 주의를 기울이는 듯하다. 계약, 포장, 절차, 심지어 집안일까지! 완벽주의자라고 해도 될 정도다. 상황 전체를 보지 못할 정도로 세부 사항에만 극도로 신경을 쓴다. 동업 계약 검토에 너무 집착한 나머지 다니엘을 화나게 할 뻔했다. 멋진 성과를 올렸을 때에도 법적인 어려움만 눈에 들어왔다. 너무 엄격한 절차를 세운 나머지 고객에게 포장을 더 이상 공급하지 못할 수도 있었다. 마지막으로 남편이 계속 집을 비우는 것에 불만을 가진 아내는 보지 못하고 먼지나 지적하며 격분하게 만들었다.

장 마크가 사소한 것에 지나치게 집중한다고 지적하면, 그는 상대 방이 질려서 그의 방식이 옳다고 할 지경에 이르기까지 단호하게 근거를 댄다. 사람을 지치게 만드는 고집이다. 그럼에도 다니엘은 장 마크가 겸손하다고 생각한다. 어쩌면 맞는 말이다. 장 마크가 자기 관점을 주장하는 이유는 사적인 영광을 위해서라거나 자기가 남들보다 똑똑하다고 생각하기 때문이 아니다. 잘해 내고 싶은 걱정 때문에 고집스러운 모습을 보이는 것이다. 자신의 방법만이 유일하게 완벽함을 보장해 준다고 생각하기 때문이다. 어떻게 보면 그가 맞기도 하다. 규칙과 사소함에 대한 그의 집착이 가끔은 상황 전체를 위태롭게 할지라도 말이다.

더구나 장 마크는 직장이나 가정에서 그가 불러일으키는 모든 불만에 크게 동요하지 않는 모습이다. 기쁜 일이 일어났을 때에도 그렇게 크게 기뻐하지 않는다. 그는 따뜻한 감정을 표현하는 데 어려움을 겪는다고 말할 수 있다.

다니엘은 마침내 장 마크에게 적응하여 그의 능력을 가장 적절하게 사용할 줄 아는 좋은 사장이 되었다. 동업자인 장 마크의 완벽주의가 재정과 행정에 효과적임을 깨달았기 때문이다. 그런 데다 장 마크가 얼마나 정직하고 꼼꼼한지를 알아봤기 때문에 그를 온전히 신뢰한다.

장 마크는 강박성 성격의 모든 특징을 갖추었다.

- **완벽주의** : 지나치게 세부 사항과 절차, 정리, 조직에 집착한다. 종종 최종 결과에 해가 될 정도다.

- **끈질김** : 고집이 세고, 자기가 정한 규칙에 따라 자신이 생각한 대로 일이 진행되도록 끈질기게 주장한다.

- **관계에서의 냉정함** : 따뜻한 감정을 표현하는 데 어려움을 겪는다. 매우 형식적이고 차가우며 어찌할 바를 모른다.

- **의심** : 실수할까 봐 두려워서 결정을 내리는 데 어려움이 많다. 망설이거나 지나치게 궤변을 늘어놓는다.

- **도덕적인 엄격함** : 지극히 양심적이고 성실하다.

장 마크는 어떻게 세상을 볼까?

장 마크는 불완전함과 불확실함을 특히나 두려워한다. 그래서 세부 사항에 집착하고, 절차와 점검에 관심을 가진다. 또한 주변의 질서를 유지하는 것에 책임을 느낀다. 그의 근본적인 믿음은 다음과 같다. "**규칙을 준수한다면 다 잘 될 거야**.", "**만약 100퍼센트 완벽하지 않으면, 완전히 실패야**." 이런 요구는 자기 자신은 물론 다른 사람들의 결과에도 적용된다.

그는 '자기 자신에게 그렇듯 타인에게도 까다로운' 강박을 갖고 있다. 완벽을 추구하면서 자신이 책임감 있다고 느끼기 때문에 이와 대조적으로 다른 사람들은 뒤죽박죽인 데다 무책임하다고 여긴다. 강박성 성격은 자주 "사람들은 믿을 만하지 못하니까 언제나 그들이 하는 일을 점검해야 한다"고 믿는다. 그래서 매번 퇴근하여 집에 들어오면, 벽난로 위 먼지가 많은 곳이나 잘 씻지 않은 그릇을 검사하며 그 일과 관련된 사람이 청소를 제대로 했는지, 그러니까 상대가 완벽함이라는 자신의 이상대로 할 능력이 없다는 그의 믿음을 확인하려 든다.

강박성 성격의 절제된 형태

장 마크를 통해 매우 특징적인 강박성 성격을 설명했다. 그러나 여기에도 여러 가지 중간 형태가 존재한다. 어떤 사람은 질서, 세부 사항, 절차에 특히 집착하지만 최종 결과 역시 놓치지 않는다. 잘 정리되고 깨끗한 집에 들어가는 걸 좋아하지만, 아이들이 장난감을 늘어놓았어도 그렇게 화를 내지는 않는다. 더구나 일부 강박성 성격들은 자신들의 경향을 의식하고 고치려고 노력한다. 전문 회계사인 리오넬(43세)의 이야기를 들어 보자.

내가 기억하는 한 난 언제나 잘 정돈되고 줄을 잘 맞추며 대칭인 걸 좋아했습니다. 어렸을 때 구슬을 작은 상자에 정리했는데 여러 가지 기준에 따라 분류했어요. 크기, 색깔, 재료, 그리고 그걸 얻은 방식에 따라서요. 구입한 건지, 받은 건지, 아니면 게임으로 딴 건지. 분류 기준을 바꿔서 새로 정리하기도 했습니다. 나중에 대학생이 되어서는 책상 위 물건들을 일렬 또는 수직으로 정리하는 걸 좋아했어요. 책, 자, 볼펜은 물론이고 열쇠들까지 책상 가장자리에 일렬로 놓았죠. 여자친구들은 의아해하거나 무서워하기도 했어요. 난 수업 중에 필기한 노트들이 완벽했으면 해서 공부하는 대신 노트들을 깨끗하게 다시 적고 다양한 색깔로 밑줄을 치는데 너무 많은 시간을 쏟았어요. 그래서 기말 시험 때 자주 낙제를 했죠.

정리하고 확인하는 데 너무 많은 시간을 보낸다는 것을 일찍부터 깨달았기에 나 자신을 제어하려고 노력했습니다. 아내가 많이 도와줬어요. 내가 지나치다고 여겨지면 주저 없이 내게 말해 줬고, 아내가 정리를 잘하는 사람이라 난 그 지적을 잘 받아들였죠. 나는 직업적으로 인정받고 있고 고객들도 나를 굉장히 신뢰합니다. 처음에는 어떤 일이든 너무 오래 확인을 해서 기한을 지키기가 어려웠어요. 컴퓨터가 등장하면서 많은 도움이 됐죠. 동료들은 내가 뭔가 사소하지만 이상한 것들을 틀림없이 잡아내는 눈을 가졌다는 걸 알아요. 자의는 아니지만 내가 부담을 주는 것 같긴 합니다.

난 항상 감정을 표현하는 데 어려움이 많았어요. 다른 사람들이 내게 감정을 표현할 때나 칭찬을 해줄 때 뭐라고 답해야할지 전혀 모르겠어요. 농담을 하거나 '대화를 하는 것'도 어려워합니다. 어떤 화제를 다룰 때 서론, 본론, 결론으로 나눠 깊이 다루고 싶은데, 다른 사람들은 내 말을 끊거나 다른 화제로 넘어가더군요. 세월이 흐르면서 개선이 됐습니다. 이 역시 아내가 내게도 유머가 있으니 그걸 사용하라고 일깨워준 거예요.

질서에 대한 내 사랑을 가끔씩 친구들이 조금 놀리는 건 사실입니다. 처음에는 상처를 받았지만 지금은 아니에요. 먼저 내가 나아졌다고 믿기 때문입니다. 그리고 어떤 면에서는 직업적으로 성공하게 해준 내 '단점'들이니까요.

전보다 일은 덜 하지만 쉬는 것은 언제나 어렵습니다. 주말에도 집안에 고칠 건 없는지, 미리 해 놓는 게 좋은 서류는 없는지 생각하는 걸 그만둘 수가 없어요. 그러나 너무 파고들지 않고 일부러 아이들과 시간을 보내려고 노력합니다.

리오넬은 자기 결점을 자각한 절제된 강박성 성격의 좋은 예로 두 가지 행운을 가졌다. 강박적인 특성이 장점이 되는 직업으로 진로를 결정한 것과, 리오넬과 꽤 비슷해서 그를 있는 그대로 받아들이지만 어느 정도 달라서 그가 개선되도록 도와주는 아내를 만난 것이다.

강박은 쓸모가 있을까?

어떤 의미에서 우리 사회는 점점 강박적이 되어 간다고 말할 수 있다. 대량생산으로 인해 기업들은 점점 더 엄격한 절차를 고안해 내야 했다. 언제든 경쟁사에게 갈 준비가 된 까다로운 소비자들을 만족시키려면 모두 동일하고 완벽하게 믿을 만한 제품들을 생산해 내야 하기 때문이다. 안전에 대한 걱정 때문에 요구르트 제조에서부터 아기 의자나 자동차 제조에 이르기까지, 모든 분야에서 표준이 만들어졌다. 이 모든 절차들은 꾸준하게 평가와 검사를 받는다. 결국 기업이나 개인에게 세금을 걷거나 시민의 건강을 관리하기 위해서 현대의 정부는 수치數值와 수치, 더욱 검증된 수치들을 요구한다.

그러므로 현대 사회는 강박성 성격의 사람들에게도 자리를 내어 준다. 사람들이 어떤 작업을 완수하기 위해 팀으로 모이는 순간, 그것이 댐을 건설하는 일이든 신문을 만들어 내는 것이든, 강박성 성격인 사람을 잘 선택할 경우 그는 최종 결과물의 품질을 보장해 주는 중요한 자원이 된다.

영화와 문학 속의 강박성 성격

셜록 홈스는 사소한 것에도 애정을 쏟는 모습과 냉정함, 분류에 대한 관심, 항상 똑같은 옷차림과 함께 아마도 강박적인 특성을 갖고 있는 것 같다.

텔레비전 드라마인 〈스타트렉Star Trek〉에서 뾰족한 귀를 가진 스팍은 강박성을 희화화한 인물이다. 그는 완전히 차갑고 논리적이며 감정적응 반응과 지구인인 팀원들의 비이성적인 반응을 이해하지 못한다.

제임스 아이보리James Ivory의 영화 〈남아 있는 나날The remains of the day〉(1993)에서 안소니 홉킨스Anthony Hopkins는 거대한 저택을 관리하면서 모든 세부 사항에서 완벽함을 고집하는 영국인 집사로 열연했다. 그는 아버지가 위층에서 죽어 가는데도 외교적인 만찬 자리에서 시중드는 일을 그만두지 않고 감정적인 반응을 모두 억제한다. 나중에는 엠마 톰슨Emma Thompson에게 끌리면서도 결국 그녀의 사랑에 답하지 못한다.

데이비드 린David Lean의 영화 〈콰이강의 다리The Bridge On The River Kwai〉(1957)에서 알렉 기네스Alec Guinness가 연기한 고집 센 니콜슨 대령은 우리에게 강박성 성격의 매혹적인 예를 보여 준다. 일본군의 포로가 된 그는 일본군의 명령에 굽히길 거부하지만 자기 부하들이 보복당하는 걸 막기 위해서 협력하는 것을 받아들인다. 미얀마로 향하는 일본군이 지나갈 다리 건설 임무를 맡은 니콜슨 대령은 적군이 사용할 것이라는 사실도 잊은 채 완벽한 건축물을 세우기 위해 모든 강박적인 재능을 발휘한다. 그는 동포들이 와서 그의 작품을 파괴하는 것을 견디지 못한다.

샹탈 애커만Chantal Ackerman의 영화 〈카우치 인 뉴욕A Couch in New York〉(1995)에서 윌리엄 허트William Hurt는 보헤미안적인 파리지엔 줄리엣 비노쉬Juliette Binoche와 뉴욕 아파트를 바꿔 쓰는 강박성 성격의 정신분석학자로 분했다. 파리에 도착한 남자가 파리 아파트의 결함들을 모두 고치고 물건들을 정리하는 동안 여자는 래브라도 개까지 우울하게 만들어 버린 뉴욕 아파트를 지배하는 질서와 병적인 대칭에 놀란다. 나중에 줄리엣 비노쉬를 사랑하게 된 남자는 자신의 감정 표현이라는 최악의 어려움에 직면하게 된다.

진화론적인 관점에서는 인간이 사냥이나 채집을 하며 살아가던 머나먼 시대에는 강박이 그다지 장점이 아니라고 생각했다(강박적이라면 부주의하게 독이 든 열매를 먹는 걸 어쩌면 피했겠지만). 그러나 농경 시대로 넘어가면서, 반복되는 작업과 정리를 잘하는 강박적인 사람들은 규칙적으로 씨 뿌리는 일, 경작하는 일, 미리 예견하고 비축하고 정리해 두는 일 등에 특히 재능을 보였고, 생존해서 후손을 남기는 일에 더 많은 가능성을 보여 줬다.

강박성 성격에는 어떻게 대처하면 될까?

■ 그들의 정리 감각과 엄격함을 높이 평가한다는 걸 보여 주자

강박성 성격의 사람은 스스로 선을 위해서 행동한다고 생각한다는 걸 잊지 말라. 그 사람이 지나치다는 걸 곧바로 보여 주고 싶어서 너무 갑작스럽게 반박해 버리면, 당신을 중요한 게 뭔지 이해하지 못하는 사람으로 여기고 배척할 것이다. 반면 당신이 그의 완벽주의를 높이 평가한다는 걸 보여 주면, 혹여나 당신이 비판한다 할지라도 좀 더 분별 있게 받아들일 것이다.

■ 미리 예비하고 계획해야 하는 그의 필요를 존중하자

강박적인 사람은 뜻밖의 사태를 좋아하지 않고, 즉흥적으로 해야 하는 상황을 그 무엇보다 싫어한다. 자신이 효율적일 수 있는 상황이 아니기 때문에 당연하다. 그러므로 가능하다면, 그들을 놀라게 하거나 '시급하게' 뭔가를 하라고 요구하지 말자. 그들에게 고통을 줄 뿐만 아니라 당신은 그들의 느림과 망설임에 화가 나게 된다. 그들에게 어떤 일을 맡기기 전에 당신 스스로가 미리 예상하고 계획하는 노력을 해 보자.

■ 너무 지나치다면 구체적이고 수치화된 비판을 하자

강박성 성격의 사람이 특정한 방식을 반드시 따라야 한다고 하거나, 당신이 시간 낭비라고 생각하는 절차를 지키라고 할 때는 화를 내도 소용없다. 당신이 화를 내 버리면, 사람이란 존재는 진정 예측 불가능하고 믿을 만하지 못하다는 그의 생각을 확인시켜 주는 셈이 된다. 그의 세계관을 기억하라. 그는 자신이 선을 위해 행동한다고 생각한다. 수치를 근거로 사용하면서 그가 고집하는 강박적인 방식에 장점보다는 단점이 더 많다는 걸 보여 주는 데 시간을 들여 보라.

다음의 예는 힘든 성격 관리 세미나에서 한 회사 사장이 이야기해준 것이다.

어느 작은 공장의 생산 책임자는 매우 유능했는데 외부에서 구입해 온 부품들이 아주 사소한 것이라도 공장에서 모두 잘 사용되고 있는지 확인하고 싶어 했다. 그는 회사 안에서 각 부품들의 움직임을 추적하기 위해 극도로 복잡한 절차를 만들었다. 작업이 지연되자 작업 책임자는 사장에게 가서 불평했다. 사장은 생산 책임자를 불렀고, 우선은 그의 직업의식과 엄격한 작업 방식을 칭찬했다. 그리고 함께 절차를 검토하면서 해당되는 사람들이 추가로 하게 되는 작업 시간을 계산했다. 책임자는 큰 흥미를 갖고 계산을 지켜보았다. 관련된 사람들의 시간당 평균 임금에 기초해, 사장은 바꾼 절차에 따른 총 비용을 도출해 냈다. 그리고 책임자에게 새로운 절차를 통해 아껴 보려고 했던, 부품들의 잘못된 사용으로 인한 손실 비용을 계산해 보라고 했다. 그의 계산 결과 두 번째 수치가 첫 번째 수치보다 더 낮았다. 계산을 통해 스스로 납득한 책임자는 그 절차를 버리겠다고 했다. 사장은 앞으로 새로운 절차를 시도해 보기 전에 비용을 포함해 근거를 제출하라고 했고 책임자는 기꺼이 그러겠다고 했다.

강박성 직원의 세계관을 이해함으로써, 사장은 서두르지 않고도 책임자가 일하는 방식을 수정하게 만드는 데 성공했다. 사장은 비난하지 않고 대신 수치와 명확함, 그리고 완벽함을 추구하는 '강박성' 형태로 그것을 우회시켰다. 이는 확실히 강박성 성격의 사람을 당신의 관점대로 설득하는 최고의 방법이다.

■ 당신이 믿을 만하고 예측 가능하다는 걸 보여 주자

늦게 도착하거나, 사소한 것이라도 약속을 지키지 않는 것은 강박성 성격의 사람에게 영원히 신용을 잃어버리는 가장 확실한 방법이다. 강박성 성격의 사람 눈에는, 모두가 규칙을 지킨다면 세상이 더 나아진다는 것을 이해하지 못하는 무책임한 사람들 무리에 당신도 포함이 된다. (이 점에 있어서 그들이 정말 틀린 걸까?) 다른 사람들에게도 물론이지만 강박성 성격의 사람에게는 좀 더 당신이 지킬 수 있는 것만 약속하고, 약속은 꼭 지키도록 하라. 예상하지 못한 일이 발생했다면 최대한 빨리 알리고 미안하게 생각한다는 것을 분명하게 표현하라. 그가 당신을 '믿을 만한', '예측 가능한'이란 단어와 연결시키게 하도록 노력하라. 이는 그 사람을 안도하게 만드는 가장 확실한 방법으로, 이렇게 되면 그는 당신의 관점을 좀 더 잘 받아들이게 될 것이다.

■ 긴장에서 해방되는 기쁨을 발견하게 해주자

강박성 성격의 사람들이 경험하는 긴장을 상상해 보라. 모든 것을 통제하려고 하고, 다 점검하려 들며, 무엇이든지 완벽하도록 신경을 쓴다면 얼마나 피곤하겠는가! 그들 대부분은 모든 것을 놓아 버리고 싶은 욕망이 내면에 꿈틀거리지만, 그걸 감히 받아들이지 못한다. 그들에게 긴장을 푸는 것이 얼마나 기쁜지 보여 주고 동참하도록 끌어들이면 어떨까.

병원 이사장이 연구팀 전체를 바닷가 피크닉에 초대했다. 모두가 참석했고, 그때까지 매우 조심스럽게 행동했던 외국에서 온 실력 있는 통계학자도 참석했다. 다른 손님들은 반바지에 폴로티를 입고 온 반면, 그는 소매가 긴 셔츠에 넥타이, 긴 바지를 입고 왔으며, 홀에 자리를 잡고 앉기까지 오래 주저했다. 팀 멤버들끼리 배구 시합을 시작했고 그 학자에게 참여하길 권했다. 그는 잘하지 못한다는 핑계로 처음에는 거절을 했다. 하지만 그가 참여하지 않으면, 두 팀의 균형이 맞지 않는다고 했다. 공정함과 대칭에 대한 그의 감각에 호소했더니 확실히 효과가 있었다. 그는 넥타이를 풀어 버리고 그의 팀에 합류했다. 조금씩 경기가 진행되면서 그는 점점 뜨겁게 달아올랐고, 즐거워하는 구경꾼들의 격려에 힘입어 절묘한 점프까지 선보였다. 그의 팀이 승리한 건 거의 그의 열의 덕분이었다. 모두들 그에게 승리를 축하하자, 그는 다시 어색해했지만 남은 시간 동안 좀 더 긴장이 풀린 모습이었고, 나중에는 동료들과 함께 파도를 즐기기까지 했다. 그날 이후 그는 가벼운 농담을 하는 등 직장에서 좀 더 여유 있는 모습을 보여 주었고 주말에 초대를 받을 때마다 기꺼이 참석했다.

■ **그 사람의 '결점'이 장점이 되는, 재능에 맞는 일을 맡기자**
강박성 성격의 사람들은 특정한 분야에서 지치거나 지루해하지 않고 누구보다 잘해 낸다. 회계 분야, 재정이나 법, 기술과 관련된 절차를 따지는 일, 품질 관리 등은 강박성 성격의 사람들이 편하게 느끼고, 그들의 질서 감각과 정확함성, 끈질긴 노력 등을 잘 발휘할 수 있는 활동들이다.

이렇게 하지 말라

■ 그 사람의 강박관념을 조롱하지 말자

강박성 성격의 사람들은 진지하고 강박관념이 있어서 농담을 잘하는 사람들의 표적이 되기 쉽다. 이 유혹에 쉽게 넘어가지 말라. 강박성 성격의 사람들은 세상이 좀 더 완벽해지도록 선을 위해 행동한다고 생각하므로, 당신이 빈정거리는 이유를 이해하지 못할 위험이 크다. 최근에 누군가가 당신에게 빈정거리며 지적한 것이 있다면 떠올려 보라. 개선에 도움이 됐는가? 아니면 그 사람이 당신을 이해하지 못한 것이라고 확신했는가? 가끔은 유머가 상대를 발전하도록 도와주기도 하지만 그것은 서로 호의적일 경우에만 가능한 일이고 신뢰가 이미 잘 쌓인 관계에서나 그렇다. 전문 치료사들은 유머가 극도로 신중하게 다루어야 할 도구임을 그들 스스로 잘 알고 있다. 그들의 본을 따르도록 하자.

■ 그 사람의 체계 안에 너무 끌려 들어가지 말자

강박성 성격의 사람들은 사실 고집이 세고 선과 질서(그들에게는 두 용어가 같은 뜻이다)에 기여한다는 확신 때문에, 자신들이 옳다고 생각하는 규칙을 따르라고 강요하고 싶은 필요를 강하게 느낀다. 악한 의도는 없지만 그들은 팀이나 가족들을 조용히 괴롭히고, 반박하는 사람들에게 단조롭고 반복되는 예시를 끊임없이 들어 지치게 만들 수 있다. 그 사람의 정리정돈 감각과 엄격함을 인정하는 태도를 보이되, "그만"이라고 말할 줄 알아야 한다! 가능하다면 수치와 근거를 대면서 말이다.

강박성 성격의 남편은 아내가 식사를 준비하면서 접시들을 여기저기 꺼내 놓고, 싱크대에 그릇을 쌓아 두며, 작업대에 재료들을 어지럽게 놓아 두는 등 주방을 어지럽히는 걸 견디지 못했다. 그래서 아내 곁에 있으면서 아내가 조리 도구나 재료 사용을 끝내자마자 그것들을 정리했다. 감시받는 느낌이 든 아내는 화를 내면서 이제 이런 환경에서는 더 이상 요리를 할 수 없다고 선언했다.

남편은 자기라면 좀 더 정돈된 방식으로 더 잘할 수 있다고 생각했기 때문에 자신이 대신하겠다고 했다. 어쨌거나 남편은 며칠 뒤 자신이 원하는 만큼 요리를 잘하지 못하고, 정돈이나 회계 등의 활동에 할애할 시간을 식사 준비에 쓰고 있다는 걸 깨달았다. 그래서 아내가 주방에 있는 동안 남편은 주방 출입을 하지 않는다는 새로운 합의를 보았다. 대신 일단 식사 준비가 끝나면 남편이 원하는 대로 청소하고 정돈하는 자기만의 시간을 갖도록 했다.

해결책을 잘 합의한 아름다운 예다. 둘 중 어느 누구도 상대방의 의견을 바꾸려고 노력하거나 '틀렸다'고 증명하려 들지 않고 그저 둘 다 받아들일 수 있는 타협점을 찾은 것이다.

▪ 과도한 애정이나 인정, 또는 선물로 당황하게 만들지 말자

강박성 성격의 사람들은 감정을 표현하는 일에 어색함을 느낀다. 동시에 균형과 상호성을 걱정한다. 우리가 애정이나 감탄을 표현하면 당황해하는 이유가 바로 설명이 된다. 같은 말투로 답해야 한다는 의무감을 느끼지만 그게 불가능하다고 느끼기 때문이다. 그렇다고 칭찬이나 애정 표현에 기뻐하지 않는다는 얘기는 아니다. 그러므로 처음에는 적당하게 하고, 그들이 곤란에 빠지지 않도록 반응을 잘 관찰하는 게 필요하다.

강박성의 특성이 문화에 잘 녹아 있는 일본에서는 선물을 주는 것이 매우 의식화되어 있다. 상황이나 선물을 받는 사람의 지위에 따라 주어야 할 선물 목록이 완벽하게 마련되어 있어서, 전문 매장에 가면 적합한 선물을 권해 준다.

| 강박성 성격에 대처하기 |

이렇게 하라

- 그들의 정리 감각과 엄격성을 높이 평가한다는 걸 보여 주자.

- 미리 예견하고 조직해야 하는 그들의 필요를 존중하자.

- 너무 지나치다면 구체적이고 수치화된 비판을 하자.

- 당신이 믿을 만하고 예측 가능하다는 것을 보여 주자.

- 긴장을 푸는 것의 기쁨을 발견하게 해주자.

- 그 사람의 '결점'이 장점이 되는, 재능에 맞는 일을 맡기자.

이렇게 하지 말라

- 그 사람의 강박관념을 조롱하지 말자.

- 그 사람의 체계 안에 너무 끌려 들어가지 말자.

- 과도한 애정이나 인정, 또는 선물로 당황하게 만들지 말자.

당신의 상사라면 : 보고서에 맞춤법 틀린 것을 남겨 놓지 말라.

당신의 배우자라면 : 가계부 적는 일을 맡기고, 집안에 들어갈 때 슬리퍼 신는 것을 잊지 말라.

당신의 직장 동료나 부하직원이라면 : 확인이나 마무리를 맡기라. 회의를 시작하기 전에 미리 시간을 알려 주라.

당신은 **강박성 성격 특성**을 갖고 있습니까?

	그렇다	그렇지 않다
1. 정리하고 확인하는 데 많은 시간을 보내는 편이다.		
2. 대화를 할 때 내 생각을 순서대로 설명한다.		
3. 너무 완벽주의라는 비난을 받는다.		
4. 세부 사항에 지나치게 집중하다가 다른 일을 놓치기도 한다.		
5. 무질서는 정말 견디기 힘들다.		
6. 그룹으로 일할 때 최종 결과에 책임감을 느끼는 경향이 있다.		
7. 선물을 받으면 불편하고, 빚을 지는 느낌을 받는다.		
8. '구두쇠'라는 비난을 받는다.		
9. 물건을 버리는 게 힘들다.		
10. 개인적인 회계 관리를 즐긴다.		

5

"난 언제나
특별하니까!"

자기애성 성격에 대처하는 법

"타인의 자랑이 견딜 수 없는 것은
우리의 자만심에 상처를 주기 때문이다."
– 라 로시푸코

광고 회사에서 일하는 젊은 '크리에이티브'인 프랑수아즈(29세)의 이야기를 들어 보자.

알랭은 회사의 공동 창업자 세 명 중 한 명으로, 내 직속상관입니다. 첫인상은 명석하고 재밌고 매력이 넘치는 사람이었어요. 정말 힘든 성격임을 깨닫기까지 몇 주가 걸렸습니다. 처음 알랭을 만났을 때 강한 인상을 받았어요. 적어도 1시간이나 나를 기다리게 했지만 취업 면접이었기 때문에 항의하지 않았지요. 사무실은 거대했고 전망이 아주 멋졌습니다. 나중에 안 사실이지만 원래는 그 공간을 회의장으로 쓰려고 했었는데 알랭이 다른 창업자들과 싸워 얻은 것이라고 들었습니다.

그가 "우린 당신 같은 젊은이들을 믿습니다"라고 말하는 것 같아서 너무도 매력적이었어요. 무척 다정하고 솔직했죠. 그리고 바로 말을 놓자고 하더군요. 이렇게 중요한 사람이 나 같은 풋내기에게 관심을 가져 주는 데 감사해야겠다고 느낄 정도였어요. 자신의 찬란한 경력과 성공 일화를 자랑하지 않고는 못 배기더군요. 난 존경과 감탄을 가득 담은 신참내기처럼 연기했습니다. 그는 아주 기뻐하는 모습이었죠. 사무실 벽에는 여러 유명한 예술가들과 함께 찍은 사진들이 잔뜩 걸려 있었습니다. 국제 대회에서 회사가 받은 트로피들도 함께 진열되어 있었고요(수상한 광고들 중에 그가 참여하지 않는 것들도 있음을 지금은 압니다).

알랭과 함께 일하는 것은 쉽지 않습니다. 팀을 격려하고 열정을 불러일으키는 건 잘해요. 특히 신입들은 알랭의 성격 중 힘든 부분을 발견하는 데 시간이 좀 걸리지요. 사실 그는 끊임없이 어르고 협박하는 걸 반복합니다. 어느 날은 칭찬을 해주니까 굉장히 지지해 준다는 느낌을 받지만, 다음날 모든 직원들 앞에서 작업한 걸 빈정거리며 비판합니다. 그래서 팀원들은 다들 그의 칭찬을 기다리고, 거부의 기미가 조금이라도 보이면 괴로워합니다. 몇몇 협력업체 사람들과 정열적인 의존 관계를 만들기도 해요. 알랭이 존경과 찬사를 받는 걸 즐기거든요. 어쨌든 겉으로 보기에는 '친구'처럼 지내지만 공경을 보이지 않으면 못 견뎌합니다. 그에게 맞선다는 건 상상도 할 수 없어요!

작년에 다른 회사에서 스카웃되어 온 유명한 크리에이티브 파트릭이 회의에서 알랭에게 맞선 적이 있습니다. 알랭의 경영 스타일에 대해 꽤 가혹하게 말했어요. 분노에 창백해진 알랭은 갑자기 문을 박차고 회의장을 떠났습니다. 다음날 심각한 업무 과실로 해고한다는 편지와 함께 파트릭의 짐들이 안내데스크 앞에 놓여 있었습니다. 회사의 다른 경영자들은 회사 이미지가 떨어질까 걱정하면서 이 갈등을 진정시키려고 했어요. 결국 파트릭은 떠나야 했지만 보상을 꽤 받았습니다.

이런 예가 있는데 아무도 공개적으로 반항하지 않는다는 건 두말할 필요도 없겠죠. 반박하지 않고 비위만 맞춰 주면 분위기는 좋은 편이에요. 내가 가장 못마땅해하는 건, 알랭이 팀의 아이디어를 항상 가로채어 자신의 공으로 돌리려고 하는 것입니다. 우리가 직접 다른 경영자들과 만나는 걸 견딜 수가 없어서 우리와 그들 사이에 차단막을 쳐 버려요.

그런데 내가 왜 회사를 안 떠나느냐고요? 다른 일자리를 찾기가 어렵기 때문이에요. 또 이 업계에서는 그가 스타이기 때문에 내 이력에 도움이 된다는 것도 인정해야죠. 알랭은 자신감 넘치고 고상한 모습으로 어딜 가든지 깊은 인상을 준답니다. 항상 건강한 모습에 적당하게 태닝을 한 데다 세심하게 정성 들여 옷을 입거든요.

그래도 위로가 되는 건, 비서를 통해 들은 얘기인데, 알랭이 탈세로 곤경에 처했다는 겁니다. 천문학적인 월급을 받는 것도 모자라서 자기 생활에 돈을 대기 위해 몇 년 전부터 청구서를 부풀리고 현물을 받았다고 해요. 이번에 국세청에서 엄청난 세금을 부과해서 "크리에이티브들의 창조성을 억누르는 망할 놈의 회사"란 욕설을 입에 달고 삽니다. 친구가 된 거물 고객이 그의 마음을 달래 주려고 환상적인 주말여행에 초대했다고 해요. 돌아와서는 자기보다 10분의 1도 안 되는 월급을 받고 프로젝트를 끝내려고 미친 듯이 일하는 젊은 크리에이티브들에게 끊임없이 자랑을 늘어놓겠죠.

알랭을 어떻게 생각하는가?

언뜻 보기에 알랭은 스스로를 높이 평가하는 듯하고 다른 사람들이 알아주기를 바라는 것 같다.

자신의 성공을 자랑하고 얼마나 중요한 사람들과 사업을 했는지 모두가 알기를 바라는 마음에서 확실한 증거(사진, 트로피)들을 진열해 놓는다. 사무실에 상장이나 트로피를 진열해 놓는 사람이 모두 자기애성 성격이라고 말하는 것은 아니다! 어떤 나라나 특정 직업군에서는 그렇게 하는 게 관례이기도 하다. 그 신호는 전체를 종합해서 해석해야 한다. 예를 들어, 알랭은 회사 내 가장 아름다운 공간을 자기 사무실로 만들었다. 자신의 필요가 남들의 필요보다 더 중요하고 특권을 누릴 자격이 있다고 생각하기 때문이다. 남들이 자기를 존경하고 그가 특별하다는 걸 알아채길 기대하며, 비판(젊은 크리에이티브와의 사건)은 절대 용납하지 못한다. 자기 외모에 신경을 매우 많이 쓰고, 항상 건강하게 보이길 원하며, 명망 높은 사람들과(사무실의 사진들) 만나는 걸 즐긴다.

타인들과의 관계에서 알랭은 유혹과 아첨, 비판, 성과에 대한 칭찬을 번갈아 사용하면서 타인의 감정을 갖고 논다. 대화 상대에 따라 말투를 손쉽게 바꿀 줄 안다. 남을 조종하는 행동을 한다고도 말할 수 있다. 즉, 진실하지 않은 동시에 좀 더 이용할 마음으로 타인을 자기 목표에 유리한 감정 상태로 만든다. 알랭은 자신이 타인에게 유발하는 고통스런 감정(두려움, 모욕, 시기)에 무심한 것처럼 보인다. 그런 의미에서 공감 능력이 떨어진다고 말할 수 있다.

알랭의 사생활은 알 수가 없으나(회사 경비를 사생활에 이용한다는 것만 알고 있다.), 그가 자기애성 성격이라고 의심할 만한 조건들은 이미 충분하다.

자기 자신에 대해

- 특별하고 비범하며 타인보다 더 대접받을 자격이 충분하다는 감정을 갖고 있다.

- 사랑이나 자신의 전문 분야에서 눈부신 성공을 하고픈 야심에 사로잡혀 있다.

- 신체적인 외양과 옷차림에 매우 신경을 쓴다.

타인과의 관계에서

- 관심, 특혜를 기대하고 받은 만큼 돌려줘야 한다는 의무감을 느끼지 않는다.

- 기대하는 특권을 주지 않을 경우 분노하고 화를 낸다.

- 자기 목표에 도달하기 위해 타인을 조종하고 이용한다.

- 공감 능력이 떨어지고 타인의 감정에 거의 영향을 받지 않는다.

알랭은 세상을 어떻게 볼까?

알랭이 자신을 높이 평가하고 모두(그의 동업자들, 협력업체, 회사 전체)가 그의 관점을 공유해야 한다고 생각하는 것을 보면, 그의 모든 행동에는 일관성이 있다. 그의 근본적인 믿음은 이렇다. **"난 특별한 존재니까 타인보다 가치가 있어. 모두가 날 존경해야 해."**

자기애성 성격의 사람들이 많이들 그렇듯, 알랭도 규칙은 평범한 사람들을 위한 것이고 자신에게는 해당이 안 된다고 여긴다. 탈세를 했다가 걸렸을 때 걱정하거나 좌절하는 게 아니라 분노한다! 자기처럼 그렇게 특별한 존재에게 그런 평범한 규칙을 따라야 한다고 어떻게 강요하느냐는 것이다!

　이 비범한 존재라는 감정 때문에 명성 높은 사람들만 찾고, 그 사람들만이 자기 눈에 차는 꾸준히 만날 만한 사람들이라고 생각한다. 알랭은 '속물'일까? 확실히 우리가 흔히 사용하는 의미의 속물 근성은 자기애를 일부 포함하지만, 오히려 평가절하된 자기 이미지를 향상시키고 싶은 필요에 의한 것이기도 하다. 자신보다 더 멋진 사람들과 어울림으로써 자신의 가치에 안도하고 싶은 것이다. 알랭은 화려한 사회생활만이 자신의 특별한 가치에 '어울린다'고 생각한다. 자기애적인 사람들에게 악몽이란, 매우 '파리지앵'적인 레스토랑에서 볼품없는 옷차림을 한 시골에서 올라온 늙은 사촌과 함께 있는 모습을 들키는 것이다(물론 도시 저편 끝에 있는 수수한 레스토랑에서 만나도록 미리 손을 쓸 테지만).

　우리는 알랭을 꽤 강한 자기애성 성격을 지닌 비호감 인물로 묘사했다. 그렇기는 하지만 자기애적인 사람들이 모두 그렇게 극단적이진 않다. 사랑에 연달아 실패한 후 치료를 받으러 온 줄리에트(29세)의 이야기를 들어 보자.

　맞아요. 학생이 몇 명 없는 교실에서도 난 항상 학급 친구들보다 관심을 많이 받을 자격이 있다고 느꼈어요. 난 우수한 학생이었고 자신감으로 가득했죠. 날 떠받드는 추종자들도 있었어요. 주로 좀 덜 예쁘거나 나보다 자신감이 부족한 아이들이 날 떠받들었죠. 이미 그 당시부터 찬사를 받을 때 기쁨을 느꼈어요. 그 아이들이 나와 친구라는 사실을 특권처럼 여긴다는 걸 눈치채고 즐겼습니다. 아버지는 날 예뻐하셨고 애지중지하며 키우신 데다 내 모든 변덕을 다 받아주셨어요. 어머니는 그런 아버지를 비난하셨죠. 난 곧 어머니와의 관계가 아주 안 좋아졌어요. 마치 여자끼리 경쟁 관계가 된 것처럼.

난 직업적으로 성공했습니다. 언제나 더 요구했고, 더 많은 돈과 책임감을 누릴 자격이 내게 있다고 당연하게 믿었기 때문이에요. 자신 있게 뭔가를 요구할 때 그걸 얻게 되는 법이거든요. 물론 시기와 경쟁심도 불러일으켰죠. 경력 초기에 난 내가 최고라고 느끼는 한 다른 사람들 비위는 신경 쓰지 않았어요. 회의에서도 쉽게 발언권을 쥐었고 내 생각이 더 낫다고 생각되면 나보다 경력이 더 많은 사람들의 말도 서슴지 않고 끊었습니다. 초기에 일했던 사장님이 어느 날 사무실로 날 부르더니, 혼자서는 성공할 수 없고 팀원들 각자가 모두 중요하다고 말씀하셨어요. 질책하는 어조에 화가 많이 나서 나 자신을 변호했지만, 사장님을 무척 존경하기 때문에, 그 지적에 대해 꽤 생각을 해 보았습니다. 이후 타인에게 좀 더 관심을 두게 되었어요.

반면 연애는 실패를 거듭했습니다. 남자들을 내 앞에 무릎 꿇게 만드는 건 쉬웠어요. 남자들을 조종해서 질투하게 만들고 그들의 자신감을 깎아내리면서 밀당을 잘하는 경향이 있다는 건 인정합니다. 문제는 그들이 내게 너무 푹 빠지면 내 눈에 차지 않게 된다는 거예요. 나에게 어울릴 만큼 강하거나 매력적이지 않다고 여겨지죠. 두 번 내가 사랑에 눈이 먼 적이 있었는데 그의 시선이 내게 조금이라도 집중되지 않으면 견디지 못했기 때문에 오래가지 못했어요. 최근에 헤어진 남자는 매우 중요한 위치에 있었고 그 점이 마음에 들었지만, 나와의 약속에 늦거나 출장 때문에 주말 약속을 취소해 버리기라도 하면 끔찍하게 원망을 했어요. 그 사람과 만나길 거부하거나 질투하게 만들어 바로 보복을 했죠. 제발 전화해 달라고 내 자동응답기에 절망스런 메시지를 수없이 남기도록 만들기도 했어요. 결국에는 한 여자와 이렇게 행복하고도 불행한 적이 없었다고 말하면서 날 떠났습니다. 잡고 싶었지만 너무 늦었죠. 내게 '착하다'고 표현했던 어떤 젊은 여자와 결혼해 버리더군요. 지금 난 매일 후회합니다. 내가 관계에서 상대방의 필요에는 신경도 쓰지 않고 나의 필요만 생각한다는 걸 깨달았지만, 그의 관심을 더 받을 자격이 있었다는 감정은 여전합니다. 의사 선생님, 이것이 내게 항상 감탄하셨던 아버지 때문이라고 보세요?

줄리에트는 자기애성 성격 특성들 중 하나를 자각했다. 그녀가 특별하기 때문에 모든 남자들이 그녀에게 특별한 관심을 보여야 한다는 감정이다. 이 기본적인 믿음은 그녀의 애인이 일 때문에 약속에 늦게 올 때 원한을 품게 만들었다. 이후 심리치료사는 "나는 비범한 존재다", "타인은 나를 존중하고 관심을 보여야 한다" 등 줄리에트가 가진 근본적인 믿음들을 그녀가 파악하고 검토해 보도록 도와주었다.

줄리에트는 치료 회기에 자주 늦고, 예정된 시간이 다 지나갔는데도 연장해 달라고 하거나 하루 전에 연락하여 다음날 약속을 잡아 달라고 하는 등 정신과 의사를 시험하기 시작했다. 어느 정도 의식적으로 줄리에트는 다른 환자들과 같은 규칙을 지키고 정신과 의사로부터 특별대우를 받지 못하는 걸 견디지 못했다. 정신과 의사는 이 사건들을 근거로 줄리에트가 근본적인 믿음을 깨닫도록 도와주었다. 줄리에트는 조금씩 자신과 타인에 대해 좀 더 적절한 관점을 갖게 되었고,

그녀가 원하는 만큼 남자가 관심을 주지 않아도 덜 폭력적인 감정을 느끼고 덜 공격적이 되었다.

자기애성 성격을 위한 전형적인 방아쇠 상황

지식인들 사이에서 특히 유명하고, 밤늦게 방송하는 문화 프로그램에 자주 출연하는 한 작가가 미팅을 약속한 편집장의 사무실에 나타났다. 불행하게도 새로 입사한 젊은 안내원은 그 전에 그를 본 적이 없었고, 텔레비전에서조차 본 일이 없었다. 그녀가 늦게까지 깨어 있는 때라면 나이트클럽에 갈 때뿐이기 때문이었다. 작가가 점잔을 뺀 얼굴로 안내 데스크로 다가가자 그녀는 순진하게 이렇게 물었다. "누구시라고 전할까요?" 순간 그 유명 작가는 얼굴이 굳어 버렸고 분노로 시뻘개져서 대답도 해주지 않고 바로 몸을 돌려 편집장의 사무실을 향해 걸어갔다.

이 자기애적인 작가에게 자기 가치란 타인이 바로 알아봐 주어야 하는 것이다. 평범한 인간처럼 자신을 소개해야 하는 것은 자기애성 성격의 또 다른 믿음과 충돌한다. "평범한 규칙은 나 같은 인간에게는 적용되지 않는다."

위와 동일한 사건이 외국에 우리 물건을 팔 목적으로 사업가, 장관들과 함께 여행을 떠난 대기업 사장에게 일어났다. 매우 큰 그룹을 경영하는 이 자기애성 성격의 사장은 이륙 시간에 늦게 도착했고, 필요한 탑승권을 두고 왔음에도 바로 비행기에 탑승하게 해 달라고 요구했다. 늦게 도착하여 이미 스트레스를 받은 상태인 사장은 젊은 스튜어디스가 자신에게 신분증을 요구하자 분노를 폭발했다.

자동차 운전 역시 동시대를 살아가는 일부 사람들의 자기애를 폭로해 주기도 한다. 위험을 평가할 능력이 자신에게 있다고 여겨서 교통 법규를 어겨도 된다고 생각하는 사람들이 많다. 그들은 자신의 뛰어난 반사 행동과 자동차 덕분에 규정 속도를 넘겨도 안전하다고 믿는다.

약간의 자기애는 유용하지 않을까?

당신이 아는 사람들 중에 '성공한' 사람들을 생각해 보라. 텔레비전에서 본 스타들의 인터뷰를 기억해 보라. 그들 중 다수가 스스로에게 특히나 만족하며, 매우 자신감 넘치고, 듣기 좋은 말로 자랑하며, 칭찬을 당연하다는 듯 받아들이지 않던가?

성공했으므로 당연히 자신감과 만족감을 얻었다고 볼 수 있으나, 실은 그 반대일 수도 있다. 자신에 대한 확신, 우월하다는 감정, 자신을 내세우는 여유, 이런 자기애성 성격 특성들이 성공의 조건이었는지도 모른다.[1] 재능이 동일하다면, 자기애적인 사람이 겸손한 사람보다 성공할 기회가 더 높을 수 있다. 자기애적인 사람은 자기가 최고라고 확신하기 때문에 좀 더 쉽게 자기 자신을 '판매'한다. 일등 자리는 당연히 자기 것이라고 생각하기 때문에 경쟁에서도 거리낌이 없다. 일단 지휘권을 잡으면 자기 능력을 과신하므로 실패를 두려워하지 않는다. 경쟁 분위기에 익숙해지려면 약간의 자기애가 결정적인 이점이 되는 것이다.

진화론적인 관점에서 다른 강점들과 결합된 자기애는 필시 부족이 사냥한 사냥감에서 큰 부위를 차지하거나 추장의 자리를 차지하는 데 유리했을 것이다.

다수의 기업 경영자들은 뛰어난 영업직원들이 어느 정도는 자기도취적인 면을 가지고 있다고 말했다. 자신감 있고, 정성 들인 외모에 대한 만족감을 드러내고, 남을 다소 조종하려 들며, 거절을 당해도 전혀 타격이 없다(자신들의 잘못이 아니니까!). 그들에게는 자기애가 성공을 향한 야심을 키워 주고, 다른 사람이라면 힘들어하고 좌절할 만한 상황에 맞서게 해주는 것으로 보인다.

일상에서 최소한의 자기애는 종종 유용한 것으로 밝혀졌다. 대화 상대의 어려움이나 필요에 둔감하기 때문에, 자기애적인 사람은 자기가 원하는 것을 얻기 위해 거리낌 없이 싸울 줄 안다. 초등학교 교사인 루이즈(31세)가 이야기하는 자기애적인 친구에 대한 일화를 들어보자.

난 고등학교 친구들과 항상 연락하며 지냈어요. 정기적으로 레스토랑에서 함께 저녁을 먹기도 하고 주말을 같이 보내거나 괜찮은 곳에서 며칠 휴가를 함께 보내기도 합니다.

친구들 중에서 코랄리는 나와 가장 많이 다릅니다. 난 소극적이고 신중하고 좀 내성적인 데 반해 코랄리는 외향적이고 자신감이 넘쳐요. 고등학교 시절, 옷 입는 방식과 앞에 나서는 성격, 변덕스러움과 까칠함 때문에 다들 코랄리를 '스타'라고 불렀어요.

그녀의 뻔뻔스러움에 난 여전히 놀라곤 합니다. 레스토랑에 있을 때, 빵의 품질이나 물의 시원한 정도, 분위기를 위해 틀어 주는 음악 소리 같은 것들이 조금이라도 마음에 들지 않으면 서슴지 않고 지배인을 불러서 보상을 받을 때까지 장황하게 불평을 늘어놓습니다. 공항에서 두 시간이나 기다렸다고 난리를 쳐서 항공사에서 공짜 비행기 표를 얻어 내는 것도 봤지요. 또 어떻게 해서든 레스토랑에서는 가장 좋은 자리를, 호텔에서는 가장 좋은 방을 철저하게 얻어 냅니다.

그런 난리를 칠 때면 옆에 있는 게 좀 불편해요. ("내가 이런 대우에 만족할 거라고 생각해요? 꿈 깨시죠!" 같은 태도요.) 그렇지만 코랄리가 유용하다는 건 인정해야겠죠. 대부분의 경우 원하는 걸 얻어 내거든요. 우리라면 "어쨌거나 그렇게 난리 칠 정도의 가치는 없어"라고 하면서 그냥 넘어갈 때, 코랄리는 더 나은 걸 얻어 내기 위해 전력으로 싸울 준비가 되어 있거든요.

코랄리는 대화 상대의 기분을 상하게 해 놓고도 신경 쓰지 않아요. 하지만 어처구니없게도 우리는 코랄리를 원망하지 않아요. 오히려 코랄리는 좋은 평판을 얻죠! 가끔은 그녀가 하는 방식을 따라해야겠다고 생각한답니다.

정신과 의사들은 우리 각자에게 나타나는 이 자기애적 차원을 **자아존중감**이라고 불렀다. 자아존중감이 충분하지 못하면 소심함[2], 우울한 상태[3] 등 여러 가지 유형의 심리적 어려움이 나타난다.

자기애가 취약해질 때

당신이 재능이나 매력을 갖추고 있다면, 다른 사람들은 당신의 자기애를 잘 견뎌 준다. 당신의 자신감에 설득당하고 매력을 느끼며 감동을 받는다. 그러나 자기애적인 사람들의 문제는 항상 더 많은 것을 원해서 결국에는 견디기 힘들어진다는 것이다. 앞서 든 예에서 줄리에트는 애인이 자신을 정말 사랑하지만 감당할 수 없어서 떠나려 한다는 걸 너무 늦게 깨달았다.

직장에서 너무 자기애적인 사장은 원한과 사기저하를 불러일으킬 수 있고 결국에는 회사에 심각한 해를 끼칠 수 있다. 이런 사람의 생존과 성공 확률은 중소기업보다는 잘못된 경영의 결과가 느리게 나타나는 대기업에서 더 높다.

더구나 여러 연구들을 보면 자기애성 성격은 '중년의 위기'가 닥쳤을 때 우울증에 빠질 위험이 평균보다 더 높다는 것을 보여 준다.[4] 아마 젊은 시절의 야망을 이루지 못한 것을 남들보다 더 잘 견뎌 내지 못하기 때문이다. 자신은 뭐든지 성공하는 특별한 존재라는 자아상에 의문을 품게 만드는 것이다. 자기 자신에 대한 실망과 인생에 대한 환멸에 우리 모두가 타격을 입지만, 뭐든 성공할 거라 확신하는 사람에게는 그 충격이 더욱 크다. 게다가 그들의 스타일은 타인과 따뜻하고 친밀한 관계를 맺는 걸 방해한다. 그런데 속을 털어놓을 수 있는 친밀한 사람들의 존재는 여러 질병을 막아 주는 보호인자[5]다. 이것이 자기애성 성격의 사람들에게는 많이 부족하다.

그래서 자기애성 성격을 지닌 사람들은 종종 직업이나 연애에서 실패한 후 줄리에트처럼 정신과 의사에게 상담하러 오거나 심리치료를 받으러 온다.

영화와 문학 속의 자기애성 성격

프루스트Proust의 소설 《잃어버린 시간을 찾아서La Recherche du temps perdu》에 등
장하는 인물인 샤를뤼스 남작은 연극성이 가미된 활활 타오르는 자기애성 성격이
다. 살롱에 입장하자마자 남작은 자신의 고귀한 혈통을 빈번하게 암시하면서 재치
넘치고 건방진 대화 솜씨로 관심을 독차지하며 존경의 표시가 조금이라도 부족하
면 용납하지 못한다. 그러나 신분이 낮은 소시오패스 바이올리니스트 모렐과 미친
듯이 사랑에 빠진다.

로버트 알트만Robert Altman 감독의 영화 〈더 플레이어The Player〉(1992)에서
팀 로빈스Tim Robbins가 연기한 프로듀서는 다양한 자기애적 특성을 보여 준다. 그
는 자기 야망에 집중하며 살아가고 주변인들에게 끼치는 고통에 무관심하며 자신
이 우발적으로 죽인 남자의 아내를 아무 죄의식 없이 유혹한다.

프란시스 포드 코폴라Francis Ford Coppola의 영화 〈지옥의 묵시록Apocalypse
Now〉(1979)에서 로버트 듀발Robert Duvall은 자기애적이고 자신만만한 대령 역을 맡
아 자신의 지도자적인 의지를 확인하는 즐거움을 누리기 위해, 그리고 자기 부하
들이 파도 타는 모습을 보기 위해 적의 포화에 노출된 해변 가까이에 헬리콥터를
착륙시킨다. 나중에 이 영화의 주인공이 만나게 되는 또 다른 자기애적 성격은 말
론 브란도Marlon Brando가 연기한 낙하부대 대령으로, 자기 방식대로 전쟁을 이끌
고 반항하는 산지 부족들을 다스리며 (모든 자기애성 성격들의 꿈인) 왕처럼 군림
하는 자였다.

자기애성 성격에 어떻게 대처하면 될까?

■ **매번 진심으로 찬사를 보내 주라**

자기애성 성격은 당신의 찬미를 받을 자격이 있다고 생각한다는 걸 명심하라. 그 사람과 좋은 관계를 유지하고 싶다면 주저하지 말고 그의 성공을 칭찬하라. 새로운 원피스를 입고 나타났을 때, 고객을 잘 설득해 냈을 때 칭찬하자. 그의 옷차림을, 그의 연설을 칭찬해 주자. 여기엔 유익이 많다. 자기애적인 사람은 당신을 자신의 가치를 알아보는 똑똑한 사람으로 여기고, 어떻게 해서든 당신에게 깊은 인상을 주려는 시도는 덜 하게 될 것이다. 게다가 당신이 있을 때는 흥분을 덜 하고, 당신이 비판을 하면 좀 더 비중을 두고 고려할 것이다.

물론 이들을 향한 찬사는 솔직해야 한다. 솔직하지 않은 아첨은 더 이상 빠져나올 수 없는 단계로 변할 위험이 크기 때문이다. 더구나 찬사에 대한 목마름 때문에 자기애적인 사람들이 찬사에 있어서는 전문가인 경우가 많다. 똑똑한 사람들은 솔직한 찬사인 고급 와인과 아첨이 깔린 저속한 막포도주를 구분할 줄 안다.

■ **타인의 반응을 설명해 주자**

자기애적인 사람의 신뢰를 얻는 데 성공했다면, 타인에 대해 그가 늘 어놓는 불평을 자주 들어 주게 될 가능성이 크다. 그는 당신에게 사람들이 형편없고 멍청하며 배은망덕하고 심술궂다고 털어놓을 것이다. 그 말인즉슨 그가 마땅히 받아야 한다고 생각하는 관심이나 존경을 사람들이 보여 주지 않았다는 뜻이다. 당신이 감지한 다른 이들의 시각을 그에게 설명해 주며 도와주면 어떨까. 잠깐, 다른 사람들이 옳다고 말하라는 것이 아니다. 그보다는 사람들마다 저마다의 시각으로 본다는 것을 설명해 주란 말이다.

자기애적인 젊은 관리직인 다니엘은 부장과 면담한 이후 화가 나 퇴근하면서 친구 프랑수아에게 털어놓았다. 부장이 다니엘의 판단으로는 충분치 않은, 심지어 억압적이기까지 한 연봉 인상을 해준 것이다. 팀에서 다니엘이 최고의 성과를 냈는데도, 인상된 수준은 다른 사람들보다 약간 높은 정도였다! 프랑수아는 다니엘이 불평하도록 놔둔 뒤에 다니엘이 경이로운 성과를 냈음을 인정하고 축하해 주었다. 그리고 직장 내 다니엘의 가치를 인정하는 동시에 부장이 모든 권한을 가진 것이 아님을 지적했다. 연봉 인상을 위해 부장에게 허락된 정도가 있었을 것이고, 다니엘의 임금을 너무 인상해 주면 다른 이들에게 갈 몫이 줄어들 것이라고 설명했다. "하지만 나보다 성과가 좋지 않잖아"라며 다니엘이 고집을 부렸다. 그렇긴 하지만 그들 역시 목표를 이뤘거나 넘지 않았을까? 너무 적게 인상을 받는다면, 사기가 저하될 것이다. 부장은 그걸 고려해야 했을 것이라고 프랑수아는 조언해 주었다.

　　친구와 30분 동안 대화를 나눈 뒤 다니엘은 진정이 되었고, 여전히 그가 더 받을 자격이 있다고 생각하기 했지만, 부장의 견해를 이해하게 되었다. 프랑수아는 부장이 실패한 것을 해 낸 것이다. 부장은 다니엘의 거만함에 분노하면서 '도를 벗어나고' '규칙에 어긋나는' 요구를 한다고 비난하며 완강하게 버텨서 다니엘의 화를 돋운 반면, 프랑수아는 그저 다니엘의 관점을 인정하고 이해한다는 걸 보여 주었다.

우리는 이 예에서 우리가 반복하여 강조한 규칙을 다시 보게 된다. 누군가를 설득하려면 그의 관점을 이해한다고 설명하는 것부터 시작하는 편이 좋다는 것이다(그에게 동의한다는 뜻은 아니다).

■ 관습과 예의를 철저하게 지키자

자기애성 성격은 자신이 당신보다 더 중요하다고 생각하므로, 그에 합당한 존경을 기대한다는 것을 절대 잊지 말자. 그래서 약속에 늦거나 건성으로 인사하거나 소개 순서를 틀리거나 너무 친밀하게 대하면 쉽게 분노한다. 당신에게는 의미가 없어 보이는 사소한 것들에 민감해하는 사람임을 잊지 말자.

■ 꼭 필요한 비판만 하되 아주 분명하게 하자

지금까지 자기애적인 사람들이 극도로 자존심이 강하다고 이야기했는데, 어떻게 당신에게 그들을 비판하라고 권할 수 있을까? 간단히 말하자면, 구체적인 행동을 겨냥한 솔직한 비판은 힘든 성격에 대처하는 기본 도구의 하나이기 때문이다. 이 연습의 대상이 자존심 강한 자기애성 성격이라면 당연히 매우 까다롭다. 그러므로 지극히 필요하다고 판단되는 비판만 함으로써 그가 당신에게 폭발할 위험을 줄여야 한다. 비판의 목적이 자신과 세상을 보는 타인의 시각을 바꾸는 데 있지 않고, 그저 그의 일부 행동을 고치도록 자극하는 것임을 기억하라.

예를 들어 "항상 남들보다 우월하다고 믿는다" 또는 "이기적이다" 라고 자기애적인 사람을 비난하는 건 격하게 말리고 싶다. 무분별하고 쓸데없는 짓이다. 이것은 구체적이지 않고 사람 자체를 공격하는 비판이다(이면에는 "넌 항상 그래"라는 의미가 깔려 있다). 이렇게 하면 자기애적인 사람은 물론이고 어느 누구나 화를 내면서 당신이 틀렸다고 할 것이다.

그러니 비판을 하려거든 사람 자체는 건드리지 말고, 가능한 한 구체적인 행동을 지적하라. "미리 알리지 않고 늦게 오는 건 싫어", "내 말을 끊는 건 이제 그만했으면 좋겠어", "뒤퐁을 원망하는 이유는 이해하겠는데 다른 주제로 넘어가면 좋겠어." 가능하다면 매번 솔직한 칭찬을 하라는 우리의 첫 번째 충고를 당신이 잘 따랐다면, 자기애적인 사람은 당신의 비판을 더 잘(또는 덜 나쁘게) 받아들일 것이다.

■ 당신의 성공과 특권에 대해 떠들어 대지 말라.

우리가 갖길 원하고 마땅히 가질 자격이 있다고 여기는 특혜들을 이미 가진 사람을 보았을 때, 우리를 옥죄어 오는 시기심과 불쾌한 감정을 다들 겪어 보았을 것이다! 자기애적인 사람들에게는 이 감정이 두드러지게 강렬하다. 그는 당신보다 자신에게 더 자격이 있다고 믿기 때문에, 당신이 가진 특권을 쓰라린 부당함으로 받아들인다. 그러므로 막 다녀온 최고의 휴가나 최근에 받은 유산, 초대받은 멋진 파티, 지금까지 친하게 지내 왔는데 높은 직위에 앉게 된 어린 시절의 친구, 또는 막 승인받은 당신의 승진 소식에 대한 이야기는 피하는 것이 좋다. 이 모두가 그를 무엇보다 힘들게 만들 것이고 당신과의 관계에도 고통을 줄 것이다. 우리는 경쟁을 통해 얻는 것이 아닌 특권에도 자기애성 성격의 사람들은 질투할 수 있다.

▪ 무조건적인 반대는 하지 말자

자기애성 성격을 지닌 사람들은 가끔 짜증나긴 하지만 못 견딜 만한 정도는 아니다. 그 사람이 유발하는 짜증 때문에 진짜로 '거부반응'이 생길 수 있다. 무조건 반박하고 적대적인 얼굴을 보여 주어 그들이 자존심에 상처 입는 것을 보고 싶은 마음이 들지도 모른다. 그 순간에는 이것이 당신 마음을 풀어 줄지도 모르지만 관계는 더욱 어려워질 것이다. 더구나 자기애적인 사람은 당신의 그런 행동이 부당함을 넘어 파렴치하다고 여기고, 당신을 꺾어 버려야 할 적으로 여길 위험이 크다. 그러니까 앞서 얘기한 충고를 반복하자면, 그를 칭찬하라. 가능하면 매번 그의 성공을 인정해 주자. 이는 당신에게 그를 비판해도 될 '여지'를 줄 것이다.

▪ 조종하려는 시도에 주의하자

자기애적인 사람들은 꽤 매력적이라서 타인을 사로잡고 매혹시킨다. 어쨌든 초반에는 말이다. 어쩌면 타인을 유혹하는 힘을 갖췄기에 남들의 특별대우를 받을 만하다는 인상을 갖게 됐는지도 모른다. (줄리에트의 예를 기억해 보라.) 그들은 매력과 자신감, 타인에 대한 무심함을 통해 무섭게 남들을 조종하기도 한다. 조종, 즉 자신의 관점에 찬동을 얻기 위해 고의로 타인의 감정을 갖고 노는 것이다. 이와 관련해서 한 건축가의 보조를 맡고 있는 샤를로트의 증언을 들어 보자.

사장님은 항상 원하는 것을 사람들에게 얻어 내세요. 더 심한 건 우리가 원해서 그렇게 한다는 인상을 우리가 갖게 된다는 거예요. 그렇게 할 수 있는 사장님의 비결은 당신이 죄책감을 느끼게 만드는 겁니다. 토요일에 고객을 방문할 때 따라가고 싶지 않다고 하면(직원 한두 명을 대동하는 걸 좋아하세요. 적어도 예쁜 여성을 한 명 데려가면 자기가 좀 더 중요하게 보이니까요), 슬픈 표정을 하고 자기가 마음에 안 드는 일이라도 했느냐면서, 자길 원망하는 거냐고 물어 봅니다. 어쨌든 너무도 실망한 표정을 하니까 위로해 드리고 싶은 생각까지 들 정도라 토요일에 일하는 걸 승낙해 버리고 말아요. 그러나 죄책감 주기 전략이 통하지 않으면 바로 전략을 바꿉니다. 진짜 의욕적인 직원과 그렇지 않은 직원들을 구분할 줄 안다고 하면서, 사장님을 따라가지 않으면 어떤 부류에 넣어 버릴지 암시합니다. 당연히 위협처럼 들릴 테니까, 올 수 없어도 자기는 아주 잘 이해한다고 덧붙이죠. 하지만 암시하는 바를 아니까 역시 받아들이고 맙니다.

마침내 사장님이 남을 설득하는 방식 4가지를 알아냈습니다.

- 아첨: "자네가 최고야."
- 죄책감: "내가 자네에게 어떻게 했나?"
- 두려움: "조심하는 게 좋을 거야. 자네가 만약…"
- 유사성: "자네와 나는 한 배를 탔다네…"

정말 대단한 건, 같은 면담에서 저 문장들을 수시로 바꿔 가며 사용하신다는 겁니다!

이런 통찰력이라면, 샤를로트는 경영직을 맡아도 충분할 것이다.

■ 다시 해주고 싶지 않은 호의라면 절대로 허락하지 말라

대다수의 힘든 성격들이 그렇듯, 자기애적인 사람에게도 당신이 용납하고 용납하지 못하는 것이 무엇인지 구체적으로 알게 하는 것이 중요하다. 그렇게 되면 그가 당신의 인내심을 테스트하려는 경향이 줄어든다. 여러분도 보았듯이, 자기애적인 사람을 상대할 때는 쉴 틈이 없다! 이는 당신이 자기애적인 사람과는 다르다는 걸 전제로 한다. 인정받기 위해 뭐든 다 하지 않는 것은 자존심 문제다.

■ 상호교환은 기대하지 말자

누군가 당신에게 친절을 베풀어 주었을 때, 그에게 신세 진 느낌 때문에 가능하면 똑같이 갚으려고 할 수 있다. 감사하는 마음은 어쩌면 아주 자연스런 감정이 아닐지도 모른다(본성이란 그 반대로 우리가 뭔가 '갚아야 하는' 사람으로부터 도망치는 건지도 모른다). 그러나 교육이나 예의범절, 타인의 시선 때문에, 또 우리의 이익을 생각해서 마땅히 받아야 할 사람에게 감사의 표시를 하게 된다. 하지만 자기애성 성격의 경우에는 좀 다르게 돌아간다. 여성지 기자 파니(31세)의 이야기다.

> 대학 때 과 친구였던 베로니크는 내가 추천해서 인턴으로 들어왔어요. 그런데 일을 정말 잘해서 상사는 베로니크를 고용하기로 결정했고, 우린 같은 직급이 되어 함께 관광과 여행 지면을 맡게 되었습니다. 편집회의에서 베로니크는 매우 빨리 인정을 받았고, 멋진 여행을 할 수 있는 가장 흥미로운 주제를 얻어 냈습니다. 자신감이 넘치고 약삭빨라서 바로 편집장 눈에 들었거든요.

나와 다른 동료들은 짜증이 나기 시작했어요. 어느 날 내가 베로니 크보다 재빨라서 상트페테르부르크로 르포 취재 가는 걸 따냈어요. 베로니크는 아름다운 프로방스 내륙의 취재를 맡았는데 그것 역시 나쁘진 않았지요. 회의가 끝나고 베로니크가 날 찾아 왔는데 눈물이 그렁그렁한 거예요. 내가 자기 르포를 '빼앗아 갔다고' 비난하면서. 자기가 항상 러시아에 관심이 많았고 고등학교 때 러시아어를 배운 사실과 러시아에 가길 언제나 꿈꿨다는 걸 알지 않느냐면서. 너무 설득력이 있어서 내 마음이 흔들렸고, 우리가 르포를 바꾸기로 했다고 편집장에게 알리도록 허락하고 말았죠. 그녀는 원하는 걸 손에 넣자마자 의기양양해졌고 내게 고마워하는 마음은 조금도 없다는 걸 느꼈어요.

그녀의 존재는 항상 날 밀어 내려고 하는 압박처럼 느껴져서 정신을 바짝 차리고 있어야 해요. 그 애를 회사에 입사시켜 준 게 바로 나인데 말이죠!

이 예는 자기애성 성격에게 가는 게 있으면 오는 게 있다는 것을 기대하는 것이 잘못임을 보여 준다. 그는 상호성에 대한 의무감을 전혀 느끼지 않고, 당신이 그에게 허락해 준 것을 당연히 받아 마땅하다고 생각하기 때문이다. "내가 그 사람에게 친절할수록 그 사람도 나에게 친절할 것이다"라는 덫에 빠지지 않도록 하라. 이는 당신이 다정한 부모님에게 어린 시절에 배운 관계 유형이겠지만, 경쟁 상황에서는 실패만 가져다 줄 것이다!

| 자기애성 성격에 대처하기 |

이렇게 하라

- 매번 진심으로 찬사를 보내 주라.

- 타인의 반응을 설명해 주자.

- 관습과 예의를 철저하게 지키자.

- 꼭 필요한 비판만 하되 아주 분명하게 하자.

- 당신의 성공과 특권에 대해 떠들어 대지 말라.

이렇게 하지 말라

- 무조건적인 반대는 하지 말자.

- 조종하려는 시도에 주의하자.

- 다시 해주고 싶지 않은 호의라면 절대로 허락하지 마라.

- 상호교환은 기대하지 말자.

당신의 상사라면 : 상사와 함께 있을 때 당신의 자존심을 너무 시험하지 말고 거리를 두라. 라 로시푸코의 이 문장을 기억하라. "그들에게 없는 장점을 칭찬하는 것은 모욕을 주는 한 방식이다."

당신의 배우자라면 : 당신이 선택했다면 분명 다른 장점이 있어서일 것이다. 그래도 다시 한 번 이 장을 읽어 보라.

직장 동료나 부하직원이라면 : 당신의 자리를 빼앗기지 않도록 조심하라.

당신은 **자기애성 성격 특성**을 갖고 있습니까?

	그렇다	그렇지 않다
1. 나는 일반적인 사람들보다 더 많은 매력을 갖고 있다.		
2. 내가 얻어 낸 모든 것은 다 그만 한 자격이 있어서다.		
3. 나는 칭찬받는 것을 좋아한다.		
4. 나는 남들의 성공에 쉽게 질투심을 느낀다.		
5. 전혀 거리낌 없이 속임수를 쓰기도 한다.		
6. 날 기다리게 만드는 건 견딜 수 없다.		
7. 직업적으로 난 높이 올라갈 자격이 충분히 있다.		
8. 나를 존중해 주지 않으면 쉽게 화를 낸다.		
9. 나는 특혜와 특별대우를 받는 것이 좋다.		
10. 모두를 위해 만들어진 규칙을 따르는 건 견디기 어렵다.		

6

"고립은
나의 운명!"

분열성 성격에 대처하는 법

"사람이 많은 회의는 질색이다."
– 외젠 라비쉬

두 아이의 어머니인 카롤(33세)의 이야기다.

대학교 도서관에서 미래의 남편이 될 세바스티앵을 만났습니다. 그는 도서관에서 살았어요. 잘생긴 편에 진지한 모습이 내게 깊은 인상을 주었죠. 그가 참고하고 있던 책을 내가 열람하려고 했기 때문에 대화를 하게 되었지요. 그는 친절해 보였지만 극도로 내성적이었어요. 그게 매력으로 느껴져서 난 대화를 계속하고 싶었지만 정말 힘들었죠. '예', '아니오'로만 대답을 하니까 내가 귀찮게 하는 것 같은 느낌을 받았어요. 남자들의 관심을 받는 것에 익숙했기에 그의 소극적인 태도가 마음에 걸리더군요. 내게는 마치 도전 같았어요. 나한테 관심을 갖게 만들고 싶었습니다. 결국 해 냈죠! 두 달 뒤 우리는 사귀는 사이가 되었어요. 어떤 면에서 내가 모든 길을 만든 것이지요. 지금은 가끔 내가 그렇게까지 했던 게 과연 잘한 건가 싶어요.

난 곧 세바스티앵이 다른 학생들과 교류가 거의 없다는 걸 알았습니다. 공강空講 시간에는 카페테리아에서 수다를 떠는 대신 도서관으로 공부하러 갔어요. 지금까지도 내가 아는 그의 유일한 친구는 폴이에요. 그는 남편의 어린 시절 친구인데 남편처럼 천문학에 관심이 많죠. 둘이 어렸을 때는 저녁에 만나 남편의 부모님이 사 주셨던 천체망원경으로 하늘을 관찰했었다고 해요. 그 친구는 정말로 천문학자가 되었고, 세계 여러 나라의 고산에 위치한 천문대에서 자기 시간의 절반을 보냅니다. 남편과 폴은 자주 편지를 주고받았고, 지금은 인터넷으로 소식을 전한답니다.

남편이 말수가 적어서 힘들던 시절에 나는 그 친구를 질투하기까지 했어요. 무엇보다 내게는 절대 말하지 않는 감정이나 인상에 대해 털어놓을 거라고 상상했었거든요. 결국 난 편지들을 몇 개 몰래 읽어 보았죠. 남편은 자신의 일상을 다음과 같이 짧게 묘사하더군요. "가족과 함께 바닷가에 갔었어" 아니면 "난 자동차를 바꿨어". 나머지 내용은 천문학이나 정보과학에 대한 과학적·철학적인 견해로 가득했습니다. 또 그 둘은 자신들이 아끼는 공상과학소설을 서로에게 추천해 주곤 했어요.

남편은 모든 시험에 합격해 도시 근교에 있는 중학교 수학 선생님이 되었습니다. 그건 재앙이었어요. 학생들과 제대로 의사소통하지 못해서 바로 야유를 받았죠. 그렇지만 그런 일을 내게 털어놓지는 못하고 불행한 얼굴로 퇴근해 컴퓨터 앞에만 앉아 있었습니다. 사실 남편은 사람들의 공격에 맞설 줄 몰랐어요. 일상생활에서 누군가 남편에게 반대할 때 남편은 태연하게 아무 대답도 하지 않고 그 자리를 떠납니다. 남편은 자신의 이상한 점을 바로 알아챈, 다루기 어려운 청소년들로 가득한 학급을 압도할 능력이 없었어요.

다행히 대학의 한 교수님과 계속 좋은 관계를 유지해 왔는데, 그 교수님이 대학에서 경력을 이어 가도록 박사 학위를 받으라고 격려해 주셨어요. 공부는 엄청난 양이었고 휴가까지 포함해 5년 동안 밤낮으로 박사 논문을 쓰는 데 매달렸죠. 덕분에 지금은 대학 연구원 자리를 얻었고 주당 4시간만 강의를 합니다. 나머지 시간은 미분微分 공부를 계속하는 것 같은데 그게 뭔지 내게 설명하지도 못해요.

내 친구들은 남편이 착하다고 하는데, 남편은 항상 열의를 보여 주긴 하지만 대화를 시작하는 일에 남편을 의지하진 않습니다. 휴가를 떠나도 남편이 하루 중 일부는 혼자 있고 싶어 한다는 걸 느껴요. 책을 들고 혼자 산책을 나갑니다(공상과학소설을 특히 좋아해요). 한때는 윈드서핑을 많이 했는데 혼자 멀리 나가니까 걱정을 했었죠.

신혼 때는 남편에게 화를 많이 냈어요. 일상생활에서 남편이 좀 더 외향적이길, 특히 호전적이길 바랐었거든요. 하지만 남편을 바꿀 수 없다는 걸 조금씩 깨닫고, 있는 그대로 사랑하기 시작했어요. 세월이 흐르면서, 말수가 적었고 내가 관심을 끌려고 항상 노력했었던 아버지와 남편이 많이 닮았다는 걸 깨달았습니다.

세바스티앵을 어떻게 생각하는가?

세바스티앵은 새로운 사람들을 대할 때 매우 내성적인데, 오래 사귄 관계여도 행동이 바뀌지 않는다. 그는 직장에서나 가정에서나 취미생활에서나 고독을 좋아하는 성향이 있다. 자기 감정을 표현하는 데 어려움을 겪고 타인의 반응에

무관심한 듯 보이는데, 그건 (친구들끼리의 파티처럼) 화기애애한 시간이
나 (적대적인 학급처럼) 갈등 상황에서도 그러하다. 연구를 하거나 공상
과학소설을 읽을 때처럼, 혼자서 내면세계에 빠져드는 걸 선호한다.

분열성 성격

- 태연하고 초연한 모습이어서 파악하기가 어렵다.
- 타인의 칭찬이나 비판에 무관심한 듯하다.
- 혼자 하는 활동을 선택한다.
- 친한 친구가 적고 친한 이들도 인척 관계인 경우가 많다. 쉽게 관계를 맺지 않는다.
- 타인과 함께 있는 상황을 자발적으로 찾진 않는다.

　　잠깐! 분열성 성격은 정신분열증schizophrenia 환자가 아니다! '분열
성schizoid'이라고 말할 때 이것은 정신분열과는 아무 관계도 없다. 이 두
용어가 똑같이 '세상과 동떨어진'이라는 의미로 '잘린, 끊긴'을 뜻하는
그리스어 'schizo'에 어원을 두고 있다고 해도 말이다. 정신분열증은
성격 유형이 아니라 진짜 질병이다. 정신분열증을 앓는 환자들은 정신
착란에 빠지고, 지적 능력의 교란으로 고통받는다.[1] 이는 명석한 연구
원인 세바스티앵의 경우와는 전혀 다르다.

세바스티앵은 세상을 어떻게 볼까?

　　　　　　　　　　분열성 성격은 말을 안 하
는 경향이 있기 때문에 이들의 경험을 이해하는 것은 쉽지 않다. 세상

과 동떨어져 무관심하고 말이 없는 모습만 보이는데, 타인과 자기 자신을 어떻게 생각하는지 어찌 파악할 수 있겠는가? 심리학자들은 그들의 기본적인 믿음이 다음과 비슷할 거라고 추측했다. **"다른 사람들과의 관계는 예측할 수 없고 피곤하며 오해의 원인이 되므로 피하는 것이 낫다."**

우리 모두는 타인이 종종 예측 불가능하고 피곤하다는 걸 알고 있다. 그렇다고 다들 분열성 성격이 되진 않는다! 왜 분열성인 사람들은 다른 사람들과의 교제를 특히나 피곤해하는 걸까? 먼저 이들은 우리보다 타인의 반응을 이해하는 데 능숙하지 않다. 그들에게는 타인이 '판독'하기 어려운 대상이기 때문이다. 주변 사람들과 소통하는 것은 이들에게 더 많은 노력을 요구한다. 당신이 익숙하지 않은 언어로 외국인과 대화를 해야만 했던 일을 떠올려 보라. 그때 당신이 느꼈던 피곤함은 분열성 성격인 사람이 타인과 소통하는 노력을 해야 할 때 느끼는 그것과 비슷할 것이다.

분열성 성격의 약한 친교 욕구를 설명해 주는 것이 또 하나 있다. 그들은 찬사나 칭찬을 포함해 타인의 의견에 평균보다 덜 민감하다. 칭찬에 별다른 감정을 느끼지 못하기 때문에 '칭찬을 원하는 일'이 거의 없다. 타인의 칭찬과 찬사를 끊임없이 바라는 다른 힘든 성격들(자기애성 성격, 연극성 성격)과는 달리, 분열성 성격은 매우 자주적이다. 자신의 내면세계와 혼자 하는 활동, 자기 능력에서 만족감을 찾는다. 동류인 인간들의 칭찬을 들으려 하기보다는 공상을 좋아하고 혼자 일하며, 자신만의 환경을 만드는 걸 좋아한다.

그렇다면 분열성 성격의 사람은 혼자 하는 활동이 대부분인 직업에 더욱 끌릴 거라는 걸 짐작하고도 남으리라! 정보처리 기술자나 연구 엔지니어, 일부 장인匠人들, 고립되어 일하는 직업들(등대지기까지 갈 것도 없다!)에 분열성 성격이 많다. 그들은 대개 자기 분야에서 훌륭한 전문가들이고 그 분야에 완전히 빠져 사는 걸 좋아한다. 세바스티앵처럼 그들은 인간을 대하는 분야보다는 추상적이고 기술적인 분야에 더 끌린다.

언제 분열성 성격이 고통스럽게 되었을까?

전통적인 농경 사회에서 (수천 년 동안 우리 인간이 살았던 환경) 분열성 성격을 가진 것은 아마 그리 심각한 문제가 아니었을 것이다. 당신을 아는 마을 사람들 속에서 평생을 살고, 새로운 사람들과 '알게 될' 일이 없었으므로, 사람들은 당신을 그저 좀 '소극적'인 사람으로 여겼을 것이고, 당신은 다른 사람들보다 고독한 노동 시간들을 더 잘 견디었을 것이다. 또 여자였다면 조용히 실을 잣고 베를 짰을 것이다. 물론 청소년기에는 이성과 편히 어울리지 못했겠지만. 사내라면 복잡하고 변덕스러운 존재인 여자들의 환심을 살 줄 몰랐을 테고, 분열성 성격의 아가씨라면 사내들의 수작에 어떻게 답해야 할지 몰라서 완전히 피하는 편이 더 편했을 것이다. 그래도 당신이 살고 있는 사회 유형 덕분에 좀 더 수월했을 것이다. 일반적으로 결혼은 오래전부터 신분이 비슷한 두 가족끼리 자식들을 적당히 짝지어 '주선'했으므로, 약혼자에게 뭔가 증명해 보일 필요가 없었다. 농작물 의존 사회에서 다양하고 재미있는 대화를 한다는 것은 밤을 지새우기에 좋은 자질임이 분명하지만, 우선되는 사내의 자질은 아니었다. 그 사회는 일을 잘하고 신체적으로 용감하며 다툼은 그리 즐기지 않는 성미를 원했다. 여자의 경우 고된 일을 잘 견디고 남편에게 복종하며 좋은 어머니인 것이 아마도 (많은 지참금과 함께) 가장 선호되는 자질이었을 것이다. 이런 특징들은 분열성 성격의 아가씨라도 완벽하게 갖출 수 있는 것이다. (남편이 말을 걸지 않아도 불평하지 않을 아가씨가 여기 있구나!)

진화론적인 관점에서는 완벽한 고독 속에서 오랜 시간을 보내야 할 사람들(모피 사냥꾼, 목동, 어부)에게 분열성 성격은 장점이 된다.

하지만 지금은 모든 것이 바뀌었다. 세계 인구의 대다수가 도시에 살고, 우리는 학교든 직장이든 거리든 휴가지든 새로운 사람들을 끊임없이 만난다. 낯선 사람을 만나고 교류하며 좋은 인상을 줘야 하는데 그것이 어떤 사람들, 특히 분열성 성격의 사람들에게는 특히나 어렵다. 다른 환경에서는 완벽하게 적합한 성격이었는데 말이다. 우리 사회에서 의사소통을 하려면 반드시 해야 하는 의무사항이 있다. 파트너를 유혹하고, 면접관을 설득하고, 한 팀의 책임을 맡고, 프로젝트 허가를 받고 싶다면 당신은 말을 해야 한다. 말을…. 직업과 연애는 다른 사람들과 잘 소통하는 우리의 능력에 달려 있다.

그러므로 분열성 성격은 감정적·사회적으로 고립되고, 직업적으로는 책임이 없는 자리만 전전하며 발전이 느릴 위험이 크다. 이런 까닭에 치료를 감행하는 것이 바람직하다. 치료가 그를 분위기 메이커로 변신시켜 주진 못하겠지만 일상생활의 만남에 적합한 방식으로 대처하도록 도와줄 수는 있다.

소통 훈련에 초점을 맞춘 치료들이 어려운 상황들을 점진적으로 제시해야, 자신을 바꾸고 싶은 의욕이 가득한 분열성 성격의 사람들을 도와줄 수 있다. 그러나 이걸 단언하기에는 연구가 부족한 실정이다.

영화와 문학 속의 분열성 성격

카뮈Camus의 소설 《이방인L'Étranger》의 화자는 현실에 거리를 두고 보는 시각과 함께 타인의 반응에 무관심하고 내향적인 것으로 보아 분열성 성격이라고 추정된다.

파트릭 모디아노Patrick Modiano의 몇몇 소설 주인공들은 가질 수 없는 아가씨들과 사랑에 빠지는 분열성 성격의 몽상가들이다. 소설 《슬픈 빌라Villa Triste》(책세상)에서 특히나 그렇다.

폴 오스터Paul Auster의 소설 《달의 궁전Moon Palace》(열린책들)의 주인공은 돈이 바닥나자 자신의 아파트에서 얌전히 굶어 죽기를 기다린다. 다른 사람들을 만나 도움을 구하기보다는 분열성 몽상에 잠기는 걸 택한다.

영화에 등장하는 차갑고 고독한 영웅들은 모두 '능동적인' 분열성 성격이라고 말할 수 있다. 그들은 말수가 적고 여자들과 대중의 찬사에도 무관심하다. 클린트 이스트우드Clint Eastwood와 찰스 브론슨Charles Bronson은 직접 악당들을 처단하고 동반자로는 자신의 말밖에 없는 냉정한 인물들을 전문으로 연기했다. 예를 들어 브론슨의 〈옛날 옛적 서부에서C'era una volta il West〉(1969)와 이스트우드의 〈페일 라이더Pale Rider〉(1985)가 그렇다.

분열성 성격에 어떻게 대처하면 될까?

■ 혼자 있고 싶어 하는 필요를 존중하자

분열성 성격의 사람들은 타인과 함께 있는 것을 피곤해한다는 걸 기억하라. 고독은 그의 산소이고 기운을 차리게 도와준다. 또 고독은 편하게 일에 집중하게 해준다. 앞서 읽었던 증언의 주인공인 마크의 아내, 마린의 이야기를 들어 보자.

친구 집에 저녁식사 초대를 받을 때마다, 남편 마크는 드러내려 하지 않지만 난처해하는 게 느껴져요. 물론 마크는 우리가 비사교적으로 살 수는 없고, 사람들과의 만남이 내게 기쁨이 된다는 데 동의하지만, 집에 남아 책을 읽고 싶어 하죠. 그래도 별말 않고 초대를 받아들입니다.

친구와의 저녁식사 날이 되면 퇴근하면서부터 남편이 힘들어하는 걸 느낍니다. 슬프고 굳은 표정을 하고 있지요. 그러나 불평하진 않고 내게 친절하려고 애쓰면서 내가 준비하는 동안 텔레비전 앞에 앉아 있어요.

초대받은 집에 도착하면 모습이 변합니다. 이야기하고 농담도 하고 유머도 보여 주죠. 사람들은 남편을 좋아하고 남편이 초대받은 사실을 기뻐한다고 생각해요. 남편은 남들을 관찰하고 훈련한 결과 나이가 들면서 어색함이 사라졌거든요. 그가 여전히 노력해야 한다는 사실은 오직 나만 알고 있어요. 식사가 끝날 무렵이면 말수가 줄고, 자긴 최선을 다했다는 듯이 입을 다뭅니다. 그때 내가 다음날 일찍 일어나야 한다는 핑계를 대며 떠나야 한다는 신호를 주면 남편의 시선에 생기가 돕니다.

마치 주인이 개줄을 잡는 걸 보고, 곧 집으로 돌아간다는 걸 알아챈 개의 눈빛 같아요. 이건 남편이 든 비유로 남편의 유머 감각을 말씀드리고 싶어서예요.

사실 우리는 각자 노력을 한답니다. 남편은 외출하고 대화에 참여하는 데 동의하고, 난 초대에 너무 자주 응하지 않고 내가 머물고 싶은 것보다 좀 더 일찍 자리를 뜹니다. 그래서 서로 사이가 좋아요. 세월이 흐르면서 남편도 다른 사람들과 함께 있는 게 예전보다는 더 재미있다고 하더군요.

이런 증언이 있는데, 분열성 성격에게 고독이 필요함을 존중해야 할 이유에 대해 무엇을 더 첨언하겠는가?

■ 그 사람의 진가에 맞는 상황을 제안하자

대학교 도서관 관장인 파트리스(38세)의 이야기다.

아르멜은 훌륭한 사서입니다. 여러 데이터뱅크들을 오가며 요청한 정보를 찾아내는 능력이 뛰어나죠. 열람객들과의 접촉은 최소한으로 제한하면서 하루의 대부분을 컴퓨터 앞에서 보냅니다. 예쁜 편이지만 그걸 내세우는 편은 아니에요. 절대 웃지 않고 자신을 감추려고 애쓰며 친구도 별로 없는 것 같습니다. 부모님이 살고 있는 아파트 위층에 있는 원룸에서 혼자 살아요.

내 업무가 많기 때문에 대학 대표들이 모이는 회의에 나 대신 참석해 달라고 부탁했어요. 망설이면서 수락하는 걸 느꼈습니다. 회의에서 돌아온 아르멜이 거론된 내용을 자세히 적은 보고서를 내게 건넸는데, 아르멜이 한마디도 안 했다는 걸 확인했어요. 도서관의 입장을 대변해야 하는 상황에서도 말을 안 했더군요. 그래서 그 부분을 지적했는데 아르멜은 태연했어요. 나중에 내 사서함에서 그녀의 편지를 발견했습니다. 매우 절제되어 감정이 개입되지 않은 문체로, 그 회의가 그녀에게 맞지 않았고 사람들이 하는 말에 집중하기가 힘들었으며, 엄청나게 피곤하고 지루해서 스스로가 일을 못한다는 느낌이 들었다고 설명했습니다. 뭐라고 답하겠어요? 훌륭한 직원인데요. 회의에서 아르멜을 빼 주고 다시 컴퓨터 앞에 앉게 해줬습니다. 지금은 조금 발전했어요. 내게 인사할 때 미소를 보여 주거든요.

파트리스가 묘사한 상황은 여러 기관들에서 상당히 자주 일어나는 일이다. 전문 분야에서 매우 인정받는 분열성 성격의 사람을 관리직으로 승진시키면 그는 성격에 맞지 않는 임무 때문에 실망하고 고통받으면서 그 사람에게나 회사에게나 좋지 못한 결과를 낸다.

■ 그 사람의 내면세계에 귀를 기울여 주자

극히 내성적인 겉모습과는 대조적으로 분열성 성격은 내면생활이 매우 풍성하다. 학교에서 이런 종류의 사내아이들은 여자아이들에게 관심이 없어 보이지만 남몰래 긴 사랑의 시를 쓰고, 가끔은 상상의 애인을 갖고 있기도 하다. 공상과 상상을 많이 한 나머지, 분열성 성격은 풍부하고 독창적인 생각을 갖고 있고, 그들의 감수성은 가끔 '동떨어지기'도 하지만, 시적이며 신선한 보물 같기도 하다. 사물에 대한 이런 독창적인 관점은 디자이너나 예술가, 연구원, 또는 작가들 중에 분열성 성격이 많은 이유를 설명해 준다.

이 풍성함에 접근하고 싶다면 당신이 아끼는 분열성 성격의 사람들을 과도한 대화로 가혹하게 다루지 말라. 당신이 듣고 있다는 걸 보여 주면서 말을 하도록 그저 격려하라. 그가 흥미를 보일 주제를 제안하라. 그의 침묵을 존중하라. 인내와 배려를 충분히 보여 준다면, 그의 독창적인 이야기를 듣고 매력적인 세계를 발견할 기회를 얻을 수 있을 것이다. 그 기회는 그들이 자신을 편하게 만들어 줄 줄 아는 몇몇 특권자들에게만 꺼내 놓는 귀한 선물이다.

■ 조용한 그의 자질을 즐기자

분열성 성격의 사람들이 말수가 적은 건 당연하다. 그런데 말이 너무 많아서 당신을 지치게 만드는 사람들에 대해 생각해 보았는가? 급히 끝내야 할 일이 있는데 지난 주말을 어떻게 보냈는지 늘어놓는 회사 동료 때문에 짜증난 적은 없는가? 대화를 끝내고 싶다는 표시를 이미 했는데도 전화로 자기 연애 문제를 시시콜콜 토로하는 친구는? 자기가 아는 모든 사람들에 대한 일화와 농담, 질문으로 당신을 피곤하게 만드는 명랑한 손님은? 말하고 듣는 일에 절대로 질리지 않아서 회의가 길어지게 만드는 사람들은? 분열성 성격의 사람과는 절대 그럴 일이 없다. 당신에게 휴식, 침묵, 집중이 필요할 때 그들은 아주 적합한 동반자다. 그들이 하이킹 동반자나 크루즈 승무원, 낚시 동료라고 생각해 보자. 주말에 연구나 독서를 함께하자며 그를 데려가라. 그와 함께라면 방해받지 않고 침묵을 유지할 수 있을 것이다.

■ 강한 감정을 표현하도록 강요하지 말자

패밀리형 세단인데 스포츠형 쿠페처럼 작동하도록 요구하는 것이 쓸 모없는 것처럼, 분열성 성격인 사람에게 기쁨이나 분노 같은 감정을 표 출하도록 강요하는 것은 헛된 짓이다.

신혼여행 때부터 남편을 오래 견디지는 못할 거라고 생각했습니다. 난 꽤 수다스럽고 농담을 좋아하고 감정적인 편인 데다 기쁨이나 슬픔을 강하게 느끼는 여자였거든요. 북부 이탈리아를 방문했었는데 풍경을 보고 난 황홀경에 빠졌습니다. "어쩜 이렇게 아름다울까!"라고 내가 열 광하며 탄성을 연발하자 남편은 생동감 없는 목소리로 "그래"라고 답하 더군요. 아니면 아예 아무 말도 하지 않았어요! 우리가 사랑을 나눌 때 즐거움을 느끼는 것 같지만, 내가 남편 가슴에 안겨 있어도 감미로운 말 을 꺼내질 못하는 겁니다.

며칠 후에 남편의 숙부님이 갑자기 돌아가셨다는 걸 알리는 전보 가 호텔로 배달됐어요. 그분이 남편에게 거의 아버지나 마찬가지였다는 걸 알았기에 난 정말 깜짝 놀랐습니다. 난 눈물이 그렁그렁한 눈으로 전 보를 읽고 또 읽는 남편을 바라봤죠. 아무 말도 없었어요. 마침내 날 보 면서 이렇게 말했습니다. "돌아가야겠어."

남편의 표현의 인색함에 익숙해지는 데에는 오랜 시간이 걸렸습니 다. 특히 다른 장점들을 발견하기까지. 나와 함께 지내면서 남편은 조금 개선이 되었고 난 요구를 덜하게 되었죠. 그걸 두고 농담할 때도 있고요.

■ 너무 많은 대화로 그 사람을 질리게 만들지 말자

분열성 성격의 사람들은 말을 많이 하지 않거나 말을 끊는 일이 적기 때문에 말을 잘 들어 주는 사람처럼 보일 수 있다. 역시 의도한 건 아니지만, 분열성 성격의 사람들은 방해받지 않고 속을 털어놓고 싶은 사람들을 간혹 끌어당긴다. 이들은 끊임없이 말하고, 말하고… 말한다. 조금만 상대에게 주의를 기울인다면, 이 수다쟁이들의 눈에 상대의 피로함이나 지루함의 신호가 보일 것이다.

이 충고는 분열성 성격의 사람에게만 유효한 것이 아니다. 누군가에게 이야기를 할 때 당신이 하고 있는 말에서 조금 벗어나 상대방의 시선, 몸짓과 표정, 자세 등의 비언어적인 반응을 관찰해 보라. 가끔은 직접 답을 듣는 것보다 여기에서 더 많은 것을 알아낼 수 있다. 분열성 성격의 사람들의 경우, 당신이 그를 지루하게 만들었다면 금세 알아차릴 수 있을 것이다.

■ 완전히 고립되도록 내버려 두지 말라

본성대로 놔둔다면, 분열성 성격은 은둔자로 생을 마칠지도 모른다. 10여 년 전만 해도 연구실에서 자기 사무실을 떠나지 않고 심지어 잠까지 자는 연구원들을 볼 수 있었다. 커피를 뽑으러 가거나 외출을 할 때도 슬리퍼를 신는 등 일상생활에서 지켜야 할 제약들도 마음대로 생략해 버렸다. 자기 비서에게만 말을 하되 그것도 비서가 뭘 물어보거나, 연구 책임자가 직접 와서 진행 상황을 물어볼 때만 말을 했다. 현대의 연구는 까다로워서 지구 저편에서 이편에 걸쳐 협력-경쟁하는 팀으로 이루어지므로, 이렇게 격리되어 진행하는 연구들은 서서히 사라졌고(몇몇 보안이 심한 정부 기관의 연구는 여전히 이런 식으로 하기도 한다), 또 좀 더 활력을 주는 환경 덕분에 분열성 성격의 사람들은 남들과 더 잘 소통하도록 적응할 수 있었다. 그러나 연구실 환경은 활력을 주지만 과하지는 않다. 연구실은 여전히 침묵과 고독을 존중하는 구역이기 때문이다.

그러므로 분열성 성격의 사람을 알고 있다면 당신의 존재나 지나친 대화로 피곤하게 만들지 말되, 가끔은 만나러 가고 집에 초대하고 회의에 데리고 오도록 하라. 친교 능력을 유지하도록 당신이 도와주면, 이 장의 첫 번째 예에서 카롤의 남편이 그랬듯이 훈련을 통해 사회생활을 덜 피곤해할 것이다.

| 분열성 성격에 대처하기 |

이렇게 하라

- 혼자 있고 싶어 하는 필요를 존중하자.

- 그 사람의 진가에 맞는 상황을 제안하자.

- 그의 내면세계에 귀를 기울여 주자.

- 조용한 그의 자질을 즐기자.

이렇게 하지 말라

- 강한 감정을 표현하도록 강요하지 말자.

- 너무 많은 대화로 그 사람을 질리게 만들지 말자.

- 완전히 고립되도록 내버려 두지 말라.

당신의 배우자라면 : 부부의 사회생활을 책임지는 걸 받아들이도록 하라.

당신의 상사라면 : 만나러 가기보다 메모를 건네도록 하라.

당신의 직장 동료나 부하직원이라면 : 형편없는 관리자가 되도록 부추기

기보다는 뛰어난 전문가가 되도록 내버려 두라.

🛋 당신은 **분열성 성격 특성**을 갖고 있습니까?

	그렇다	그렇지 않다

1. 사람들과 함께 하루를 보내고 나면 혼자 있을 필요를 느낀다.

2. 가끔 다른 사람들의 반응을 이해하기 어렵다.

3. 새로운 사람들을 알아 가는 것은 별로 내키지 않는다.

4. 사람들과 함께 있는데도, 다른 생각을 하며 '다른 곳에 있는' 경우가 생기기도 한다.

5. 친구들이 내 생일을 축하하기 위해 모인다면, 기쁘기보다는 피곤하다.

6. 딴 세계에 있는 것 같다는 비난을 자주 듣는다.

7. 내 취미들은 혼자 하는 게 특히 많다.

8. 가족들 말고는 친구가 한두 명이다.

9. 사람들이 날 어떻게 생각하는지 별로 관심이 없다.

10. 그룹 활동을 좋아하지 않는다.

7

"모든 상황은
내가 통제한다!"

A유형 행동에 대처하는 법

원거리 통신 회사의 고객 지원 담당인 노르베르(36세)의 증언이다.

취업 면접 때부터 상사가 쉬운 타입은 아니란 걸 느꼈습니다. 질문을 던지는데 내 대답이 끝나기도 전에 다음 질문을 던지곤 했어요. 급하고 인내심이 없어 보이는 데다 상사의 시간을 내가 뺏는 것 같았죠. 날 뽑지 않겠다고 이미 결정해 놓고 형식상 면접을 한 거라고 생각했는데 전혀 아니었어요. 합격된 거죠! 나중에서야 그 상사가 항상 급하고 참을성이 없다는 걸 알았지요.

회의 때는 더 심해요. 조금이라도 길게 설명하면 바로 말을 끊습니다. 어쩔 때는 우리 대신 문장을 끝맺기도 해요. 반대 의견도 견디지 못합니다. 반론을 제기하면, 상대방이 자기 입장을 포기할 때까지 근거를 댑니다. 반면 이틀 뒤에 다시 만나면 우리가 그때 전달하려고 애썼던 정보를 소화할 수 있는 상태가 되어, 마치 계속 동의했었다는 듯이 행동하죠. 그래서 상사가 없을 때면 팀 전체가 그걸 두고 농담을 합니다.

그래도 넘치도록 일을 하기 때문에 상사를 존경하긴 합니다. 아침에 제일 일찍 출근하고, 하루 일과는 약속과 회의로 가득 차 있어서 저녁에도 늦게 퇴근합니다. 사무실을 오갈 때마다 언제나 뛰어다녀요. 상사에게 어떤 문제를 가져가면 즉시 결정을 내리는데 좋은 결정일 때가 많아요. 너무 서둘러서 조금만 생각했다면 실수의 대가를 안 치렀어도 됐을 때가 두세 번 있긴 했었죠. 나쁜 사람은 아니지만 너무 쉽게 화를 내는 데다 폭발을 참는다고 해도 그게 적나라하게 다 드러납니다.

어느 날 비서가 실수로 잘못된 서류를 그에게 준 걸 알게 됐어요. 문자 그대로 상사의 얼굴이 분노로 부풀어 오르는 걸 봤답니다. 그러나 고객 앞이었기 때문에 참고 아무 말도 하지 않았지요. 어떤 날은 너무 급하고 신경질적으로 보여서 상사를 피하는 게 낫다는 걸 알아요. 그런 날이면 상사는 금방 불쾌하게 변해서 상처를 주는 비판을 해 대고 목적을 잃은 분노가 하늘을 찌릅니다. 그분 아내가 어떻게 견디는지 모르겠어요! 어쩌면 집에서는 얌전할 수도 있겠죠. 어쨌든 일과를 보면 집에 자주 있진 않아요.

심지어 주말에도 잘 쉬지 못합니다. 작년에 환상적인 장소로 세미나를 갔는데요. 테니스장도 있었는데, 거기서 상사가 수출 담당자와 어찌나 격렬하게 시합을 했던지 근육이 끊어져버렸죠. 마치 자기 경력을 걸고 시합한 것 같았다니까요! 당연히 우리에게 일을 지나치게 맡기고 자기 리듬대로 일해 주기를 기대합니다. 하지만 난 병원에서 내 생을 마치고 싶지 않아요!

뤽의 상사에 대해 어떻게 생각하는가?

항상 급하고 참을성이 없으며 끊임없이 절박함 가운데 있고, 하루 종일 시간에 쫓겨 일하는 것 같은 뤽의 상사는 시간과 싸움을 벌이는 듯하다.

다른 사람들과의 관계도 쉽지 않다. 말을 끊는 경향이 있고 자기 입맛에 맞게 재빠르지 않으면 사람들을 재촉하며, 사람들이 실수를 하면 그의 계획에 차질이 생겨 화를 낸다. 다른 사람들이 그가 벌이는 시간과의 싸움에 제동을 건다고 느낀다. 더구나 민감한 경쟁 의식을 갖고 있어서, 단순한 대화나 특별한 목적이 없는 테니스 경기인데도 이기려 든다. 절제된 태도가 필요할 때에도 경쟁 상황이라고 느낀다. 상대방을 브레이크 또는 경쟁자처럼 인식하기 때문에, 다른 사람들과 자주 싸운다.

결국 뤽의 상사는 고객 설득하기, 회의 주도하기, 정시에 도착하기, 테니스 시합 이기기 등 도달해야 할 목표를 만나면 그의 모든 에너지를 동원할 수밖에 없다. 직원들은 활동에 격렬히 참여하는 상사 때문에 타격을 입는다.

시간과 싸우고 타인과 싸우고 활동에 격렬히 참여하는 것… 뤽의 상사는 A유형 행동의 특징들을 보여 준다.

- **시간과의 싸움** : 참을성이 없고 더 빨리 가려고 걱정하며 최대한 압축해서 한정된 시간 내에 해 내려고 한다. 시간 엄수를 걱정하고 다른 사람들이 느린 것을 참지 못한다.
- **경쟁 의식** : 레저 스포츠나 대화, 일상생활의 대수롭지 않은 상황에서도 '이기려는' 경향이 있다.
- **활동 참여** : 일을 많이 하고 활동에 열렬한 관심을 보이며, 취미도 목표를 달성해야 하는 업무로 변화시켜 버린다.

A유형은 세상을 어떻게 볼까?

A유형에게는 일상생활의 모든 사건들이 도전처럼 보인다. 어떤 일이든 에너지를 총동원한다. 그것이 큰 계약을 검토하는 것이든 정비소 직원과 수리 요금을 의논하는 것이든 말이다. 우리들도 중요한 쟁점이 걸린 일 앞에서는 온 힘을 쏟지만 A유형에게는 모든 문제가 다 중요하다. 캐나다의 심리학자인 에델 로스키Ethel Roskies[1]는 이 성격의 특성을 요약하기 위해 이런 비교를 했다. "A유형에게는 모든 충돌이 핵전쟁이다." A유형의 신조는 다음과 같을 것이다. "**모든 상황을 내가 다 통제해야만 한다.**" 또는 "**내가 착수하는 일들은 모두 성공해야만 한다.**" 병원에서 실장으로 일하는 아리엘(52세)의 이야기를 들어 보자.

이곳에서 일하는 다른 모든 직원들처럼 나도 압박 가운데 일하고 있어요. 행정적인 문제와 예산, 자재 주문 등을 처리해야 하고, 간호팀 내에서 발생하는 인간적인 문제들에 대처해야 합니다. 또 의료 서비스의 질이 떨어지지 않게 교대 근무가 이뤄지도록 조정해야 하고, 가끔은 서로 상충되기도 하는 의사들과 행정실의 요구에도 신경을 써야 하죠. 그리고 환자 가족들의 요구를 들어 줄 준비를 하고 있어야 하고, 퇴원 후에 수용할 장소 같은 복잡한 문제도 해결해야 합니다. 하루 일과는 무척 길고 내 시간은 1분도 없죠!

회의와 회진, 행정 업무, 응급실을 오가며 항상 시간에 쫓겨 달리고 있어요. 금세 좌절하는 사람도 있을 테지만, 어떤 면에서 난 흥분이 돼요. 남의 이야기를 들으면서 보고서를 작성한다거나, 병원 한쪽 끝에서 다른 쪽으로 달려 이동하면서 메모를 읽는 등 한 번에 두 가지 일을 하는 데 익숙합니다. 익숙해지면서 점점 빨리 일하게 돼요. 병원장은 날 '백발의 토네이도'라고 부른답니다.

상황을 제어한다는 느낌을 받는 한 별 문제가 없지만, 조금이라도 늦어지거나 다른 사람들이 늑장을 부린다고 느껴지면 화가 납니다. 아직 할 일이 많이 남아 있는데 회의가 길어지면 견딜 수가 없어서 사람들 말을 끊곤 해요. 간호사들이 나무라는 점이죠. 어쨌거나 날 좋아하지 않는 사람들은 인사이동을 요청하거나 병원을 떠납니다. 그러니 아주 좋아요. 팀의 대다수가 내 리듬대로 일하거든요.

난 항상 이런 방식으로 '움직여' 왔는데, 남편은 내 나이면 좀 느려져야 한다고 생각해요. 조금 뒤로 물러나서 보라고 합니다. 정말 웃기죠! 작은 실수를 저질러도 끔찍한 결과가 발생하는 병원에서 남편이 일을 해 보라지요. 하지만 저녁이면 점점 피곤해지는 게 사실이라 내 기분도 영향을 받습니다. 몇 년 전까지만 해도 있었던 활력이 이젠 없는 것 같아요. 남편은 내가 너무 스트레스를 많이 받는다고 합니다. 하지만 스트레스는 내 인생인 걸요!

아리엘은 긴박함이 자신에게 '흥분제'와 같다고 설명했다. 또 그녀는 A유형 행동의 다른 특성들도 보여 주었다. 무엇이든 빨리 하고, 여러 가지 일을 동시에 하며, 쉽게 참을성을 잃어버리고, 자신이 하는 일에 아주 적극적으로 참여한다. 그녀처럼 유능한 직원을 두어서 병원장이 기뻐할 거라는 건 안 봐도 뻔하다.

하지만 아리엘은 어떻게 생각할까? 일을 좋아하지만 점점 피곤해진다는 걸 깨달았다. 퇴근해 집에 들어오면 지쳐서, 남편은 그녀의 안 좋은 기분을 감당해야 한다. 아리엘은 그 대가를 혹독히 치르고 있는 건 아닐까?

아내가 너무 스트레스를 받는 것 같다고 한 남편과, 스트레스가 곧 자기 인생이라고 생각하는 아리엘, 둘 중에 누가 옳을까? 그보다 먼저 스트레스란 무엇일까?

잠시 우회해서 스트레스란?

스트레스란 노력해야 할 때마다 상황에 적응할 수 있도록 생성되는 우리 신체의 자연적인 반응이다. 예를 들어 약속 시간에 맞춰 도착하기 위해 발걸음을 재촉하는 경우 스트레스 반응이 나온다. 이 반응은 3가지 요소로[2] 나뉜다.

• **심리적인 요소** : 시계를 보며 이중 평가를 한다. 약속 시간까지 남은 시간과 아직 더 가야 하는 거리(환경적 요구 사항), 그리고 더 빨리 걷거나 더 빠른 교통수단을 찾을 수 있는 능력(우리의 자원)이다. 만약 환경적 요구 사항과 우리의 자원 간에 차이가 너무 크다면(예를 들어, 중요한 약속 시간까지 10분밖에 안 남았고 2km를 더 가야 하는데 주변에 빈 택시가 안 보인다면), 스트레스 반응이 커지고 신체적으로 드러난다.

• **신체적인 요소** : 이때 우리 신체는 여러 가지 호르몬을 분비하는데 특히 아드레날린이 그렇다. 아드레날린은 심장 박동과 호흡 빈도를 가속화시키고, 혈액이 근육과 뇌에 집중되도록 피부와 내장의 혈관을 수축시키며, 근육이 쉽게 포도당을 얻을 수 있도록 혈당을 높인다. 이 모든 신체적인 반응은 우리에게 육체적인 힘을 제공해 주기 위한 준비다.

• **행동적인 요소** : 발걸음을 재촉하거나 심지어 달리게 된다.

스트레스 반응은 자연적인 동시에 필요한 상황에 적응하도록 도와주므로 유용하다. 이제 똑같은 약속 상황이지만 이번엔 차를 운전하고 있고 길이 막혀 정체되어 있다고 상상해 보자. 똑같은 반응이 나타날 테고 당신은 빨리 뛰는 심장과 근육의 긴장을 느낄 것이다. 하지만 차 안에 있기 때문에 근육을 긴장시켜도 교통 체증은 뚫리지 않으므로 육체적인 힘을 준비해도 쓸모가 없다. 그런데도 똑같은 스트레스 반응이 일어난다. 왜일까?

다시 진화로 돌아와서

간단하게 말하자면 스트레스 반응이 아주 오래된 것이기 때문이다. 그것은 야생 환경에서 생존하도록 돕기 위해 자연적인 선택에 의해 만들어져 우리의 동물 조상 때부터 존재해 온 것이다. 유인원 조상들에게 중요한 스트레스 상황이란 경쟁자와의 갈등이나 포식자에게서 도망치는 것 또는 산림 화재나 홍수 같은 자연적인 재해였다. 이런 상황들을 극복하려면 격렬한 육체적 힘이 필요했고, 스트레스 반응이 이것을 용이하게 해줬다. 우리는 이렇게 해서 살아남은, 그러니까 아드레날린 분출 덕분에 더 세게 때리거나 더 빨리 달릴 수 있어서 생존한 이들의 후손이다.

현재 도시 생활에서 우리가 마주치는 대부분의 스트레스 상황들은 그것을 벗어나기 위해 격렬한 육체적 힘이나 도망, 싸움이 필요하지 않다. 시험에 합격하거나 취업 면접에서 좋은 인상을 남기기, 고장 난 기기를 고치려고 하는 것은 육체적인 힘이 사실상 거의 쓸모없는 상황들이다. 스트레스 반응의 거의 대부분이 부적합해진 것이다. 그럼에도 아드레날린과 그의 사촌인 노르아드레날린은 심리적인 영향을 끼친다. 주의를 높여 주고 반응 시간을 줄여 줘서 급하게 일을 끝내야 하거나 까다로운 상대에 맞설 때 매우 유용할 수 있다.

다른 예를 들어 보자. 대중 앞에서 당신이 짧은 연설을 한 후 질문에 답해야 한다고 해 보자. 만약 전혀 스트레스를 받지 않는다면(주제를 잘 알고 있고 중요한 쟁점이 걸려 있지 않아서), 능력을 충분히 동원하지 않거나 주의하지 않아서 잊어버리거나 질문에 성의 없이 대답할 위험이 생긴다. **스트레스 반응이 충분하지 않으면 좋은 성과를 이룰 수**

없다. 반대로 스트레스 반응이 너무 강하면(주제를 잘 모르거나 청중이 너무 까다롭거나 연설 결과에 중요한 쟁점이 걸려 있다면), 불안 징후(두근거림, 손에 땀이 남, 목에 뭔가 걸린 느낌)를 보일 위험이 크다. 이는 스트레스 반응의 신체적인 요소들로, 다음과 같은 생각들이 당신을 매우 불안하게 만들 것이다. "만약 더듬거린다면 끝장이야", "내가 떨고 있는 걸 사람들이 느끼겠지." 행동적인 면에서 확실히 더듬거리거나, 기억에 '구멍'이 생기거나 질문에 불쌍하게 대답할 위험이 있다. **달리 말해서 스트레스 반응이 너무 강하면 당신의 성과를 해친다.**

여러분이 상상한 대로 스트레스 반응에는 중간 단계가 존재한다. 조금 긴장하여 무대에 오르면 심장은 약간 빨리 뛰고 정신이 바짝 든다. 이 정도의 스트레스라면 목표를 위해 능력을 총동원할 수 있다. 발표에 성공하는 것이다.

성과의 질과 스트레스 반응 강도 간의 관계를 다음과 같은 그래프로 도표화할 수 있다.

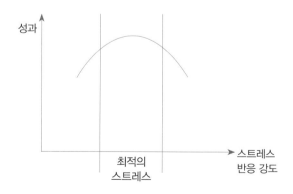

여키스-도슨Yerkes-Dodsoh의 성과-스트레스 곡선

도표를 보면, 좋은 성과를 낼 수 있도록 능력이 잘 동원되는 최적의 스트레스 구역이 존재한다는 걸 알 수 있다. (이 수준은 물론 당신이 해 내야 하는 업무 유형과 기간에 따라 달라진다).

이 스트레스 반응에는 에너지 비용이 들기 때문에, 회복 단계를 지킬 필요가 있다. 발표를 한 뒤에는 긴장이 풀린 대화를 하거나 홀로 떨어져 조용히 회복할 필요를 느끼게 된다. 스트레스 반응이 너무 길어지거나 연달아 계속되면 피곤해진다. 그런데 '그래서 이 모든 게 A유형과 무슨 상관인데?'라고 할 사람도 있을지 모르겠다.

다시 A유형으로 돌아와서

A유형은 스트레스 반응이 더 강렬하고 더 길고 평균보다 더 빈번한 경향을 보인다. 종종 회복 단계를 거치지 않아도 젊고 건강을 유지하는 한 잘 버틸 수 있다. 하지만 나이가 들수록 '과열'될 위험이 크다.

적당히 스트레스를 주는 상황을 만난 A유형의 신체적인 반응에 관심을 가진 연구들이 있는데 그중 하나를 소개해 보겠다. A유형과 B유형인 사람들에게 매번 게임 상대와 비디오 게임을 하도록 제안했다. 관찰 결과, A유형인 사람들은 심장 박동, 혈압, 혈액의 아드레날린 농도가 B유형인 사람들보다 더 빨리 그리고 더 높이 증가했다. 게임 상대가 게임 도중 비꼬는 지적("이제 잠에서 깨야지!")을 하며 즐기는 경우 A유형의 사람들에게 이 수치들은 더 높아졌다. 스트레스 반응이 이 단계에 이르면 A유형 사람들은 B유형 사람들보다 실수를 더 많이

하기 시작하고 성과가 떨어지는 모습을 보여 줬다.[3]

이 실험은 A유형인 사람에게 과도한 스트레스를 주는 일은 피해야 한다는 것을 보여 준다. 그 사람은 스스로 이미 충분히 스트레스를 받고 있기 때문이다.

A유형의 장점	A유형의 위험
• 활동에 적극 참여한다.	• 여유가 부족하다.
• 생산적이다.	• 속도를 늦추는 것이 힘들다.
• 야심적이다.	• 가정생활을 희생한다.
• 전투적이다.	• 충돌이 빈번하다.
• 자기 업무를 잘 준수한다.	• 권위주의 때문에 거부당한다.
• 동원을 잘한다.	• 타인의 기를 꺾는다.
• 에너지가 넘친다.	• 과도한 스트레스로 건강에 문제가 생긴다.
• 승진이 빠르다.	• 여유 부족으로 활기를 잃을 위험이 있다.
• 직업적으로 성공한다.	• 갈등이나 건강 문제, 부부 갈등으로 경력이 끊길 수 있다.

A유형인 사람의 장점과 위험

이 표를 읽으면서 힘든 성격을 다루는 이 책에서 왜 A유형을 다루기로 선택한 건지 이해가 되었을 것이다. A유형은 다른 사람들, 즉 동료나 가족들을 힘들게 할 수도 있지만 자기 자신을 힘들게 할 수 있다. 자신을 혹사시키고 과도하게 스트레스를 받으므로 건강에 문제가 생길 위험이 많다.

국제적인 역학 연구에서 A유형인 사람 수천 명을 몇 년 동안 추적했는데 다음과 같은 몇 가지 결과들을 보여 주었다.

- A유형은 관상동맥에 문제(협심증과 심근경색)가 생길 위험이 B유형인 사람보다 2배[4]가 높았다.
- 쉽게 타인에게 화를 내는 가장 '적대적'인 A유형이 가장 높은 위험을 갖고 있다.[5]
- 심장 질환 위험 요인은 잠재적인 다른 위험 요인(흡연, 콜레스테롤, 비만, 고혈압, 비활동성)과 함께 배[倍]가 된다.

북미 대기업들은 A유형의 이 건강 문제들에 관심을 가졌다.[6] A유형인 간부들은 확실히 생산적이지만, 심근경색이 왔을 때 발생하는 생산성 손실과 건강 비용(사보험이 적용되는 분야이므로 그 보험료와 할증료는 기업이 지불해야 한다)이 회사에 큰 부담을 주었다. 그러므로 기업들은 A유형을 찾아내어 스트레스 관리 프로그램을 제안하고 다른 심장혈관 위험 요인을 줄일 필요가 있었다.

스트레스 관리 프로그램의 일반적인 요소와 그 목표

제안하는 기법	목표

• 이완 요법
• 의사소통 훈련
• 생각 훈련
• 건강에 이로운 행동 장려
  - 균형 잡힌 식단
  - 금연
  - 규칙적인 운동
  - 규칙적인 취미 생활
	• 스트레스 반응의 신체적인 요소 완화
	• 공격적인 요소 줄이기
	• 상대화하는 학습, 여유 가지기
	• 스트레스 저항력을 높이고 다른 심장혈관 위험 요인 줄이기

A유형에게 제안할 수 있는 프로그램들은 그 내용(사용된 재료에 따라 다르다)과 기간(몇 달 동안 정기적인 회기, 며칠 동안 합숙 연수)에 따라 매우 다양하다. 개인 회기나 그룹 회기 등 방법은 다양하게 적용할 수 있다. 공통적인 목표는 A유형인 사람들이 개인적인 스트레스 관리 프로그램을 세우는 것, 즉 지속적으로 새로운 습관을 유지하는 데 성공하도록 도와주는 것이다. 기업이 제안한 스트레스 관리 프로그램에 지원한 세르주(43세)의 이야기를 들어 보자.

얼마 전부터 인사과 부장이 직장 내 스트레스 문제에 대해 점점 걱정을 하더군요. 영업 직원들을 대상으로 매우 중요한 인사 교체가 있어서 과도한 스트레스의 조짐이 보였죠. 또 재무과 부장은 심근경색 때문에 병가로 몇 달째 자리를 비운 상황이었고요. 대동맥-관상동맥간 혈관이식술을 받았다고 합니다. 나는 두통을 꽤 자주 앓아서 여러 의사들로부터 많은 약들을 처방받아 복용했지만 효과를 본 건 아무것도 없었습니다. 게다가 아내는 내가 거의 늘 긴장한 상태인 데다 화를 잘 낸다고 비난했어요. 나중에 생각해 보니 집에서 별거 아닌 일에도 자주 화를 냈더군요. 딸이 전화통을 조금 오래 붙들고 있는 것, 아들이 식사 시간에 늦는 것만으로도 폭발했으니까요.

최근에는 불면증이 와서 숙면을 취하지 못해 피곤한 채로 출근하는 일이 잦아졌습니다. 그래서 인사과 부장이 우리에게 스트레스를 관리하도록 도와주는 상담소 관련 문서를 돌렸을 때 바로 수락했죠. 제안받은 시간표는 매우 바쁜 사람들의 현실에 잘 맞았어요. 개인 회기를 2시간씩 15일마다 6개월 동안 갖게 되니까 12번인 데다, 이후에는

2달 동안 1달에 1번씩 '추가' 회기를 갖게 되어 모두 14번이었죠.

난 상담자가 일하는 방식이 바로 마음에 들었어요. 회기 가운데 내가 겪은 구체적인 스트레스 상황을 함께 분석했습니다. 첫 회기부터 내 스트레스 징후와 내가 의사소통하는 방식, 내 시간관념, 내 생활방식과 관련된 설문지를 채우게 했어요. 그걸 통해 몇 가지를 깨달았습니다. 남들에게 자주 화가 나지만, 화를 참고 지속적으로 화를 내지 않거나 반대로 화를 폭발시키는 경향이 있다는 것이었죠. 상담자는 이 두 태도가 중요한 스트레스 요인이라고 설명해 줬어요. 게다가 지난 몇 년 동안 내 개인적인 즐거움을 위해 전혀 시간을 할애하지 않았다는 걸 알았습니다. 일주일에 두 시간 치는 테니스를 제외하면 직장과 가정생활이 내 시간을 모두 차지하고 있었어요. 테니스조차 10년 전 수준을 유지하려고 애쓰다 보니 스트레스가 됐습니다. 결국 나의 완벽주의 때문에 충분히 업무를 위임하지 않았고 그것이 내 과로의 원인이란 사실을 분명히 확인했죠. 몇 주가 지나면서 우린 4가지 목표에 집중된 개인 스트레스 관리 프로그램을 세웠어요.

• 매번 사람들이 날 화나게 할 때마다 억제하지도, 공격하지 않고 **구체적인 방식으로 타인들과 소통할 것**. 상담자와 함께 직장 내 여러 상황들을 분석한 후, 그가 상대 역할을 맡아 역할극을 했습니다. 난 조금씩 효과적인 방식으로 비판하는 걸 배웠습니다. 그러니까 내 관점을 솔직하게 표현하지만 사람 자체보다는 행동을 비판하는 것이었죠. 예전에는 비서가 내가 원하는 대로 서류를 준비해 놓지 않아도 여러 차례 아무 말도 하지 않았습니다. 할 일이 많은데 사소한 것으로 스트레스를 주고 싶지 않았기 때문이지만 그러다가 어느 날 이런 식으로 폭발해 버리

곤 했어요. "젠장! 순서대로 서류들을 준비해 놓지 않았잖아! 내 일을 우습게 보는 거야?" 그러면 비서는 자기 자신을 원망하고, 나는 날 원 망하고 모두가 스트레스를 받았죠. 지금은 이렇게 말할 수 있어요. "다음번에는 서류들을 순서대로 준비해 줬으면 좋겠어. 오늘처럼 하면 시간이 낭비되거든." 비서가 스트레스를 받는 게 보이면 이렇게 덧붙이죠. "자네가 생각해야 할 것들이 이미 많은데 하나가 더 추가된다는 거 나도 알아. 하지만 이건 내게 중요하다네." 내가 직원들을 이런 스타일로 대하기 시작하자 모두가 능률적이 되었어요.

- **좀 더 많이 위임하기.** 언제나 내가 직접 하면 더 잘할 거라고 생각했기 때문에 일을 맡기는 게 항상 힘들었어요. 직원들의 경력이 나보다 적어서 그건 거의 사실이었지만, 내가 거의 다 맡아서 하기 때문에 생각할 시간이 부족했고, 정작 내가 월급을 받게 해주는 내 일을 할 시간이 없었어요. 상담자는 내가 위임해도 될 업무 목록을 작성하도록 도와줬고, 내 완벽주의에 대해 함께 생각해 보았습니다.

- **스트레스 저항력 높이기.** 첫 번째 회기부터 상담자는 호흡을 사용해서 몇 분 만에 이완하는 법을 보여 줬어요. 규칙적으로 훈련하면서 몇 번의 호흡만으로도 효율적으로 긴장을 풀 수 있게 되었고, 긴장 강도가 높아진다고 느껴지면 하루에도 여러 번 합니다. 전화 통화를 할 때마다, 빨간 신호에 걸릴 때마다, 심지어 회의에 참석할 때에도 합니다. 물론 눈 뜨고 말이죠! 그 결과 퇴근하면 덜 피곤하니까 화를 덜 냅니다. 두통도 절반으로 줄었고요.

- **우선순위 고민하기.** 우린 아직 이 단계에 머물러 있습니다. 상담자는 경력이 내게 최우선이라 하더라도 직장 밖에서의 인생을 남겨 두

는 것이 매우 중요하다는 것을 깨닫게 해줬어요. 우리는 어떻게 내 일정을 수정하면 나와 내 아내를 위해 좀 더 자유로운 시간을 낼 수 있는지 살펴보았어요.

난 이 프로그램에 매우 만족합니다. 스트레스 관리라고 하면 거품 목욕이나 허브티를 떠올렸는데 그게 전혀 아니었죠! 실은 일상에서 실천할 수 있는 새로운 습관을 진짜로 학습하는 것이었어요.

세르주는 스트레스 관리 프로그램에 참여하여 성공한 경험을 들려주었다. 자신과 다른 사람들에게 스트레스가 덜 되는 방식으로 의사소통하는 데 성공했고, 분별 있게 이완요법을 사용하며 우선순위를 새롭게 재정비했다. 그 결과로 그는 직장생활과 가정생활에 더욱 만족하게 되었다. 세르주는 결심 리스트를 만들어도 잘 지키지 못하는 단계에 머물지 않고 상담자의 도움으로 이를 넘어섰다.

잘 고안된 스트레스 관리 프로그램을 경험한 이후에 스트레스에 대한 A유형의 반응이 완화되었다는 것을 다양한 연구들이 보여준다. 이 완화는 이들의 혈압과 심장박동의 변화를 측정하여 확인하였다.[7]

영화와 문학 속의 A유형 행동

엘리아 카잔Elia Kazan의 영화 〈열망The Arrangement〉(1969)에서 스트레스를 많이 받는 야심찬 광고인으로 분한 커크 더글러스는 자동차 사고 이후, 갑자기 출세 제 일주의자였던 자신이 우선순위에 둔 모든 것들에 의문을 품는다.

로버트 와이즈Robert Wise의 멋진 영화 〈이그젝티브 쉬트Executive Suite〉(1954)

는 가구를 제작하는 대기업에서 사망한 회장의 뒤를 이으려는 임원 5명 간의 권력 다툼을 그리고 있다. 윌리엄 홀든William Holden은 굉장한 A유형의 행동을 보여 주며 결국에는 회장 자리를 차지한다.

자크 루피오Jacques Rouffio 연출의 영화 〈죽음의 4중주Sept morts sur ordonnance〉 (1975)에서 의사 베르그(제라르 드파르디외Gerard Depardieu 분)는 지배적이고 참을성이 부족한 외과의사로, A1유형의 말대꾸 감각과 쉽게 흥분하는 성향과 함께 기록적인 시간 내에 수술을 마치는 것에 명예를 건 인물이다. 불행하게도 도박을 사랑하고 위험을 즐기는 취향 때문에 음험한 B유형 샤를 바넬에게 자비를 구해야 하는 처지가 된다.

지금까지 A유형인 사람이 자기 자신을 위해 무엇을 할 수 있는지 살펴보았다. 스트레스 관리 개념이 전혀 없는 A유형인 사람을 잘 상대하려면 당신은 무엇을 해야 하는가?

A유형에 어떻게 대처하면 될까?

이렇게 하라

■ 믿을 만하게 행동하고 정확하자

A유형은 기다리는 것을 견디지 못해서 참을성이 없어지고 화를 낸다. 그러므로 만약 그런 사람과 거래를 한다면, 늦게 도착함으로써 상황을 더욱 어렵게 만들지 말라. 약속 시간에 맞게 도착하지 못할 것 같거든, 반드시 전화로 늦는다는 것을 알리고 도착 예상 시간도 알려 주자. 상

대는 자기 일정을 관리할 수 있다는 느낌을 되찾게 되므로 곧 차분해질 것이다. 당신을 기다리면서 다른 일로 잠시 빈 시간을 채울 수도 있을 것이다. 그러나 조심할 것은 새로 미룬 기한을 반드시 지켜야 한다는 것이다. 예고한 시간보다 늦게 와서 그가 스트레스 받지 않도록, 늦는다고 알릴 때는 예상 시간을 넉넉하게 확보하라.

A유형은 주변 환경을 언제나 통제하려 한다는 걸 기억하라. 그의 기분을 좋게 유지시키고 싶다면 그에게 잘 통제하고 있다는 느낌을 갖게 해주면 된다. 하기로 예정된 일이라면 꼭 하고, 잊어버리거나 부주의하게 실수하는 일은 피해야 관계가 힘들어지지 않는다.

■ 그 사람이 당신을 자기 통제 아래 두려고 할 때마다 당신의 존재를 분명하게 내보이라

젊은 의사 로르는 A유형인 전임교수와의 관계에 대해 이야기해 주었다.

처음에는 교수님을 어떻게 대해야 할지 몰랐어요. 중요한 연구 활동을 하고 계셨던 교수님은 항상 내게 해야 할 일을 주셨어요. 일련의 논문들을 읽고 요약해서 드리고, 논문을 작성하기 위해 결과들을 편집하며, 교수님이 지원금을 확보할 수 있게 새로운 연구 계획서를 제출해야 했죠. 교수님은 강렬한 속도로 일하고 남들에게도 그 속도를 강요하는 경향이 있는 과도하게 활동적인 사람이에요. 그러니까 기한은 항상 짧은데 감히 반박하지 못해서, 기한을 맞추려면 밤낮으로 일해야 했습니다.

남자친구는 내 인생이 지옥 같다고 했어요. 더구나 늦기라도 하면 교수님의 분노가 하늘을 찌릅니다. 결국 남자친구는 지금까지 강요받기만 했던 기한을 협상해 보라고 충고해 주었어요. 내겐 어려워 보였죠. 교수님 자신이 일을 많이 하시는데, 일을 너무 많이 준다고 감히 어떻게 이야기할 수 있을까요? 같은 젊은 연구원에게는 권위적이고 대단한 분이거든요.

남자친구는 고객지원담당 업무를 하는데, 대개 까다롭기 마련인 중요한 고객들과 협상하는 데 익숙하니까 자기와 함께 장면을 연습해 보자고 제안했죠. 남자친구가 내가 묘사한 대로 성질 급한 교수님 역할을 했어요. 우린 여러 번 연습했지만 난 계속 양보만 했어요. 남자친구는 협상하면서 내가 저지르는 실수를 설명해 줬습니다. 내가 원하는 날짜를 바로 말해 버리고, 그것도 너무 가까운 날짜인 데다, 처음에는 입장을 완고하게 밀고 나가다가도 교수님이 주장하면 바로 포기해 버린대요.

결국은 이 훈련이 굉장히 도움이 됐죠. 교수님이 또다시 '미친 기한'을 주시려고 하자 난 교수님을 똑바로 바라보면서 침착하게 말했습니다. "이 일을 기꺼이 하겠습니다, 교수님. 하지만 기한이 너무 짧습니다." 그리고 남자친구에게 배운 대로 교수님이 말씀하시도록 놔뒀습니다. 그렇게 해서 내가 진짜로 원한 15일의 기한을 교수님에게 얻어 내는데 성공했어요(하지만 처음에는 3주를 달라고 했습니다). 놀라신 것 같았어요. 그리고 다시 강요하려고 하셨지만 난 잘 버텨 냈죠.

이제는 습관이 되어서 교수님은 내게 새로운 일에 시간이 얼마나 필요한지 물어보십니다. 게다가 날 좀 더 배려해 주는 느낌을 받았어요! 난 협상할 줄 아는 것이 인생에서 중요한 일 중 하나라는 것을 깨달았습니다. 이런 걸 학교에서 가르치지 않는다니 정말 애석한 일이죠!

■ 상대화할 수 있도록 도와주자

A유형은 목표에 도달해야 할 때 모든 상황을 심각하게 생각하는 경향이 있다. 목표 도달을 위해 자기 신체는 전혀 고려하지 않고 최대한 스트레스 반응을 일으킬 준비가 되어 있는 것이다. 그러므로 전력을 기울이려는 상황에서 그 사람의 눈을 잠시 다른 데로 돌려 모든 것이 그렇게 중요하지는 않다는 것을 깨닫게 해주자.

■ 진정한 휴식의 기쁨을 발견하게 만들자

A유형 행동과 A유형 성격이라고 부를 만한 것은 확실히 다르다. 사실 환경이 압박을 가할 때만 A유형 행동을 계발하는 사람들이 존재한다. 그러나 쉬는 게 가능해지면 휴식을 취하고 리듬을 바꾼다. 휴가나 주말에 빈둥거리는 시간을 갖고 취미로 독서를 하기도 하며, 스포츠를 해도 기어이 이기고 싶어서 하는 것이 아니다.

그러나 A유형 성격의 사람들은 전혀 그럴 필요가 없는 때에도 스트레스를 만들어 낸다. 휴가 때에도 목표를 세우고 스케줄을 짠다. 젊어서 기운이 넘치는 한 별 문제가 안 되지만 활력이 떨어지기 시작하면 이런 행동 양식 때문에 A유형 사람들은 지친다.

결국 A유형 행동은 환경 통제 및 시간과 관련된 **반응 양식**reaction mode에 좌우된다. 그러므로 A유형 편집성 성격, A유형 자기애성 성격, 불안해하는 A유형 성격 등 다른 힘든 성격들과 결합되기도 한다.

■ '흥분한 상태로' 그 사람과 협상하려 들지 말자

A유형은 경쟁적인 본성을 갖고 있다. 당신이 그 사람에게 반박하면 바로 '이기려' 들기 때문에 논쟁은 쌍방이 모두 뜨거워질 위험이 높다. 특히나 이미 다른 것에 스트레스를 받고 있는데 협상을 시작한다면 더 그렇다. 청소업체 사장인 베르나르가 A유형인 동업자에 대해 하는 이야기를 들어 보자.

동업자와 좋은 관계를 유지하는 것은 중요하지만 동시에 당신을 너무 지배하려 드는 걸 그냥 놔두면 안 돼요. 앙리와 나는 서로 부족한 점을 채워 주는 편이에요. 앙리는 모든 것에 매우 주의를 기울이고 처음부터 끝까지 모두 통제하려고 하며, 내가 지루해할 일들에 온 힘을 쏟죠. 앙리는 꽤 권위적이고 쉽게 흥분하기 때문에 회사 경영이나 사람과 관계된 문제처럼 내 흥미를 더 끄는 부분들은 내가 맡아서 해요. 하지만 가끔 참지 못하고 내게 상의 없이 결정하거나 나 대신 개입하기도 합니다. 처음에는 그걸 알게 되자마자 곧장 그를 찾아가 잘 지켜지고 있던 각자의 역할을 바꾸려고 한 것이 얼마나 틀렸는지 알려 주려고 애썼어요. 앙리는 흥분했고 제 이야기는 들으려고 하지도 않아서 더 이상 대화가 안 됐죠.

조금씩 어떻게 하면 더 나은지를 깨달았어요. 우리 둘 다 누그러진 분위기를 틈타, 예를 들면 큰 계약을 성사시킨 뒤에 이런 얘기를 했습니다. "이보게, 지난주에 자네가 내게 말도 없이 이걸 결정했다는 걸 알았네. 하지만 우리 중 누가 해야 하는지 결정하지 않았던 것 같아. 월요일에 다시 얘기하면 어떨까 해." 그 결과 그는 생각할 시간을 갖게 되었고, 마치 앙리가 생각해 낸 의견 같지만 실은 내가 만족하는 규칙을 앙리가 제안하게 되었어요. 내가 원하는 걸 거의 대부분 그에게 시킬 수가 있게 되었습니다. 적절한 순간을 택하고 그에게 자기 결정처럼 느끼게 해줄 시간을 준다면 말입니다.

타인을 이해하는 이 섬세함으로 보아 베르나르는 좋은 경영자임이 틀림없다.

■ 쓸데없는 경쟁 속에 휘말려들지 말자

A유형인 사람은 항상 이기려고 드는 짜증나는 괴벽을 갖고 있다. 저녁식사 때 가장 멋진 농담을 하고 싶어 하고, 논쟁에서 이기고 싶어 하고, 좀 상처를 주더라도 재치 있는 말을 던지려고 한다. 저녁식사 시간까지도 경쟁 구도로 보내기 때문이다. 그가 규칙을 정하는 게임에 끌려 들어가지 않도록 하라. A유형인 사람들에 비해 당신은 즐겁지 않을 테니까. 더구나 훈련 부족으로 당신이 패배할 위험이 크다. 차라리 그들에게, 그들이 또 경쟁 상황이라고 믿고 있다는 걸 알려 주는 것으로 만족하면 어떨까.

당신보다는 그들의 의욕을 더 고취시키는 게임을 제안받는 것도 피하도록 하자. 테니스 시합을 하면 당신이 질 것이고, 달리기를 해도 당신보다 더 오래 달릴 것이며, 스키도 당신보다 더 빨리 타는 등 당신이 항상 지게 될 것이다. 당신 자신이 경쟁을 즐기는 게 아니라면 스트레스 받는 분위기로 당신을 몰아 가지 마라!

■ 그 사람과의 갈등을 너무 심각하게 생각하지 말자

A유형은 쉽게 흥분하고 걸핏하면 화를 낸다. 그러나 다른 성격장애가 없다면 금방 성을 내듯 화도 금방 사라진다. 그 사람에게 화는 삶의 정상적인 감정으로, 슬픔이나 기쁨처럼 자연스러운 것이다. 반면 당신이 좀 더 차분한 성향이라면 이성을 잃는 경우가 거의 없을 것이므로 당신에게 분노란 다른 의미일 것이다. 당신이 화를 낸다면 그건 정말 심각하고 특별한 일일 것이고 관계의 완전한 단절을 의미할지도 모른다. A유형인 사람에게 분노가 당신과 같은 의미라고 믿는 것은 위험하다. 그래도 당신 상사의 분노라면 조심해야 하지만 너무 심각하게 받아들일 필요는 없다.

| A유형의 행동에 대처하기 |

이렇게 하라

- 믿을 만하게 행동하고 정확하자.
- 당신을 자기 통제 아래 두려고 할 때마다 당신의 존재를 분명하게 내보이라.
- 상대화할 수 있도록 도와주자.
- 진정한 휴식의 기쁨을 발견하게 만들자.

이렇게 하지 말라

- '흥분한 상태로' 그 사람과 협상하려 들지 말자.
- 쓸데없는 경쟁 속에 휘말려들지 말자.
- 그 사람과의 갈등을 너무 심각하게 생각하지 말자.

만약 A유형이 당신의 상사라면 : 유능함을 보여 주고 그의 존중을 얻으라. 그러나 그의 리듬을 당신에게 강요하도록 놔두지 말라.

만약 A유형이 당신의 배우자라면 : 일찍 세상을 뜨지 않게 하기 위해 건강을 유지하도록 격려하라.

만약 A유형이 당신의 직장동료나 부하직원이라면 : 당신의 자리를 그가 차지하거나 또는 그가 무너지기 전에 그의 속도를 늦추는 법을 알아 두라.

🛋️ 당신은 **A유형의 행동**을 합니까?

	그렇다	그렇지 않다
1. 휴가 중이어도 빈둥거리는 건 싫다.		
2. 사람들이 빨리 행동하지 않아서 자주 화를 낸다.		
3. 일을 너무 많이 한다고 주위에서 불평한다.		
4. 나는 경쟁심으로 충만하다.		
5. 스케줄을 과하게 세우는 편이다.		
6. 너무 빨리 먹는다.		
7. 기다리는 것은 견디기가 힘들다.		
8. 어떤 일을 하고 있을 때 그다음에 할 것을 생각한다.		
9. 평균적인 사람들보다 활기가 넘친다.		
10. 시간에 쫓기는 느낌을 자주 받는다.		

8

"난 즐거움을 가질 자격이 없어!"

우울성 성격에 대처하는 법

"나 같은 사람을 회원으로 받아주는
클럽에는 속하고 싶지 않다."
– 그루초 막스

마들렌의 이야기다.

아버지는 재밌는 분이 절대 아니셨어요. 제가 6살 때였을 거예요. 안락
의자에 앉아 낮잠을 자고 있다가 갑자기 잠이 깼어요. 아버지가 옆에 앉
아 날 보고 계시더군요. 그런데 슬프고 고달픈 표정이었어요. 전혀 행복
한 얼굴이 아니었지요. 이유는 모르겠지만 그 표정에 너무 놀라서 울음
을 터트렸습니다. 아버지는 곧 나를 안고 달래 주셨죠. 몇 년이 지나 그
얘기를 했더니 아버지 역시 그 순간을 기억하고 계셨어요. 아버지는 내가
잠든 모습이 귀여운데 너무 여리게 보여서 앞으로 닥칠 인생의 어려움들
과 아버지가 보호해 줄 수 없는 불행들을 생각하니 슬펐다고 하셨어요.

　이게 아버지의 전형적인 모습이에요. 항상 뭐든지 어두운 쪽을 보
시죠. 잠든 딸의 모습을 보면서 귀여운 어린 딸을 가진 것에 기뻐하지
않고 앞으로 다가올 인생의 위험들을 생각하신 거죠!

　어린 시절 이사를 갈 때마다 어머니와 오빠는 새 집 구경을 하며

흥분해 있는데, 아버지는 침울한 표정으로 이 방 저 방 건너다니며 벽에 조금 금이 간 것을 포함해 안 좋은 거라도 있는지 보려고 돌아다니셨어요. 집이 완전히 수리될 때까지 걱정을 하셨고요.

사소한 것에 집착하는 감각이 아버지 직업에는 유용했을 겁니다. 시설 감독 일을 하셨거든요. 다리나 고속도로 진입로 건설 서류 같은 것에서 수상한 점이 있다면 바로 잡아 내셨을 거라고 확신합니다.

아버지는 웃는 일이 정말 드물어서 웃으면 모두가 알아챌 정도예요. 텔레비전에서 방영하는 찰리 채플린이나 로렐과 하디Laurel and Hardy의 오래된 영화를 보실 때에나 웃으신답니다. 화면 앞에서 허구인 세계를 마주 대할 때는 조금 풀어져도 된다고 느끼셔서 웃으시는 것 같아요. 현실 생활은 절대 웃게 만들지 못하니까요.

주말 여가 생활을 계획하는 건 어머니가 하셨어요. 아버지는 직장일 외에는 나서서 뭔가를 하신 적이 적혀 없어요. 어머니가 산책할 곳이나 구경해야 할 박물관들을 제안하면 아버지는 따라가셨죠.

아버지는 일을 많이 하셨고 집에까지 일을 자주 가지고 오셨어요. 항상 피곤해 보였고 휴식을 취할 때도 안락의자에 앉아 슬픈 얼굴로 허공을 바라보셨습니다.

하지만 친구들 집에 초대받아 가시면 아버지는 웃으며 유머를 구사해서 좋은 인상을 준다고 어머니가 말씀해 주셨어요. 아버지는 진지한 분위기와 근면함으로 사람들에게 깊은 인상을 남기셨죠. 하지만 외출을 많이 지루해하셨기 때문에 숙제처럼 여기셨습니다.

아버지가 돌아가시고 몇 년 뒤에(췌장암에 걸리셨어요), 친정집에 있던 낡은 서류들을 정리하다가 아버지의 일기장을 발견했습니다. 망설였지만 아버지가 어떤 분이셨는지 더 잘 이해하기 위해 읽고 싶어졌어요. 일기 역시 밝은 분위기는 아니었죠. 인생의 평범한 일들이 적혀 있었지만, 특히 말하지 못했거나 하지 못했던 일들에 대해 자신을 비난하는 내용이 많았습니다. "뒤퐁에게 그 서류를 더 챙기라고 말했어야 했다" 또는 "누구에게 조금 혹독한 설명을 했다. 그는 화가 났다. 내가 좀 더 수완을 부렸어야 했는데. 난 내 일에 적합하지 않다" 또는 "아이들을 충분히 돌봐 주지 못하고 있다. 난 절대 좋은 아버지가 못 된다" 같은 것들이었죠. 난 아버지가 좋은 아버지였다고 말하고 싶어요. 우리에게 신경을 쓰셨고, 자유도 허락해 주셨죠. 오빠들도 나와 같은 생각이에요. 직업적인 면에서도 아버지는 함께 일한 사람들에게 매우 인정받았다고 알고 있습니다.

마들렌의 아버지에 대해 어떻게 생각하는가?

마들렌의 아버지는 한결같이 비관주의적 태도를 보여 주었다. 자신의 어린 딸을 위해서든, 새로 이사한 집이든, 새로 착수하는 일이든 여러 가지 상황에서 언제나 다가올 위험을 예상했다. 슬프고 근심어린 표정이 보여 주듯 그의 평상시 기분은 어두웠다. 인생에서 기쁨을 별로 느끼지 못하는 것처럼 보인다. 기분이 좋아지는 활동을 찾지 않았던 것은 아마도 기분 좋게 보이는 것이 전혀 없었기 때문일 것이다. 기쁨을 느끼는 데 어려움을 겪는 것을 정신과 의사들은 **쾌락불감증**Anhedonia이라고 부르며, 이런 증상은 우울증일 때 나타난다. 결국 그의 일기를 읽고 우리가 알게 된 것은 그가 자주 자기비하와 죄책감을 느꼈다는 것이다.

이 소중한 아버지는 일벌레였고 매우 꼼꼼하며 인생을 힘들게 살았다. 사교성이 적고 사람들과 함께 있으면 피로를 느꼈다. 분명 자신이 사람들 수준에 못 미친다고 느꼈기 때문일 것이다.

마들렌의 아버지는 이런 특징들을 평생 동안 보였던 것 같다. 일시적인 우울증이 아니라 우울성 성격이었던 것이다.

우울성 성격

- **비관주의** : 상황의 어두운 면과 가능한 위험만을 보고 부정적인 면을 과대평가하며 긍정적인 면은 축소시킨다.
- **슬픈 기분** : 보통 슬프고 침울하다. 나쁜 일이 없는데도 그렇다.
- **쾌감 결여** : 즐거움을 거의 느끼지 못하고, 통상적으로 유쾌하다고 여겨지는 상황이나 활동(취미, 즐거운 행사)에서조차 그렇다.
- **자기비하** : 스스로 '유능하다'고 느끼지 않는다. 죄책감이나 부적격이라는 감정(다른 사람들이 높이 평가하는데도)을 느낀다.

우울성 성격들에게서 일반적으로 발견되는 특징들이지만 각각의 케이스에 고루 들어맞진 않는다. 다른 수많은 우울성 성격의 사람들처럼 마들렌의 아버지도 이타적이고 성실하다. 잘하려는 걱정 때문에 일을 많이 하고 직장이나 가정 내 다른 사람들을 염려한다. 이런 변종 우울성 성격 유형을 정신과 의사들은 **친화형 멜랑콜리**Typus Melancholicus[1]라고 부른다. 그러나 좀 더 소극적이고 피곤하지만 남들보다 걱정은 덜 하는 다른 유형의 우울성 성격도 존재한다.[2]

마들렌의 아버지는 세상을 어떻게 볼까?

그는 인생을 적어도 장밋빛으로 보진 않는다. (인정받는 아버지이자 공무원인데도 불구하고) 자기 자신을 높이 평가하지도 않는다. 당연히 자신과 주변 사람들에게 위협처럼 보이는 미래에 안심하지도 않는다. 그는 삼중으로 부정적인 시각을 갖고 있다고 말할 수 있다.

- 자신에 대한 부정적인 시각 : "난 유능하지 않아."
- 세상에 대한 부정적인 시각 : "세상은 험하고 불공평해."
- 미래에 대한 부정적인 시각 : "나와 내 주변 사람들에게 안 좋은 일이 일어날 거야."

자신과 세상, 미래, 이렇게 3가지 주제에 대해 부정적인 시각을 갖는 우울증을 **삼제 우울**depressive triad이라고 부른다. 이는 미국의 정신과 의사 아론 벡Aron T. Beck[3]이 급성 우울증을 앓는 사람들에게서 관찰한 것이다. 그러나 이것은 강도가 다양한 우울성 성격에서도 발견된다. 우울성 성격을 가진 보조 약사 사빈의 이야기를 들어 보자.

내게 인생은 항상 힘들게 보였어요. 객관적으로 보면 행복한 인생이라고 할 만한 삶을 살고 있는데도 말이죠. 직업도 있고 날 사랑해 주는 남편도 있고 건강한 두 아이도 있지만 난 언제나 내가 약하고 간신히 극복해 낼 힘밖에 없는 것 같습니다. 내 직업은 좀 지루합니다. 약학 공부를 했으니 제약 회사에 들어갈 수도 있었지만, 난 관리자로서 경쟁할 능

력이 없는 것 같았고 너무 허약하기 때문에 굉장히 힘들 거라는 느낌이
들었어요. 남편의 회사생활 이야기를 들을 때면 내가 옳았다는 생각이
들어요. 내 약국을 열어 나 자신을 위해 일한다는 느낌을 받으며 정착
할 수도 있었겠죠. 하지만 몇 년 동안 상환해야 할 대출금에 겁이 났습
니다. 그렇게 오래 버틸 수 있을 것 같지 않았어요. 어느 날 갑자기 계속
할 수 없을 것 같다고 느끼면 어떻게 하죠?

아이들은 잘 자랐고 날 사랑해 주지만, 내가 아이들을 충분히 사
랑하고 있지 않은 것 같아요. 일진이 좋지 않아서 모든 것이 너무 버겁
게 느껴지는 날이면, 아이들의 존재가 마치 추가된 짐이나 간신히 감당
해 내고 있는 책임처럼 다가옵니다. 그럼에도 잘 생각해 보면, 난 항상
잘 극복했고 일단 시작한 일은 언제나 다 끝냈는데도 나 스스로 안심할
수가 없어요.

가끔은 이유를 말할 수 없는데도 내 인생이 완전히 실패했다는 느
낌이 들어요. 어떤 면에서 더 행복하게 느끼길 기대하는 것 같아요. 그
럼에도 외출을 한다거나 친구들을 만난다거나 어린 시절 좋아했던 피아
노를 다시 치는 것 같은 노력을 전혀 하지 않습니다.

남편은 나와 정반대로 매우 긍정적이고 에너지가 넘쳐요. 날 견뎌
내려면 그래야 할 겁니다. 가끔 모든 걸 어둡게 보고 그 어떤 즐거운 계
획도 세우지 않는 내 방식에 화가 난 남편은, 내가 우리 어머니를 닮았
다고 합니다. 정말 끔찍한 건, 그게 사실이라는 거예요!

사빈은 모든 것을 짐으로 생각한다. 이것은 많은 우울성 성격의
사람들을 고통스럽게 만드는 '힘든 인생'에 대한 인상을 잘 묘사해 준

다. 약하다는 느낌과 남들보다 열등하다는 느낌은 직업적으로 계획을 세우고 도약하는 것을 억누른다. 즐거운 활동을 찾기 위해 스스로 나서지도 않는다. 우울성 성격의 사람들은 본능적으로 즐거움을 잘 찾지 않는다. 노력하는 것이 역겹거나 비관주의로 인해 좋은 건 아예 기대하지 않거나, 어떤 기쁨도 느끼지 못한 나머지 더 이상 즐거움을 예상할 수도 없게 된다. 만약 다른 사람이 공연이나 매력적인 외출을 제안해도, '집에 있는 것'을 선호할 가능성이 크다.

우울성 성격은 성격인가, 병인가?

정신과 의사들은 중간 정도 강도의 만성 우울증을 **기분부전장애**dysthymia라고 부른다. 미국 정신의학협회의 분류체계인 DSM-IV에 따라 기분부전장애로 진단받으려면, 우울장애가 적어도 2년간 지속되어야 한다. 기분부전장애를 앓는 사람들은 인생의 어느 한 순간에 주요 우울증 삽화major depressive episode가 나타날 위험이 훨씬 높다.

연구에 따르면 일생 중 기분부전장애를 앓는 인구는 3-5퍼센트 정도이고, 우울증과 마찬가지로 남자보다 여자가 2배 높다. 기분부전장애의 절반은 25세 이전에 시작되고 영원히 지속되는 것처럼 보이기 때문에 성격장애와 구별하는 것이 어렵다고 한다.

더구나 다른 성격장애를 앓는 많은 사람들이 (특히 의존성, 회피성 성격) 기분부전장애로 역시 고통을 받는데, 우울장애가 성격장애 발현을 조장한 것인지, 아니면 성격장애로 인한 실패 때문에 기분부전장애

에 빠져들게 된 것인지 밝히기가 쉽지 않다.[4]

　기분부전장애의 여러 가지 형태들을 구분하는 일과, 이를 우울성 성격처럼 지칭하는 여타 분류법들을 놓고 기분장애 전문가들이 활발한 토론을 벌이고 있다. 새로운 연구들이 계속 발표되어 토론이 활발하게 이루어지고 있지만 실용서를 표방하는 이 책의 주제를 넘어서는 것이므로 여기서는 다루지 않겠다.[5]

　그럼에도 중요한 개념이 있다. '평범한' 우울증에 효과를 보이는 약물치료와 심리치료는, 가끔 형태가 변형되기는 하지만 우울성 성격과 기분부전장애에 역시 효과가 있는 듯하다.

　그렇기 때문에 우울성 성격인 사람들에게 상담을 받아 보라고 권하는 것이다.

의사 선생님, 이 모든 것의 원인이 무엇인가요?

　　　　　　　　사빈은 어머니와 많이 닮았다는 사실을 들어 원인이 어머니에게 있다는 암시를 했다. 어떻게 봐야 할까? 우울증에 일부 유전적인 원인이 있다는 명백한 증거가 존재하기 때문에, 가볍지만 만성 우울증 같은 우울성 성격에도 똑같이 적용된다고 할 수 있다. 더구나 우울성 성격의 가족 중에는 주요 우울증 삽화를 보인 부모의 수가 비정상적으로 많았다.[6] 하지만 교육적인 원인을 과소평가하면 안 된다. 사빈의 경우, 우울해하고 피곤해하며 즐거운 계획에 주저하는 어머니의 이미지가 사빈의 모델이 되었고, 현재 어머니로서 아내로서 겪게 되는 모든 상황 속에서 사빈이 무의식적으로 어머니를 계속 모방하고 있다고 볼 수 있다.

어쩌면 교육에서 아이가 나쁜 자아상을 갖게 만드는 모든 것들이 우울성 성격으로 발전할 위험을 증가시키는 건지도 모른다. 특히 생물학적으로 이미 그런 성향을 갖고 있다면 더욱 그렇다. 완벽한 이상을 아이에게 강요하는 전통적인 교육에서는, 이상에 도달하지 못할 경우 아이에게 죄책감과 무능한 감정을 남겨서 우울성 성격으로 발전하는 것을 조장한다. 여기 심리치료에 참여한 티보(공인중개사, 31세)의 증언이 있다.

나는 행복할 자격이 없다는 생각 속에 키워졌다고 생각합니다. 농장을 경영하셨던 아버지는 항상 일에 치여 사셨고, 결코 쉬지 않으셨어요. 항상 파산 직전이라고 상상하시며 끊임없이 걱정을 하셨습니다. 농업계의 위기를 직격탄으로 맞고 힘든 순간을 겪으신 건 사실이지만요.

형과 나는 기독교의 어두운 면에 집중한 매우 엄격한 기독교식 교육을 받았습니다. 우리는 죄인이므로 우리 죄를 대속하려고 자기 목숨을 바친 그리스도를 끊임없이 기억해야 했고, 우리가 혼자 있을 때조차 하나님이 항상 지켜보고 계신다는 것을 잊으면 안 됐습니다. 감수성이 예민하고 자신감이 별로 없는 나 같은 아이에게 어떤 영향을 끼쳤는지 짐작이 가시겠죠.

다행히 이후에 진학한 중학교는 기독교 학교였지만 분위기가 집보다는 더 밝았습니다. 그곳에서 만난 친구들의 가족과 어울리기 시작하면서 음산하지 않고도 기독교인이 될 수 있다는 걸 알았어요.

하지만 내게는 흔적이 남아 있었죠. 난 쉽게 죄책감을 느꼈고, 나만 생각하는 이기적인 놈이라고 나 자신을 자주 비난했습니다. (어머니가 항상 나를 비난하는 것과 똑같이요.) 그럼에도 내 친구들은 나를 좋아해 주었고, 아내는 오히려 내가 다른 사람의 입장을 너무 배려하고 내 관점을 주장하지 않는 경향이 심하다고 했어요.

사실 뭔가를 요구하거나 주장해야 할 때 난 나 자신을 지워 버립니다. 마치 주장하는 게 '이기적'이라는 듯이. 지금 내 인생은 예전보다는 더 행복하지만 다 해결된 건 아닙니다. 좋은 소식을 듣거나 행복한 사건이 있어서 기쁨을 느끼면, 곧 재앙이 닥칠 것 같은 느낌이 듭니다. 마치 행복을 불행으로 '벌줘야' 하는 것처럼. 나는 행복할 자격이 없다고 느낍니다. 이렇게 하는 게 잘하는 것이라고 믿은 불쌍한 부모님이 내게 남겨 주신 세계관이겠죠.

티보는 인생과 행복에 대한 자신의 인식이 죄책감을 주는 너무 엄격한 교육 때문에 뒤틀렸다는 걸 깨달았다. 그러나 죄책감 '반응'이 여전히 남아 있는 것은 막을 수가 없다. 우리가 종종 믿는 것과는 달리, 개선되려면 자각으로 충분하지 않다. 오히려 몇몇 우울성 성격의 사람들은 빠져나오지 못하고 자신들을 지금의 상태로 만든 오래된 교육적 원인들을 지겹게 되풀이한다. 자각은 유용한 단계이지만 그것으로 충분한 경우는 드물다.

도와준다는데도 왜 우울성 성격은
비관적인 태도를 갖는 것일까?

우울성 성격의 사람들이 전문가에게 도움을 청하지 않는 이유에는 여러 가지가 있다.

우울성 성격이 심리적·의학적 치료를 찾지 않는 8가지 이유

1. 자신들의 상태를 '병'처럼 여기지 않고 그저 '성격'의 문제라고 생각한다.

2. 직장과 가정에서의 도리를 감당하고 '의무'를 다할 수 있는 한, 그들이 문제의 해결책을 찾을 절대적인 이유는 없다.

3. 그들은 '의지'의 힘을 믿는다. 분명 불행하지만, 자신들이 '분발'하고, '의지'를 보인다면 나아질 거라고 생각한다. 주변 사람들도 이 믿음을 공유하기 때문에 이런 종류의 조언을 해주는 경우가 많다.

4. 의학이나 심리학이 아무것도 해줄 수가 없다고 생각한다. 자신들의 케이스는 특별하고, 털어놔 봤자 소용이 없다고 여긴다.

5. 약은 아무 쓸모가 없고 중독될 위험이 있는 마약일 뿐이며, 문제의 '진짜 원인'을 치료하지 못한다고 생각한다.

6. 불행하다는 느낌에 너무 익숙해진 나머지 행복감이 뭔지 상상할 수조차 없어서 더 이상 행복을 원할 수도 없게 되었다.

7. '불행을 견디어 낸다'는 이미지를 자신에게 부여하여 스스로의 가치를 회복시킨다. 의사에게 도움을 청하는 것은 이 이미지에 어울리지 않는다.

8. 이들의 어려움은 가끔 이들에게 보상을 주기도 한다. 주변 사람들의 관심이 높아지고 자신들을 보러 오지 않는 자녀들에게 죄책감을 주는 압박으로 작용한다.

우울증을 치료하지 않으면 막대한 인간적·경제적 손실이 발생한다. 정보가 더 많다면, 주변 사람들의 권유로 더 많은 사람들이 상담을 받게 될 것이다.

의학도 심리학처럼 기적 같은 해답을 줄 수는 없지만 심리치료와 약물이라는 도움은 꽤 효과적이다.

심리치료

심리치료는 선택이 상당히 광범위하므로 이 책의 마지막 장에서 다루도록 하겠다. 우울증의 경우에는 세 가지 주된 치료 형태가 있다.

정신분석학적인 심리치료는 우울증 환자가 즐거움을 느끼는 걸 방해하는 무의식적인 '차단blocking'을 자각하도록 도와준다. 단순히 설명을 해주는 것이 아니라 환자와 치료사 간의 관계에서 드러나는 것('전이')을 포함해 무의식적인 메커니즘을 의식화하는 것이다. 정신분석학적인 심리치료는 우울성 성격이 가진 고유한 문제에 맞춰져야 한다. 치료사가 말을 하는 대화형 치료가 좋고(환자는 침묵이 길어지는 걸 견디기 힘들어하고 거부나 무관심의 신호처럼 받아들여서, 자신을 중요하지 않은 사람으로 생각할 수 있다), 환자와 함께 일상생활의 즉각적인 문제들에 대해 주저하지 말고 접근해야 한다. 또한 환자가 심한 우울증에 빠질 경우 항우울제 처방이 필요하므로, 치료사는 서둘러 처방이 가능한 의사에게 환자를 넘길 수 있어야 한다.

인지치료는 최근에 등장한 것으로 우울증 치료를 위해 특별히 고안되었다. 간단하게 말하면, 인지치료는 우울증이 환자의 정보 처리 이상異常과 관계가 있다고 여긴다. 목표는 환자가 자신과 세계에 대한 비관적인 시각을 스스로 검토하도록 돕는 것이다. 치료사는 환자가 스스로 자신의 우울한 믿음에 대해 곰곰이 생각해 보도록 소크라테스 문답법으로 질문을 던지며 개입한다. 엄격히 통제된 연구들을 통해 이 치료법을 우울증에 '테스트'한 결과, 최고의 항우울제 치료의 성공률과 비슷한 성공률을 보여 주었다.[7]

세 번째 형태인 대인관계 치료는 자아 심리학에서 파생된 것으로 우울증에서 인지치료와 비슷하거나 더 나은 결과를 보여 주었다.[8] 이것은 좀 더 나중에 다루도록 하겠다.

그렇다면 약물은?

이 책의 저자인 우리는 둘 다 심리치료사다. 즉, 말로 치료하는 것이 많은 사람들을 도울 수 있다고 믿는다. 그러나 우리는 우울성 성격인 많은 사람들이 몇 년 동안 유능한 치료사가 제대로 진행하는 다양한 심리치료를 받았어도, 영감을 받은 의사가 처방한 딱 맞는 항우울제를 복용하는 날까지 여전히 계속해서 같은 어려움에 힘들어하는 것을 보았다! 기자인 엘렌(42세)의 긴 여정을 들어 보자.

청소년기 때부터 나는 내게 정신적인 문제가 다른 아이들보다 더 많다는 걸 느꼈어요. 내 친구들보다 더 약하다고 느꼈고, 작은 실망으로도 모든 걸 검게 보기에 충분했습니다. 무리지어 있을 때 친구들은 몇 시간이고 즐겁게 떠들었지만 나는 무슨 말을 해야 할지 몰랐어요. 공부를 잘했지만 매번 시험이 다가오면 너무 어려워서 통과하지 못할 것 같은 느낌을 받았어요. 집에 조용히 나 혼자 있어서 아무도 내게 노력하라고 하지 않는 때를 빼면, 사실 행복하다고 느낀 순간은 정말 적었죠. 내게 처음 관심을 보인 남자가 마지막이 될까 봐 너무 두려워서 그 남자와 결혼을 했습니다. 남편은 내게 불행인 동시에 행운이에요. 불행인 건 끊임없이 내가 약하고 무능하다는 이미지를 갖게 만들기 때문이에요. 내가 뭐든 어둡게 보고 충분히 분발하지 않는다고, 내 말대로 한다면 아무도 만나지 않고 살 거라며 비난하죠. 행운인 것은 남편이 안정적이고 용기가 있어서 내가 남편을 항상 의지할 수 있고, 나 자신의 힘을 믿지 못하는 나 같은 사람에게 안도감을 주기 때문이에요. 물론 당시 내 친구들이 심리치료를 많이 받았기 때문에, 내 문제의 원인을 이해한다면 해결될지도 모르겠다 싶어서 나 역시 시도해 보고 싶었어요.

그래서 정신분석 요법을 시작했습니다. 난 침상에 누워 있었고, 내 뒤에는 한마디도 하지 않는 분석가가 있었지요. 무슨 말을 해야 할지 모르는 나 같은 사람에게 그 상황은 정말 불안했어요. 마침내 끔찍한 노력을 들인 끝에 입을 열었고, 내 인생과 어린 시절, 그리고 슬픔에 대해 이야기했습니다. 하지만 분석가는 여전히 아무 말도 하지 않았어요! 난 완전히 무시당하고 거부당하는 느낌을 받았다고 분석가에게 얘기했습니다. 그러자 분석가는 그렇게 느낀 게 처음이냐고 물어보면서 깨어나더군요. 난 다시 내 추억 속으로 되돌아갔고 분석가는 다시 침묵 속에 빠졌어요. 6개월이 지나 그만뒀습니다. 그 나름의 방식이 있고 그게 어떤 사람에게는 맞을지 몰라도, 스스로 하찮아서 거부당할까 봐 걱정하는 사람에게는 너무 힘드니까 내겐 안 맞는다고 생각했어요.

한 친구가 다른 사람을 소개해 줬는데, 역시 정신분석가였지만 마주 보고 치료를 하는 사람이라고 했어요. 훨씬 더 나았습니다. 그녀는 내가 하는 말에 반응했고, 내 어린 시절과 부모님과의 관계에 대해 이야기했지만, 필요할 때마다 급한 문제에 대한 조언을 구할 수도 있었어요. 도움이 많이 되었던 것 같습니다. 자신감을 조금 갖게 되었거든요. 내게 정말로 관심 갖는 걸 보는 것만으로도 내가 뭔가 가치 있다는 느낌을 받았습니다. 그리고 역시나 우울성 성격인 어머니가 내게 겪게 만든 일종의 죄책감 훈련에 대해 자각하게 되었어요. 4년이 지나 서로 동의하에 치료를 중단하기로 했습니다. 내가 더 건강해진 것 같고, 또 어떤 일정한 단조로움이 자리를 잡기 시작했거든요.

이 치료 후에 좀 더 나아졌지만 여전히 어려움이 있었습니다. 특히 다른 사람들과의 관계가 힘들었어요. 내가 상대방만큼 '괜찮은' 사람이 아니라는 느낌과, 보통의 삶을 살아가려면 그들보다 두 배나 더 노력해야 한다는 인상을 항상 받았죠. 한 기사를 읽고서 인지 요법을 사용하는 정신과 의사를 찾아갔습니다. 이전 치료들과 확연히 달랐어요. 치료사는 철저하게 내 일상생활의 사건들로 시작해서 그 순간에 떠오른 슬픈 생각에 대해 모두 다 말하게 했어요. 그는 그걸 '내면의 대화'라고 불렀습니다. 그리고 함께 스스로를 비하하는 생각들을 검토하고, 내가 의문을 갖도록 만들었어요. 일주일에 한 번씩 6개월간 지속될 예정인 짧은 치료였습니다. 이 치료를 통해 올바른 반응을 갖게 된 것 같아요. 이후 "난 남들보다 모자라" 또는 "절대 해 내지 못할 거야" 같은 서글픈 생각이 들 때, 전보다 빨리 이 생각들을 상대화하고 좀 더 자신 있게 말하게 되었죠.

요약하자면 일상을 살아가는 데 여전히 많은 노력이 필요하지만, 이 두 가지 치료를 통해 도움을 많이 받았습니다.

지난겨울엔 정말 우울증에 빠져 버렸어요. 모든 것이 어둡게 보였습니다. 우리 가족의 주치의는 내게 항우울제를 복용해 보라고 권했습니다. 난 내 문제가 매우 근원적이고, 겨우 약 하나에 그 문제들이 해결될 수는 없을 거라고 생각해서 복용하는 걸 주저했어요.

그런데 그건 진정한 혁명이었어요! 처음에는 특별한 걸 전혀 느끼지 못했는데 점차 아침에 좀 더 활기차게 일어났고, 한 달이 지날 즈음에는 활력이 넘치더군요! 내 말을 잘 이해하셔야 해요. 우울증 이전의 내 상태로 돌아간 게 아닙니다. **이전에는 한 번도 겪어 보지 못한 건강함을 느끼게 된 거죠!** 좀 더 원기왕성하게 뭔가를 하게 됐고, 피곤함을 자주 느끼지도 않았어요. 사회적으로 그 어떤 어색함도 느껴지지 않았어요. 항상 뭔가 할 말이 떠올랐습니다! 주변 사람들 모두 내가 호전된 걸 보고 놀랐죠.

6개월 뒤 의사가 치료를 중단하자고 했을 때 망설였지만 의사의 의견을 따랐습니다. 처음에는 다른 점을 느끼지 못했는데 몇 주 뒤에 우울한 상태가 다시 찾아왔어요. 내게 정말 잘 맞았던 항우울제를 다시 처방해 달라고 의사를 찾아가 부탁하는 게 쉽지는 않았지만 그렇게 했죠. 다시 활력이 찾아왔어요. 지난 3년을 간단하게 돌아보자면, 항우울제 복용을 중단할 때마다 몇 달 만에 내 원래 상태로 돌아갔어요. 난 다른 의사들과 정신과 의사, 교수들과 상담했습니다.

마침내 평생 이 약을 복용해야 할지도 모른다는 생각을 받아들였습니다. 고혈압인 사람이 혈압을 낮추기 위해 약을 복용해야 하는 것처럼 말이죠. 지금은 내가 항우울제를 복용할 때 정상 상태가 되어 다른 사람들처럼 인생을 즐길 수 있다고 생각하고 있어요. 물론 자연스러운 게 아니라고 말하는 사람들도 있지만, 어떻게 보면 안경도 자연스러운 건 아니죠. 근시인 사람들을 뿌연 세상에 그냥 두자고 하진 않잖아요! '슬픈' 기분으로 맞춰진 채 태어난 게 내 잘못은 아니에요. 약물이 사물을 정상으로 보는 시각을 내게 되돌려 준다면, 그걸 복용하지 않을 이유가 없잖아요. 이런 말을 10년 전에 내게 했다면 난 하얗게 질렸을 겁니다! 약으로 문제를 해결하다니! 하지만 그 길을 받아들이고 난 후 내 인생은 더 행복합니다.

우리가 이렇게 긴 증언을 인용한 이유는 이와 비슷한 경우들이 매우 많기 때문이다. 때로는 항우울제가 우울성 성격의 사람들에게 엄청난 도움을 주는데도, 시도하지 않는다는 것은 안타까운 일이다. 그리고 항우울제 효과는 몇 주가 지난 뒤에야 나타난다는 것을 꼭 기억하길 바란다. 더구나 개인마다 어떤 항우울제가 가장 적합한지 보여 주는 실험 연구가 아직 없는 실정이다. 그러므로 처음 시도한 항우울제나 두 번째로 시도한 것이 반드시 좋은 게 아닐 수도 있음을 받아들이고, 의사가 당신에게 효과적인 약을 찾을 수 있도록 몇 달 정도 시간을 주어야 한다.

주르주 뒤아멜Georges Duhamel의 소설 속 주인공 살라뱅은 죄책감 및 자기비하 성향과 함께(강박성 특성 역시 갖고 있다) 우울성 성격의 좋은 예로 자기 목숨을 희생하며 생을 마친다.

체사레 파베세Cesare Pavese는 자신이 쓴 《일기Journal》에서 우울성 성격을 연상시키고 연애의 실패로 악화된 슬픈 기분과 낮은 자존감을 보여 준다.

프랑수아 누리시에François Nourissier의 몇몇 주인공들은 힘든 세상과 자신들의 무능함에 대한 우울한 반추를 하는데, 우울성 성격과 무척 비슷하다. 특히 《죽음La crève》이나 《가장Le Maître de maison》의 주인공이 그러하다.

알랭 코르노Alain Corneau의 영화 〈세상의 모든 아침Tous les matins du monde〉에서 장 피에르 마리엘Jean-Pierre Marielle이 연기한 17세기의 작곡가는 우울하고 비사교적이며 은둔하며 산다. 그는 자신과 주변 사람들을 위한 즐거움을 모두 거부한다. 사랑했던 아내의 죽음에 충격을 받은 것이지만, 간소한 삶에 그 정도로 집착하는 것으로 보아 기나긴 애도 반응을 보이는 성향이 내재되어 있다고 생각할 수밖에 없다.

우울성 성격에 어떻게 대처하면 될까?

■ 질문을 통해 그 사람의 관심을 긍정적인 것으로 돌리자

우울성 성격은 모든 상황에서 언제나 부정적인 면만 바라보는 편이다. 그 사람에게 컵은 언제나 '반이나 비어 있는' 것이다.

> 기계 관련 대기업에서 자료 관리원으로 일하는 27세의 아들린은 최근 기술 감독 자리로 진급했다. 그녀는 "더 스트레스를 받겠지", "난 해 낼 수 없을 거야", "기술 감독 업무는 이 회사에서 전혀 체계적이지 않아"라고 말했다.

아들린에게 이렇게 말하고 싶은 유혹이 일 것이다. "넌 항상 모든 걸 어둡게 봐! 그만 좀 불평해!" 이런 반응은 그녀에게 전혀 좋지 않다. 아들린은 이해받지 못하고 거부당했다는 느낌을 받고, 인생에 대한 우울한 관점을 더 강화한다. 반면 그녀의 관점을 모두 인정하면서 **질문의 형태로** 상황의 긍정적인 면을 상기시켜 주면, 그녀에게 좀 더 균형 잡힌 시각을 되찾아 줄 수 있다.

예를 들어, "분명 더 스트레스를 받게 될 거야, 특히 처음에는. 하지만 업무는 좀 더 흥미롭지 않을까?", "왜 해 내지 못할 거라고 생각해? 보통은 잘해 내는데 매번 그렇게 말하는 경향이 있진 않니?", "감독 업무가 체계적이지 않다고? 진짜 책임감이 필요한 일을 네게 맡긴다는 뜻인데?"라고 말하자.

이때 핵심은 난폭하게 반박하지 말고, '절반이나 가득한 컵'으로 그 사람의 관심을 돌리라는 것이다. 또는 자신이나 상황을 비관적으로 봤지만 근거가 없었던 것으로 밝혀진 과거의 상황을 상기시켜 줄 수도 있다.

▪ 그 사람의 실력에 맞는 유쾌한 활동으로 이끌자

우울성 성격은 즐거울 수 있는 기회들을 거부하는 경향이 있다. 이 거부에는 여러 가지 요인들이 뒤얽혀 있다. 피곤, 상황의 수준에 미치지 못할 것 같은 불안함, 즐거움을 대할 때 죄책감을 느끼는 태도, 특히나 상황이 자신에게 즐겁지 못할 것 같다는 예상 때문이다.

우울성 성격의 사람들을 대할 때 다음 두 가지 극단적인 태도는 피해야 한다.

• 그 사람을 포기하고 더 이상 아무것도 제안하지 않는 것. "어쨌거나 그 사람이 노력할 일이야." 이 태도는 우울성 성격의 사람들이 더욱 부정주의(negativism, 상대방의 의도에 동의하지 않고 덮어놓고 거부하는 태도를 취하는 것 — 옮긴이 주)로 빠져들도록 만든다.

• 그 사람의 능력을 넘어서는 상황이나 활동을 강요하는 것.

명령이 아니라 공감을 요구하면서 자신이 원하는 길로 이끌어야 한다.

▪ 구체적으로 콕 집어서 배려하자

우울성 성격은 자신에 대해 부정적인 견해를 갖고 있고, 바로 이것이 그들에게 슬픔을 준다.

그것이 진심이라는 조건 하에서 당신이 그들에게 줄 수 있는 최고의 약 중 하나는 바로 당신의 애정과 배려다.

날마다 그 사람이 한 말이나 행동에 대한 작고 사소한 긍정적인 지적이 그 사람도 모르는 사이에 그의 자존감을 조금씩 길러 준다. 그러나 효과적이고 신뢰를 주기 위해서는 당신의 칭찬이 사람이 아닌 행동에 집중되어야 하고 매우 명확해야 한다.

예를 들어, 당신이 부하직원에게 "자네는 정말 좋은 직원이야"라고 한다면 그 사람은 이렇게 생각한다.

- 나의 무능함을 당신이 아직 깨닫지 못했다.
- 나의 무능함을 알지만 너무 바닥인 것 같아서 당신이 위로해 주려는 것이다.

반면, 당신이 "아무개와 약속이 어긋난 일을 자네가 정말 잘 처리해 줬다고 생각하네"라고 한다면, 구체적인 일에 근거한 이 칭찬을 훨씬 잘 받아들이게 된다.

■ 상담을 받도록 권하자

이 조언은 우울성 성격의 치료에 대해 앞서 이야기한 정보에 해당되는 조언이다. 이 성격장애는(또는 기분부전장애라고 여겨지는 경우라면 이 질병은) 발전한 심리치료와 약물 분야의 혜택을 분명 가장 많이 받는다. 그러므로 효과적일 수 있는 도움을 찾지 않는 것은 애석한 일이다.

그러나 우울성 성격이 상담을 받게 이끌려면 수완이나 시간이 필요하다. '심리전문가'를 만나는 것을 거절한다면, 반감이 적은 일반 의와 상의하는 것을 권하라. 어쩌면 일반의가 환자를 설득하여 이차적으로 항우울제 치료를 시도해 보자고 하거나 정신과 의사의 상담을 받아 보라고 권할 것이다.

이렇게 하지 말라

▪ 분발하라는 말을 하지 말자

"분발하면 돼", "원하면 할 수 있어", "네가 책임지는 거야" 같은 말들은 인류가 존재해 온 이래 우울성 성격의 사람들에게 수없이 주어졌던 충고들이다. 그러나 이 말이 끊임없이 되풀이된 이유는 효과가 없기 때문이다. 우울성 성격의 사람들이 당신의 부추김을 따른다고 해도, 곧 거부당하고 이해받지 못하며 자신을 비하했다고 느낄 것이다.

▪ 훈계하지 말자

"넌 의지가 없어", "넌 너무 쉽게, 되는 대로 놔두는구나", "모든 걸 어둡게 보는 건 나쁜 거야", "날 봐, 난 스스로 노력하잖아". 여기 나쁜 약들이 또 있다! 생각해 보라. 만약 우리가 자유롭게 선택할 수 있다면, 우울성 성격을 고르겠는가? 당연히 아니다. 훈계하고 죄책감을 주는 태도는 사물을 흐릿하게 본다고 근시를 나무라고, 발목이 접질린 사람에게 절뚝거리며 걷는다고 비난하는 격이다.

아니, 심지어 더 심하기까지 하다. 우울성 성격의 많은 수가 이미 자신의 모습에 죄책감을 갖고 있기 때문이다. 그러니 그것을 더 보태는 것은 도움이 안 된다.

■ 그 사람의 무기력에 끌려 들어가지 말자

우울성 성격의 사람들은 원한 건 아니지만 그들의 생활방식과 세계관을 공유하려고 든다. 그들이 너무 슬퍼하니까 우리 자신도 조금 우울해지거나 그들의 고통을 나누지 못한 데 대해 막연하게 죄책감을 느낀다. 그러나 그들을 괴롭혀도 도움이 되지 않지만, 그들의 슬픔과 위축에 동참해도 그들은 개선되지 않는다. 우울성 성격의 사람을 자주 보면 자유와 즐거움에 대한 당신의 필요를 잊게 될 때도 있는데, 그래도 그 필요를 존중할 줄 알아야 한다. 우울성 성격인 마리안느를 아내로 둔 자크(32세)의 이야기를 들어 보자.

결혼 생활 초기에는 마리안느의 기분 변화를 하나도 놓치지 않으려고 항상 살폈고, 언제든 아내를 위로하고 안심시켜 주려고 했었어요. 아내가 사람들과 잘 어울리지 못한다고 느끼니까, 난 조금씩 친구들을 만나는 걸 그만뒀습니다. 난 주말에 어딜 가는 걸 좋아하지만 아내는 떠나는 걸 불안해해서 일요일에는 아내와 집에 있었죠. 나중에는 내가 이 생활에 너무 갇힌 느낌과 좌절감이 와서 결국 정신과 의사를 찾아갔습니다. 정신과 의사는 내가 아내의 지나친 요구에 모두 양보하는 것이 아내를 도와주는 것이 아님을 깨닫게 해줬어요. 그래서 난 아내에게 외출을 하거나 주말에 여행을 가자고 다시 제안했습니다. 처음에는 아내가 계속 거절했어요. 그래서 나 혼자 떠났고 아내는 놀랐지요. 우리는 몇 차

례 길게 얘기를 나눴습니다. 난 아내가 언제나 외출할 기분이 아닌 건 알고, 그 필요를 존중하지만 아내 역시 내 필요를 존중하길 바란다고 설명했어요. 나를 향해 적의를 품은 기간 동안 아내는 토라진 채 내가 죄책감을 느끼게 만들었지만(이것 역시, 정신과 의사가 상대화하도록 도와줬습니다), 마침내 나와 함께 떠나려고 아내가 짐을 싸 놓더군요. 그때부터 확실히 나아져서 거의 한 달에 한 번은 주말에 떠날 수 있게 되었고 친구들 집에 갈 때도 아내와 함께 갔습니다. 이제는 아내가 정신과 의사를 만나도록 설득해 보려고 해요.

우리의 조언("상담 받도록 권하라")은 주변에 우울성 성격을 둔 당신에게도 적용할 수 있다. 사실 전문가의 조언은 자크의 예처럼 당신이 우울성 성격의 사람들을 극복하는 데 매우 유용하다. 당신의 행동이 상대방의 우울한 태도를 의도치 않게 조장한다는 것을 정신과 의사가 깨닫게 해줄 수도 있는 것이다. 의사는 일상적이고 구체적인 상황에서 잘 극복할 수 있는 조언들도 해줄 것이다. 결국 상대방이 상담을 받으러 오도록 당신을 도와줄 것이고, 다시 반복하지만, 우울성 성격의 사람에게는 상담이 매우 유용할 것이다.

| 우울성 성격에 대처하기 |

이렇게 하라

- 질문을 통해 그 사람의 관심을 긍정적인 것으로 돌리자.

- 그 사람의 실력에 맞는 유쾌한 활동으로 이끌자.

- 구체적으로 콕 집어서 배려하자.

- 상담을 받도록 권하자.

이렇게 하지 말라

- 분발하라는 말을 하지 말자.

- 훈계하지 말자.

- 그 사람의 무기력에 끌려 들어가지 말자.

당신의 상사라면 : 당신의 회사가 건실한지 자주 확인하라.

당신의 배우자라면 : 이 장를 읽게 하라.

당신의 직장 동료이거나 부하직원이라면 : 긍정적인 태도를 보일 때마다 칭찬하라.

 당신은 **우울성 성격 특성**을 갖고 있습니까?

	그렇다	그렇지 않다
1. 대부분의 사람들보다 인생에 대한 애착이 덜한 것 같다.		
2. 가끔은 아예 존재하지 않았다면 좋았을 것이라는 생각이 든다.		
3. 사물을 어둡게 본다는 비난을 자주 듣는다.		
4. 행복한 상황인데도 전혀 기쁨을 느끼지 못한다.		
5. 가끔 주변 사람들에게 내가 짐이 된다는 느낌을 받는다.		
6. 쉽게 죄책감을 느낀다.		
7. 과거의 실패를 곱씹는 경향이 있다.		
8. 남들보다 열등하다는 느낌을 자주 받는다.		
9. 자주 피곤하고 활력이 없다.		
10. 시간과 경제적 여유가 있는데도 취미 활동들을 나중으로 미룬다.		

9

"난 당신 곁에 빌붙어 사는 기분 좋은 빈대!"

의존성 성격에 대처하는 법

"혼자는 좋은 동반자가 아니다."
– 앰브로즈 비어스

회계원인 필립(47세)의 이야기다.

난 굉장히 사교적인 사람입니다. 내 문제는 사실 타인을 너무 필요로 한다는 거죠.

아주 오래됐습니다. 초등학교 1학년 때가 선명하게 기억나요. 놀이 그룹에 끼지 못할까 봐, 운동장에서 운동할 때 팀에 뽑히지 못할까 봐 몹시 두렵고 불안했습니다. 가장 나쁜 역할이나 가장 안 좋은 자리라도 받아들일 준비가 되어 있었어요. 축구 경기 때 골을 넣으려고 다들 센터포워드를 원했지만 난 골키퍼를 하거나 후방을 맡았습니다. 다른 아이들이 용감무쌍한 카우보이 역할을 하려고 다투는 동안 난 인디언이나 배신자 역할을 맡았죠. 이런 종류의 전략 덕분에 난 꽤 사랑받았고 인기가 있었어요. 학생회장이 나를 자기 캠프에 영입했을 때는 무척 자랑스러웠고, 기꺼이 헌신하려고 했었죠.

난 자신감이 없는 추종자였습니다. 다시 생각해 봐도 아이디어를 내놓거나 주도적인 행동을 한 기억이 없습니다. 거부당하고 비판받을까 봐 너무 두려웠고, 심지어 버림받을까 봐 무서웠어요. 친구들 말에도 감히 반박하지 못했습니다. 그러다 어느 순간 가장 바보 같은 짓을 저지르게 되었어요. 학창 시절에 기가 센 대장이 주도하는 무리와 어울렸습니다. 집주인이 휴가를 떠난 동안 집안을 털고, 고등학교에서 스포츠 장비를 훔치고, 뭐, 그 외에도 비슷한 짓들을 저질렀어요. 그런 흐름에 끌려가면서 다른 아이들 앞에서 더 이상 물러설 수 없다고 느꼈고, 이런 무모한 그룹에 속한 것이 너무 행복했습니다.…우리가 붙들리자 부모님과 선생님들은 내가 미쳤다고 생각하셨어요. 비행 청소년처럼 행동하는 건 절대 내 스타일이 아니었고, 오히려 인사도 잘할 것 같은 학생이었으니까요. 학교에서 퇴학당하는 걸 막으려고, 끌려 다닌 거라고 말하도록 부모님이 시켰지만 나는 절대 그렇게 자백하지 않았습니다.

　　사실 난 자신감이 전혀 없어요. 언제나 남들이 선천적으로 나보다 우월하고, 아이디어도 더 낫고, 결정도 더 잘한다는 느낌을 받죠. 그래서 난 남들을 따라하고 그들의 자질과 그들이 주도하는 행동에 빌붙습니다. 난 절대로 사람들과 거리를 두지 못해요. 시간이 많이 흐른 뒤에야 사람을 잘못 볼 수도 있다는 걸 깨닫죠. 여전히 그게 날 불행하게 하지만 어쨌든 그들 앞에서는 절대로 그렇게 말 못해요. 내 판단에 자신이 없거든요.

　　난 일편단심인 사람입니다. 친구들과 날 잘 아는 사람들이 주변에 있어 줘야 하기 때문에, 누가 날 좋게 보는지 금세 알아요. 사람들은 일반적으로 날 잘 받아줍니다. 이타적인 데다 언제든 도와줄 준비가 되어 있으니까요. 직장에서는 그걸 좀 남용한다고 생각해요. 동료들은 나와 잘 지내면 원하는 걸 거의 다 얻어 낼 수 있다는 걸 알죠. 하지만 그들이 날 도와준다는 것 역시 인정해야겠군요. 난 결정을 잘 내리지 못해서 그들에게 조언을 자주 구합니다. 실수나 실패에 대한 두려움과 공포가 있어요. 내 주변에 있는 사람들에게 의견을 물어보지 않고 중요한 결정을 내린 적이 한 번도 없을 겁니다. 잘 생각해 보면 내 인생에서 나와 관련된 큰 결정들은 대부분 내가 아닌 다른 사람들이 했어요.

어렸을 때 별로 흥미가 없었는데도 날 축구 클럽에 가입시킨 것은 어머니였죠. 축구를 잘하고 협동적이며 규율을 잘 따르자 코치는 날 아꼈습니다. 내 직업을 선택한 건 아버지였죠. 난 아버지의 조언으로 아버지와 똑같이 회계 공부를 했습니다. 난 내게 문학이 어울린다고 생각했지만, 내게 무엇이 더 적합한지, 어디에 일자리가 많은지 아버지가 더 잘 안다고 느꼈어요.

더 젊었을 때 난 여자들에게 인기가 많았습니다. 얼굴이 잘생겼고 사교적이며 운동을 잘하고 신중하고 말도 잘 들어주고 사람들을 함부로 판단하지 않으니까요. 여자친구가 꽤 있었지만 부모님 집에서 늦게까지 살았습니다. 부모님과 사이가 좋았고 좋은 조언들을 해주셨기 때문에 실용적이었어요. 특히 어머니에게 데이트하는 여자들 얘기를 많이 해서 좋은 조언들을 얻었죠. 그러나 여자친구들 역시 내가 선택한 적은 거의 없고 여자들이 날 선택했어요. 게다가 서로에게 안 좋다는 것이 드러나도 불장난 같은 관계를 끊는 것이 힘들었습니다. 언제나 내가 실수하고 있는 건 아닐까 궁금했어요. 하지만 연애 상대 없이 혼자 있는 게 더 싫었습니다. 헤어지면 곧바로 다른 사람을 만나야 했어요. 잘 생각해 보면 혼자였던 때가 없었습니다! 사실 난 커플로 지내기 위해 태어난 거예요!

어쨌든 이건 내 성격을 금방 이해한 아내가 내게 설명해 준 겁니다. 처음에는 그녀에게 별로 끌리지 않았어요. 나보다 약간 나이가 많았고 외모도 그다지 내 스타일이 아닌 데다 상당히 권위적이었거든요. 나보다 학력이 높아서 조금 놀라긴 했어요. 먼저 접근한 것도 그녀였습니다. 그런데 우리는 서로 매우 보완적이라 잘 맞았습니다. 그녀는 자신감이 넘쳤고 까다롭고 조금 퉁명스러워서 사람들에게 쉬운 사람이 아니에요. 난 좀 더 유순하고 협조적이며 사교적이죠. 가정이 나아갈 길이나, 집, 휴가, 자녀 교육 등과 관련한 모든 결정에서 아내를 많이 의지하고 있습니다.

가정이 있지만 많은 사람들과 연락을 유지하고 있어요. 조언을 구할 수 있는 절친들이 항상 곁에 필요하거든요. 난 뭐든지 그들에게 이야기합니다. 하지만 오래된 친구들과도 최대한 관계를 유지합니다. 아내는 가끔 그게 나의 '관계 수집' 성향이라면서 비난합니다. 아무것도 버리지 못하는 사람들이 있듯이 난 사람을 떠나보내지 못하는 것뿐이에요! 20년째 다시 보지 못했고 앞으로도 다시 볼 일 없는 사람들에게도 연하장을 계속 보낼 수 있습니다. 난 그래요. 난 사람들과의 관계에 많은 것을 투자합니다. 관계가 하나 끊어지면 나 자신의 일부를 잃은 것 같은 느낌이 들어요.

더 심할 때도 있죠. 가끔 나 없이 무슨 일이 벌어질 수도 있단 생각에 불안해요. 친구들 모임에 내가 초대받지 못하거나, 직장에서 날 부르지 않고 회의를 하면 이성을 잃습니다. 길가에 날 두고가 버렸다는 공포를 끊임없이 느끼는 것 같아요.…선택받지 못해서 조금씩 혼자가 될지도 모른다는 오래된 유년기의 공포가 항상 있어요.

가끔 이렇게 된 게 원망스럽습니다. 이런 존재 방식 때문에 얼마나 많은 기회들을 놓쳤는지 알기 때문이죠. 예를 들어 인문학부에 진학하지 않은 것이나, 아니면 적어도 회계 공부를 더 멀리 밀고 나가지 않은 걸 후회합니다. 하지만 학교가 그리 편하지 않았고 진짜 친구들을 사귀는 데 성공하지 못했어요. 그리고 아내는 자기 나이 때문에 결혼해서 빨리 아이를 갖길 원했습니다. 하지만 이렇게 된 것 역시 괜찮아요.…학위 하나 더 있다고 내 인생이 바뀌었겠어요?

필립에 대해 어떻게 생각하는가?

필립은 남들에게 받아들여지고, 자신의 가치와 기대에 완전히 맞지 않을지라도 그룹 내에 자기 자리가 있다고 느끼는 것이 매우 필요하다는 것을 극도로 강조한다.

동화됐다고 확신하기 위해 필립은 수많은 타협을 할 준비가 되어 있다. 눈썹 하나 까딱 않고 타인의 의견을 따르고, 그들에게 동의하지 않아도 표현하지 않으며, 다른 사람들이 꺼리는 일을 싫은 기색조차 보이지 않고 받아들인다.

필립이 늘 타인을 향해 있도록 만드는 것은, 관계를 맺고 싶은 욕망도 있지만 무엇보다 혼자가 될지도 모른다는 두려움 때문이다. 그에게 고독이란 약함과 동의어다.

필립은 혼자서 제대로 된 선택이나 올바른 결정을 할 수 없을까 봐 늘 걱정한다. 그래서 자신이 주도적으로 결정하는 걸 피하기 위해 가능한 한 확신을 찾으려는 경향을 보인다. 필립은 자신에게는 없는 능력이 남들에게 있다고 확신한다.

그의 인생은 타인을 많이 의지한다. 배우자에게 선택을 맡긴 나머지, 배우자가 자기 대신 자기 존재를 세우도록 내버려 두고, 진정으로 마음에 들지는 않는 인생을 영위한다.

의존성 성격

- 다른 사람들의 지지를 통해 안심하는 것이 필요하다.
  - 확신 없이 결정하는 것을 주저한다.
  - 자신에게 중요한 결정들을 남들이 하도록 내버려 둔다.
  - 계획을 주도하는 데 어려움이 많고 흐름을 따라가는 편이다.
  - 혼자가 되는 것이나 혼자 하는 것을 싫어한다.
- 관계가 끊어질까 봐 걱정한다.
  - 마음에 들지 않을까 봐 항상 '예'라고 한다.
  - 남들이 비판하거나 반대하면 타격을 크게 받고 매우 불안해한다.
  - 남들을 기분 좋게 만들고 싶어서 만족스럽지 않은 일도 받아들인다.
  - 실연에 매우 크게 충격을 받는다.

자신의 성격 때문에 다른 사람이나 그룹과 관계를 맺을 때, 필립은 일관성 있게 다음의 세 단계를 거칠 가능성이 크다.

- 관계 맺기 단계 : 사람들이 자신을 받아들이는지 확인하기 위해 노력한다.
- 의존 단계 : 확신을 얻고 자기 대신 결정을 내리도록 타인이나

그룹을 많이 의지한다. 일종의 균형이 이루어지는 단계로 필립과 주변 사람들과의 공생은 만족스럽다.

- **취약 단계** : 타인에게 극도로 의존한다는 걸 깨닫고, 관계가 식거나 끊기면 어떻게 될지 두려워하기 시작한다. 나중에 다시 다루겠지만 병적인 의존 특성을 보이는 사람들은 이 단계에 이르는 속도가 빠르다.

필립은 세상을 어떻게 볼까?

의존성 성격의 특징은 깊이 뿌리박힌 두 가지 신념에 있다. 첫째는 혼자서는 아무것도 할 수 없다는 것이고, 둘째는 타인이 자신보다 더 강하고 호의적이라면 나를 도와줄 수 있다는 것이다. 그러므로 끊임없이 타인의 지지를 갈구하고 가능한 한 그들에게 강하게 붙어 있는 것이 중요하다.

의존적인 사람은 이처럼 주변 사람들이 자신에게 어떤 도움과 지원을 해줄 수 있는지를 찾는다. 자기 자신과 능력에 대한 생각은 무엇보다도 타인이 그에게 되돌려 보내는 이미지를 거친다. "남들을 무조건 받아들여. 네게 꼭 필요한 것들을 남들이 채워 주잖니. 절대 너 스스로 주도하지 마라. 넌 할 수 없어." 이는 어떤 환자가 부모님께 받았다고 생각한 메시지를 설명하면서 우리에게 요약해 준 것이다.

운동선수들이 자신보다 더 뛰어난 선수가 주목을 받도록 희생을 자청하는 것처럼, 의존적인 사람은 다른 선수들 뒤를 따르거나 물을 떠오는 것 말고는 자신에게 다른 자리는 없다고 확신한다. 그러나 이 희생은 거저가 아니다. 리더의 승리는 그늘에 가려진 선수에게 어떤 안전을 보장해 준다. 영업 관리직인 조르주(33세)가 묘사하는 것도 바로 그것이다.

내게 2인자 자리는 항상 따 놓은 당상이었어요. 어렸을 때 문학이나 영화에 등장하는 인물이 된다고 상상할 때도 주인공 자리는 절대 아니었고 언제나 2인자 역할이었죠. 로빈 후드보다는 존을, 탱탱보다는 아독 선장을, 배트맨보다는 로빈을 골랐어요. 주인공과 똑같은 모험을 겪지만 앞장서서 이끄는 부담을 느끼지 않아도 되니까요. 현재 그 메커니즘을 명확하게 밝혔는데도 이건 계속됩니다. 너무 눈에 띄거나 너무 나서야 하는 업무, 한마디로 너무 외롭게 일해야 하는 업무는 계속 거절하고 있어요. 난 팀에 속해 일하거나 나보다 경험이 더 많은 사람과 짝을 이뤄서 내가 뭘 해야 하는지 구체적으로 지시를 받을 때 행복합니다.

우리는 모두 의존적일까?

의존성은 인간 본성의 일부다. 인간은 온전한 의존 상태에서 태어난다. 유형성숙neoteny이라고 부르는 미숙한 상태에서 태어나, 존재의 첫 순간부터 그 주변에게 절대적으로 의존한다. 이후 어린아이는 육체적인 생존뿐만 아니라 심리적인 발달을 위해서도 주변에 매우 의존한다.

그러므로 의존-자율 논리는 인간 정신 현상의 핵심이다. 인간은 어느 정도의 의존이 스스로를 보호하는 방법임을 매우 일찍부터 깨달왔다. 성경의 전도서에는 의존성 성격들의 신조와도 같은 말씀이 들어 있다. "두 사람이 한 사람보다 나음은…홀로 있어 넘어지고 붙들어 일으킬 자가 없는 자에게는 화가 있으리라"(개역개정 전도서 4장 9-10절). 우리는 상황에 따른 의존성과 자율성, 두 가지 능력을 자유자재로 구사하는 역량에 한 개인의 균형이 달려 있음을 알고 있다.

만약 자율적인 능력의 부재를 장애라고 한다면, 나중에 살펴보겠지만, 정신과 의사들이 퇴행이라고 부르는 어느 정도의 의존을 받아들이는 게 불가능한 것 또한 심리적으로 건강한 상태는 아니다.

이와 관련해 많은 학자들이 흥미로운 주장들을 내놓았다. 그 중 가장 눈에 띄는 것은 분명 영국의 정신분석학자인 마이클 발린트 Michael Balint의 주장이다. 그는 자신의 책[1]에서 모든 인간은 기본적으로 필요 때문에 '원초적인 사랑primary love'이라고 부르는 것을 (그리고 평생 동안 환상을) 찾게 된다고 서술했다. 즉, 각 개인의 모든 필요를 만족시켜 줄 관계 유형을 찾는 것이다. 어린아이는 처음에 주변 세계를 이런 방식으로 인지한다(그래서 젖병이 너무 늦게 오거나 너무 뜨거우면 화를 낸다). 그리고 곧 아이는 세계와 그 세계를 구성하는 개인들이 자기를 절대적으로 도와줄 수는 없음을 깨닫는다. 그리고 그 어느 것을 택하든 극단적인 두 가지 반응 방식이 아이 앞에 주어진다.

첫째는 향수와 잃어버린 천국을 추구하는 방식이다. 우리 필요의 대부분을 충족시켜 주는 타인들을 얻는다면 천국이 가능하다는 생각이다. 어쨌거나 다른 해결책이 없다. 우리가 혼자라면 우리는 우리의 필요를 절대로 충족시킬 수 없다. 이런 세계관을 발린트는 '오크노필리아 ocnophilia'라고 불렀다(그리스어로 okneo는 '매달리다, 집착하다'란 뜻이 있지만

'망설이다, 두려워하다'란 뜻도 있다). 이는 의존적인 태도와 아주 가깝다.

두 번째 반응 방식은 세상이 실망스럽기 때문에, 결국 만족이란 절대로 주변에서 올 수 없으며 남들에게 의존하는 것이 가장 위험하다고 선언하는 것이다. 발린트는 이런 태도를 '필로바티즘philobatism'이라고 명명했다(지상이 아니라 극한적인 곳을 걷는 '곡예사acrobat'에서 파생된 신조어다). 이는 자신의 자율성에 극단적으로 높은 가치를 부여하고, 모든 형태의 의존은 물론 심지어 약속하는 것에도 주저하는 태도를 보이는 주체다.

오크노필리아와 필로바티즘은 모든 인간에게 존재하는 의존의 필요에 반응하는 두 가지 극단적인 방식이다. 방어하든 몰두하든, 두 경우 모두 지나친 방법이다. 이 두 가지 태도의 좋은 본보기들이 문학에서 구애 행동의 원형을 통해 나타난다. 돈 후앙Don Juan은 남-여 관계에서 절제되지 않은 필로바트Philobat이고, 마르케 국왕과 이졸데에게 의존적인 트리스탄은 오크노필리아의 훌륭한 초상이다.

왜 의존적이 되는가?

퇴행의 경향이 우리 유전자에 입력되어 있다고 해도, 어떤 사람이 다른 사람보다 더 의존적인 것을 어떻게 설명할 수 있을까? 우리는 선천적인 경향이나 생물학적인 요인이 의존적인 특성에 어떤 역할을 하는지 아직은 알지 못한다. 전문가들은 어쨌든 조기 징후가 존재한다고 확신한다. 이처럼 특정 형태의 분리 불안은 성인이 되어 의존성 성격이 발전할 수도 있다는 걸 예측하게 해준다.

　전문가들은 부모의 특정 행동과 교육 태도, 인생의 특정 사건들이 의존성 성격의 지속적인 특성을 유발한다고 강하게 추정하고 있다.

부모의 행동

교사인 나탈리(26세)의 증언이다.

> 어렸을 때 내 진짜 부모는 조부모님이라고 확신했던 때가 기억납니다. 부모님은 날 돌보는 게 서투르고 우유부단해서 마치 언니나 오빠 같았죠. 어머니는 매우 젊은 나이에 날 가지셨고, 어머니와 아버지 둘 다 직업이 없었기 때문에 외할아버지가 함께 살자고 하셨대요. 난 외할아버지가 슈퍼맨이어서 모든 문제를 해결할 수 있고 모든 진실을 알고 있다는 인상을 항상 받았습니다. 누군가 외할아버지와 다른 의견을 보일 때면 상황이 매우 안 좋게 돌아갔어요. 갈등이 생기고 항상 외할아버지가 옳은 것으로 끝이 났죠. 여하튼 그게 내가 배운 거예요.
>
> 　별로 안심이 되지 않는 부모님을 봐 왔기에, 부모님을 의지할 때마다 더 강한 사람에게 보호받고 사랑받아야 한다는 확신을 갖게 됐어요.…그런 태도의 단점을 깨닫기까지 오래 걸렸죠. 최근에서야 전지전능했던 외할아버지가 무서운 폭군으로 주변 사람들을 짓눌러 왔다는 걸 알게 됐어요.

　아이들은 매우 실용적이어서 부모가 충고해 주는 말대로 하지 않고, 부모가 하는 행동을 똑같이 따라한다. 분명 개인의 진실이 말이 아니라 행동에 있다고 믿는 것 같다. 외부의 권위에 과도하게 의존하는 부모의 태도는 반드시 자식들을 '오염'시킨다. 부모가 끊임없이 자식들에게 자주적이 되라고 설득해도 말이다.

교육적인 태도

잠깐 이론을 살펴보자. 아이가 자율성을 발달시키기 위해서는 두 가지 단계를 거치는 것이 필요하다. 첫째, 탐구 행동을 하기 위해서는 튼튼한 '뒷받침'이 있어야 한다. 자율성이란 초기에는 우리가 사랑하는 사람들로부터 점점 분리되는 것이다. 아이는 사랑하는 사람들이 자기가 분리되는 것을 견디고 받아들일 만큼 충분히 자기를 사랑한다고 확신해야 자율적인 태도를 가질 수 있다. 둘째, 아이는 자기가 멀어진 대상들이 자기의 자율적인 노력을 격려해 주고 보강해 주는 걸 보아야 한다. 그렇지 않으면 죄책감이 너무 커서 자율적인 모든 노력이 저하된다.

그러므로 다음 두 가지 유형의 부모의 태도는 아이에게 의존성 성격 특성이 나타나도록 조장한다.

- 불안감을 주는 부모: 아이를 향한 부모의 사랑이나 평가에서 충분한 확신을 주지 못하고, 아이에게 충분한 관심을 보여 주지 않는다. 자기 생존이 걸려 있는 부모에게 붙어 있으려면 아이로서는 노력을 배로 해야 한다는 확신을 갖게 될 위험이 크다.
- 과보호하는 부모: 아이에게 자신은 매우 약하고 세상은 위험으로 가득하며, 이 세상을 '잘 아는' 사람의 말을 반드시 들어야만 생

존할 수 있다는 생각을 심어 준다.

인생의 사건

드디어 우리 환자 중 한 사람의 이야기를 들을 때가 된 것 같다. 어떤 사건, 특히 부모 중 한 사람(혹은 둘 다)과 오랫동안 떨어져 지낸 것은, 아이가 부모에게 확실히 매달리지 않았기 때문에 부모가 떠났다는 신념을 아이에게 심어 줄 수 있다. 그래서 나중에 스쳐 가는 모든 관계마다 심하게 집착하는 경향이 생길 수 있다. 상점 주인인 비비안(56세)의 이야기다.

4살 때 난 병에 걸렸어요. 아무도 설명을 해준 적이 없어서 그게 무슨 병이었는지 아직도 모릅니다. 어쩌면 결핵이었겠죠. 하지만 당시로서는 분명 심각했을 테니, 의사는 부모님에게 마을에서 멀리 떨어진 소아용 치료 시설에 6개월 입원해야 한다는 처방을 내렸습니다. 그네를 타자며 데려간 공원에서 나 없이 부모님이 떠난 걸 알았을 때 나는 절대적인 혼란을 겪었죠. 치료 시설 사람들이 내게 설명을 해줬을 텐데 난 전혀 기억나지 않아요. 부모님이 다시는 오지 않을 거라고 확신했죠.

며칠이 지나자 말도 안 하고 먹지도 않았어요. 그러다가 자기 집 정원에서 딴 살구를 내게 가져다 주던 간호사에게 애착을 갖게 됐죠. 난 살구만 삼켰어요. 조금씩 간호사와 친해졌고 난 다시 네 살짜리 아이처럼 행동하기 시작했어요. 놀고, 말하고….

6개월이 지나 부모님이 날 데리러 오셨죠. 난 부모님을 알아보지 못했고 간호사와 헤어지기 싫었어요. 정말 끔찍했습니다. 부모님은 얼마나 죄책감을 느끼셨는지 불안해하는 내가 하자는 대로 완전히 맞춰 주셨어요. 난 부모님이 허락하시기 전에는 그 어떤 것도 하지 않았죠. 이후 조금이라도 격리되는 걸 참지 못했고, 언제나 타인의 동의와 지지를 필요로 하게 됐어요.

의존성이 몰래 발전할 때

다른 성격 조건들처럼, 눈에 잘 띄지 않는 의존 형태도 존재한다. 보통은 그 사람을 의존적으로 만든 상황이 연상되는 특정한 경우에만 드러난다. 공무원인 마르틴(38세)의 이야기다.

난 친구들과의 관계와 직장에서 상당히 자율적입니다. 상사는 주저하지 않고 내게 중요한 책임을 맡기고, 난 그게 두렵지 않죠. 내 문제는 오히려 애정생활에 있습니다. 누군가에게 너무 빠져들지 않는 한 편안하지만, 어떤 사람이 내게 중요해지는 순간 그 사람에게 너무 기대지 않도록 극심한 노력을 해야 합니다. 연애 상대와 뗄 수 없는 관계가 되고픈 욕구와 항상 싸워야 하죠. 수수께끼는 없어요. 아버지가 별로 다정다감하지 않았던 어머니를 버리는 걸 봤습니다. 양육권을 얻은 건 어머니였지만 어머니는 우릴 살갑게 돌봐 주지 않으셨어요. 어머니가 보인 무관심 때문에 난 내가 관심 가질 만한 소녀라는 걸 확신하기 위해, 언제나 선생님들과 학급 친구들, 내가 알고 지내는 모든 어른들의 애정을 갈구했습니다.

일시적이라 할지라도 의존이나 퇴행의 모든 형태를 극단적으로 거부하는 케이스도 있다. 이유는, 실은 주체가 자신이 약하다고 느끼고 스스로를 의심하기 때문이다.

사실 의존성 성격의 사람들은 남을 불쾌하게 만들지 않고, 귀찮은 일일지라도 언제든 도와줄 준비가 되어 있어서 다정하고 친절한 사람처럼 보이기도 한다. 그리스의 철학자 테오프라스토스Theophrastus는 그가 '친절하다'고 부르는 인물과 그런 태도를 다음과 같이 묘사했다. "이런 열정을 가진 사람은 어떤 자리에서 한 사람을 알아보자마자 이렇게 소리를 지르면서 인사한다. '좋은 사람이라고 불리는 사람이 여기 있다.' 그렇게 다가가서는 그가 도망갈까 두려워 두 손으로 잡고 사소한 것에도 찬미를 늘어놓는다. 그리고 함께 몇 걸음을 걸은 뒤 언제 볼 수 있는지 열의를 다해 물어 본다. 결국 온갖 칭찬을 다 한 뒤에야 헤어진다." 그러나 조금씩 상대방은 이 의존적인 사람들의 끝없는 감정적 필요와, 귀찮게 구는 그들의 특징과 때때로 과한 요구를 발견하게 되고… 거리를 두려고 한다.

의존성 성격이 병이 될 때

의존 경향은 우리 각자에게 정상적으로 존재하지만 완전히 병적인 방식으로 나타나기도 하며 특히나 달갑지 않은 영향을 미치기도 한다.

의존적인 필요가 심화되면 환자는 주변 사람들에게 매우 지나친 요구를 하게 된다. 심한 죄책감을 느끼게 만드는 강한 압박을 다른 사람들에게 가하는 것이다. 바로 이런 식이다. "당신은 날 버릴 수 없어. 그렇지 않으면 난 매우 안 좋아질 거고 그건 당신 책임이야." 정신과 병동에 진료를 받으러 온 사람들을 대상으로 한 연구에서 환자들의 25-50퍼센트가 의존성 성격 특성을 보이는 것으로 나타났는데[2], 일반 인구에서는 이 비율이 2.5퍼센트에 불과하고 대부분 여성인 것으로 추정된다. 우울증과 광장공포증을 앓는 환자들에게 의존성 성격 특성이 나타나는 경우가 빈번한 것으로 밝혀졌고, 게다가 이들은 치료사에게 많은 문제들을 안겨 주고 있었다. 의존성 성격 특성은 또한 나중에 이야기하겠지만, 자기애성 성격과 회피성 성격처럼 다른 성격장애에도 많이 나타난다.

부부상담 치료사는 의존성 성격의 사람이, 독점욕이 강하고 지배적인 사람을 배우자로 고르는 경우가 많다는 것을 관찰하였다. 매 맞는 아내나 알코올 중독인 남성들의 많은 수가 의존성 성격인 것으로 나타났다.

결국 의존성 환자는 혼자서는 아무것도 못한다고 확신한 나머지 어느 정도 시간이 지나면 정말로 무능력해진다는 것에 주의해야 한다. 위험을 감수하는 일이나 주도적인 행위, 관계에서 오는 갈등을 모두 피하려고 하는 전략이 환자를 특히나 약한 사람으로 만들어 버린다.

돈 키호테와 산초 판자, 돈 후앙과 레포렐로(돈 후앙의 시종 – 옮긴이 주), 셜록 홈 즈와 왓슨 박사…. 모든 주인공들 주변에는 신중하고 헌신적이며 자기 의견이 없거 나, 주인공 옆에서 함께 겪는 모험 외에 독립적인 삶은 없는 의존성 성격의 사람들 이 있다. 만화 역시 유명한 단짝 커플들을 많이 만들어 냈다. 오벨릭스(아스테릭스 의 친구이자 파트너 – 옮긴이 주)와 아독 선장(《탱탱의 모험》에 등장하는 탱탱의 단짝–옮긴이 주)은 의존성 성격 특성을 많이 보여준다.

사랑하는 사람의 의존성은 많은 작가들에게 또 다른 형태의 영감을 제공해 주었다. 《영주의 애인Belle du seigneur》에서 작가 알베르 코앵Albert Cohen은 아리안 을 사랑받고자 하는 극단적 의존성을 보이는 인물로 묘사했다. 테네시 윌리엄스의 소설 《스톤 부인의 로마의 봄The Roman Spring of Mrs. Stone》에는 자신보다 훨씬 젊 은 남자를 사랑하게 되면서 체면과 자존심을 잃어버리는 오십대의 중년 여인이 등 장한다.

파스칼 레네Pascal Lainé는 소설 《레이스 뜨는 여자La Dentellière》(부키 역간)에 서 혼자서는 존재할 수 없어서, 잘난 체하는 똑똑한 청년을 유혹했다가 버리는 의 존적인 아가씨를 비장하게 묘사했다.

영화 역시 의존적인 인물들을 많이 등장시켰다. 에두아르 몰리나로Édouard Molinaro의 영화 〈어 페인 인 더 애스L'Emmerdeur〉(1974)에서 자크 브렐은 무역 회사 대표인데, 자살 시도에서 자신을 구해준 리노 벤투라에게 우스꽝스럽게도 매달린 다. 스탠리 큐브릭의 영화 〈배리 린든Barry Lyndon〉(1975)에서 마리사 베렌슨Marisa Berenson이 연기한 레이디 린든은 언제나 남자의 그늘 속에 살아가는 아름다운 귀 족으로 수수께끼 같고 고통에 찬 시선 외에는 자주적으로 살아가려는 의향은 조금 도 보여 주지 않는다. 그러나 의존성 성격의 끝장을 보여 주는 것은 분명 우디 앨런

Woody Allen이 연출하고 연기한 영화 〈젤리그Zelig〉(1983)일 것이다. 상대가 바뀔 때마다 계속해서 그들의 의견과 생활양식, 심지어 신체적인 특징과 옷차림까지 완전히 모방해서 자신이 누구인지 알지 못하는 한 인간의 어려움을 그렸다.

의존성 성격에 어떻게 대처하면 될까?

이렇게 하라

■ 성공보다는 자율성을 강조하고, 실패가 평범해지도록 도와주자

많은 의존성 성격들이 행동하는 걸 어려워하는 핵심적인 이유는 바로 실패와 그 결과에 대한 두려움 때문이다. 그는 주변 사람들이 자기보다 더 유능하다고 생각하기 때문에 자신의 자율적인 행동을 그들이 비판할까 봐 두려워한다. 그러므로 이런 관점을 강화하지 않도록 항상 주의하고, 비판을 해야 할 상황이라면 먼저 그의 자율성을 칭찬하라.

■ 조언을 구하거든 답을 해주기 전에, 먼저 그 사람의 개인적인 의견을 물어보자

의존적인 사람은 은밀하게 자기 대신 당신이 결정을 내리도록 만드는 경향이 있다. 당신은 그 사람을 돕기 위해, 혹은 시간을 낭비하지 않으려고 그의 재간에 넘어간다. 그 사람의 듣기 좋은 말에 전문가나 현자가 된 것 같은 느낌이 들어, 정말로 당신이 더 나은 결정을 내린다고 생각할지도 모른다. 그런데 중국 속담을 기억하라. "누군가를 돕고 싶다면, 생선을 주지 말고 낚시하는 법을 가르쳐라." 멜라니(26세, 비서)의 이야기를 들어 보라.

사무실에서 인턴으로 일했던 아가씨가 기억나네요. 혼자서는 그 어떤 결정도 내리지 못해서 끊임없이 내게 와서 조언을 구했어요. 보통 신입들은 처음에는 다들 그렇게 하다가 조금씩 혼자 알아서 합니다. 그런데 그 아가씨는 그렇게 안 되더라고요. 어느 정도 시간이 지나 그녀의 문제를 깨닫자 생각 없이 답해 주는 것을 그만뒀지요. 매번 이렇게 말했습니다. "내 의견을 말해 줄게. 하지만 먼저 **너라면** 무엇을 할지, 어떻게 생각하는지 말해 줘." 처음에는 조금 당황하더군요. 내가 자기를 비웃거나 지식을 확인하려 드는 거라고 믿었죠. 그러다가 넘어왔어요. 나중에는 안심시켜 줄 필요도 점점 줄어들었고, 자기 일을 우리에게 해 달라고 하는 대신 가끔씩만 우리 의견을 물어보게 됐어요.

■ **당신의 약점이나 의심에 대해 이야기하자. 주저하지 말고 그에게 조언이나 도움을 구하자**

당신의 이런 태도에는 두 가지 장점이 있다. 첫째, 항상 조언을 듣는 영원한 요구자 역할에서 탈피하도록 도와주고, 역할을 바꿈으로써 의존적인 사람에게 조금씩 더 큰 가치를 부여하게 된다.

둘째, 남들을 자기보다 뭐든지 우월하게 보는 것을 그만두도록 도와준다. 사람이 변하게 만드는 최고의 방법은 그들이 해야 하는 것이나 생각을 설명하는 것이 아니라, 그 예를 보여 주는 것이다. 의존성 성격의 사람에게 당신도 가끔 자신이 없을 때가 있다거나 그의 조언에 관심이 있다는 걸 보여 주면, 타인의 도움이 필요한 동시에 (당신 자신이 그러한 것처럼) 자신감 있고 자율적일 수 있다는 것을 긴 대화보다 훨씬 더 근본적으로 증명하는 것이 된다.

■ **활동을 다양하게 늘리도록 권하자**

처음에만 활동에 같이 참여하는 걸 각오한다면, 의존적인 사람이 다른 사람들을 많이 만나고 나눌 기회를 확장하도록 당신이 도와줄 수 있다. 그가 또 다른 관계에 매달리게 되더라도, 적어도 의존의 원천을 늘리는 것은 자율성으로 가는 첫걸음이다. 여기 그래픽 디자이너인 비르지니(32세)의 증언이 있다.

> 여동생이 파리에 처음 정착했을 때 적응하는 데 어려움이 많았어요. 동생은 부모님에게 많이 의지했고 내게도 많이 의존하는 경향이 있어서 내가 항상 버팀목이 되어 줬죠. 스포츠 클럽에 가입하고, 합창대에 들어가고, 직장 동료들을 초대하라고 그렇게 말해도 듣질 않더군요. 그래서 내가 억지로 끌고 가기로 하고, 두 달 동안 동생이 파리에 쉽게 적응할 수 있도록 준비를 해줬죠. 함께 걷기 클럽에 등록하고, 동생의 직장 동료 몇 명과 내가 동생에게 이미 소개했던 내 친구 몇 명을 저녁식사에 초대하고요. 어느 순간이 되자 난 빠져나올 수 있었고, 동생은 **나 없이** 알아서 잘하더군요. 아니, **나 말고 다른 사람들과 함께** 알아서 잘하더군요.

■ **거부라고 느끼지 않도록 그 사람 없이 당신이 뭔가를 할 수도 있다는 것을 이해시키자**

만약 당신이 친구나 직장 동료들과 자주 만난다고 해 보자. 의존성 성격의 사람을 초대하지 않은 친구들끼리의 파티나 그 사람이 참여하지 않는 직장 프로젝트 준비처럼, 자신이 포함되지 않는 인생을 당신이 살고 있다는 사실 때문에(직접적으로는 당신에게 감히 말하지 못하겠지만) 그 사람은 자주 상처를 받을 것이다. 그러나 그런 초대를 숨기려 하거나 죄책감 때문에 그 사람을 뒤늦게 합류시키는 방식으로 굴복하지 말라. 솔직하게 알려 주고 왜 초대하지 않았는지 이유를 설명하라. 적어도 이런 대우를 처음 몇 번은 '겪게 한' 다음, 다른 파티에 초대한다든지 다른 프로젝트에 포함시키는 등 그 사람에 대한 당신의 평가가 변하지 않는다는 증거를 재빨리 보여 주도록 하라.

이렇게 하지 말라

■ 일부러 당신에게 부탁했다고 해도 그 사람 대신 결정하지 말자. 어려움에 빠질 때마다 도와주려고 쫓아가지 말자

당신이 순진해서 또는 좋은 의도에서, 의존적인 사람을 도와주고 싶은 마음이 생길 수도 있다. 수많은 일상적인 결정들 앞에서 그들이 느끼는 절망감은 실제적인 것이지, 교활한 행동이나 게으름이 아니다(또는 그런 경우는 매우 드물다). 그러나 직접적인 충고나 도움은 나중에 또 도움을 요구하는 경향을 강화시키고, 더 심각하게는 의존적인 사람의 자기비하나 무능감을 증가시키게 된다. 이제 엔지니어 막심(46세)의 이야기를 들어 보라.

내 전처는 매우 의존적이고 미성숙한 사람이었습니다. 그녀가 날 좋아한 이유는 내가 자신이 없을 때조차 언제나 자신감이 넘쳐 보이기 때문이었어요. 그건 나 스스로 안심하기 위한 방법이었는데! 하지만 난 전처의 덫에 완전히 빠지고 말았습니다. 전처는 내게 완전히 의지했는데, 결혼 초기에는 그게 흡족했고 내 가치가 높아진 것 같았죠. 하지만 어느 순간이 지나자 상황은 변질되었어요. 난 본래 질투심이 많아서 전처가 나에게서 멀어지는 걸 견디지 못했습니다. 전처는 상당히 예뻐서 인기가 많았거든요. 어느 날 우리는 난폭하게 다퉜고 전처는 숨이 막힌다면서 자길 안심시키거나 자신이 나아지도록 내가 하는 일이 전혀 없다고 비난했습니다. 사실 전처는 자기가 안심하고 싶어서 다른 남자들을 유혹하려고 했던 것 같아요. 하지만 난 그걸 용인할 수 없었습니다. 결국 우린 이혼했어요.

■ 실패했어도 그 사람의 자주적인 행동을 정면으로 비판하지 말자

의존적인 사람이 의존하지 않도록 격려하는 것은 많은 인내심을 요한다. 일단 스스로 결정하고 행동하도록 설득했다면, 그다음까지 확실히 보장해 줘야 한다. 의존적인 사람은 곧 당신에게 돌아와 결과에 대한 당신의 의견을 들으려 하거나, 자신이 저지른 실수의 참담한 결과를 당신이 확인하도록 만들 것이기 때문이다. 당신은 현실적이 되어야 한다. 의존적인 사람은 그가 믿는 것보다는 덜 무능할지 몰라도 당신이 생각했던 것보다는 더 무능하다! 그러므로 어떤 행동들은 하지 않는 게 더 나을 수도 있음을 설명하면서 당신의 판단 체계를 그에게 적용할 때에는 조심해야 한다. 비록 그가 행동한 방식을 비판할 수도 있고, 결과에 대해 솔직하게 말할 권리가 당신에게 있다 하더라도, 그 사람이 시도할 때마다 당신은 격려해 줘야 한다.

■ '혼자 알아서 하는 걸 배우라고' 완전히 그 사람을 버려 두지 말자

싫증이 나서 또는 의도적으로 사람을 물속에 빠트리듯 의존적인 사람이 억지로라도 행동하도록 만들고픈 유혹이 생길 때가 있다. 그럴 때면 반응하도록 강요하게 된다. 이 전략이 의존적인 사람에게 통하는 경우는 많지 않다. 보통은 불안에 빠지거나, 혼자서는 절대 할 수 없으며 자신이 무능하다는 신념만 커진다. 만약 자율적이 되도록 돕고 싶다면 점진적으로 그렇게 하는 것이 좋다. 그것은 세심한 주의를 필요로 하기 때문에 정말 힘든 길이다. 의존적인 사람은 혼자 알아서 하는 걸 배우는 것처럼 보여도, 끊임없이 도움을 청하거나 목표를 지키지 않을 이유들을 찾아내기 때문이다.

■ 의존의 대가를 치르게 하지 말자

의존적인 사람은 당신의 은혜를 확실하게 얻어 내기 위해 극도로 당신을 도와주려 하고, 선물 공세를 퍼붓고, 힘들거나 진절머리 나는 일을 도맡아 하면서 그 은혜를 사려고 든다. 이렇게 함으로써 교묘한 톱니바퀴에 당신을 끌어들인다. 당신은 죄책감 때문에 그가 기대하는 형태로 응한다. 그를 보호해 주고 당신의 그늘 아래 받아주는 것이다. 당신 주변에 있는 의존성 성격의 사람들이 보이는 헌신과 찬미에는 대가가 있다. 여기 옥타브(28세, 생물학 연구원)의 증언이 있다.

부모님이 처음으로 날 여름 캠프에 보내셨을 때 다른 아이들이나 교관들이 날 어떻게 대해 줄지 무척 걱정이 되었어요. 그래서 식탁을 치우고 설거지를 하고 쓰레기통을 비우는 등 하기 싫은 모든 잡일들을 내가 자원해서 맡으려고 했었죠. 마을에 놀러 나가면 부모님이 주신 용돈으로 사탕이나 만화책을 사서 방 전체에 나눠 줬어요. 얼마 후 효과가 나타났죠. 난 교관들의 예쁨을 받았고 친구들이 놀이에 끼워 줬습니다. 그 당시 그늘에서 혼자 놀지 않고 햇빛 아래 내 자리를 만들기 위해서는 그 방법밖에 없다는 느낌을 받았어요.

■ 항상 그 사람의 '버팀목'이 되어 주지는 말자

의존성 성격의 애처로운 연약함과 그들의 실질적인 고독, 그리고 주변 사람들의 생활에 조금씩 끼어드는 그들의 재능은, 그들을 가끔 우리 존재에 빌붙어 사는 기분 좋은 빈대로 바꿔 놓는다. 고독이라면 질색하는 그들의 도움 요청에 우리가 명확한 선을 그어 놓지 않으면, 뚜렷이 자각하지 못한 채 그들에게 점유된 상태로 살 수도 있다. 여기서도 의존의 일반화는 이중의 장애를 초래한다. 버팀목을 맡은 사람이 의존적인 사람을 귀찮게 여기는 순간이 생기고, 의존하는 사람도 자신에게 별 관심을 주지 않고도 쉽게 받아들이는 것을 보고 다시 한 번 자신의 무가치함을 확인하게 되므로 극도로 자신을 비하하게 된다. 취업 상담원인 올리비에(32세)의 이야기를 들어 보라.

언제나 내 옷자락에 매달려 다니던 대학 때 친구가 기억납니다. 마지막에는 다른 사람과는 감히 취하지 못할 자유를 그 친구에게서 누렸어요. 그 친구가 내게 전화하면, 몇 시간이나 전화통을 붙들고 있으니까 통화를 하면서 동시에 다른 일을 했습니다. 책을 읽거나 뭘 정리하거나 글을 쓰거나… 가끔 그 친구가 우리 집에 눌러앉아 있으면 계속 얘기를 하면서도 평소에 내가 하던 일들을 했어요. 나중에는 그 친구가 일종의 식물이나 애완동물 같았죠. 친구가 책을 읽으며 구석에 있으면 그의 존재를 잊을 정도였어요.

| 의존성 성격에 대처하기 |

이렇게 하라

- 성공보다는 자율성을 강조하고, 실패가 평범해지도록 도와주자.
- 그가 조언을 구하거든 답을 해주기 전에, 먼저 그 사람의 개인적인 의견을 물어보자.
- 당신의 약점이나 의심에 대해 이야기하자. 주저하지 말고 그에게 조언이나 도움을 구하자.
- 활동을 다양하게 늘리도록 권하자.
- 거부라고 느끼지 않도록 그 사람 없이 당신이 뭔가를 할 수도 있다는 것을 이해시키자.

이렇게 하지 말라

- 일부러 당신에게 부탁했다고 해도 그 사람 대신 결정하지 말자. 어려움에 빠질 때마다 도와주려고 쫓아가지 말자.
- 실패했어도 그 사람의 자주적인 행동을 정면으로 비판하지 말자.
- '혼자 알아서 하는 걸 배우라고' 완전히 그 사람을 버려 두지 말자.
- 의존의 대가를 치르게 하지 말자.
- 항상 그 사람의 '버팀목'이 되어 주지는 말자.

당신의 상사라면 : 상사에게 꼭 필요한 오른팔이 되어 연봉 인상을 요구하라.
당신의 배우자라면 : 비록 당신을 우쭐하게 만들더라도 언젠가는 중요한 결정들을 도맡아 하는 것에 싫증날 날이 온다는 것을 잊지 말라.
당신의 직장 동료이거나 부하직원이라면 : 그가 감당해야 할 일로 친절하게 그를 돌려보내라.

🛋 당신은 **의존성 성격 특성**을 갖고 있습니까?

	그렇다	그렇지 않다
1. 중요한 결정을 하기 전에 다른 사람들의 의견을 물어 본다.		
2. 대화를 끝내거나 누군가를 해고하는 것이 어렵다.		
3. 내 능력에 자신이 없는 경우가 많다.		
4. 그룹 안에서 활동이나 대화 주제, 새로운 아이디어를 제안하는 경우가 드물다. 난 흐름을 따라가는 경향이 많다.		
5. 기댈 만한 아주 가까운 사람이 필요하다.		
6. 다른 사람들을 위해 날 희생할 수 있다.		
7. 상대방과 갈등을 일으킬까 봐 걱정이 되어 내 의견을 자주 숨기는 편이다.		
8. 사람들과 멀어지거나 관계가 끊기는 건 싫다.		
9. 불화와 비판에 매우 예민하다.		
10. 내가 가진 것보다 더 나은 대우를 받을 자격이 있다는 소리를 자주 듣는다.		

* 혼자서 답할 것! 주변의 믿을 만한 사람에게 의견을 묻지 말 것!

10

"복종은
패배하는 것이다!"

수동공격성 성격에 대처하는 법

카롤(28세)이 자신이 일하는 은행의 같은 지점 사무실에서 근무하는 동료 직원 실비에 대한 이야기를 해주었다.

언뜻 보기에 실비는 여느 직원들과 똑같았어요. 자기 일은 알아서 하고 직원들과 사이도 좋았죠. 물론 '물의를 일으키지'도 않았습니다. 사무실에서 근무하기 시작했을 때는 이렇게 생각했어요. 그런데 몇 주가 지나자 이 고요한 모습 아래 실비와 지점장 앙드레 사이에 진정한 싸움이 벌어지고 있다는 걸 알게 됐습니다. 특히 회의를 할 때마다 앙드레가 모두에게 발언할 기회를 주는데도 실비는 거의 한마디도 하지 않고 마치 지루하다는 듯 고집스럽고 적의에 찬 얼굴을 하고 있었죠. 그렇기는 해도 앙드레가 실비에게 직접 말을 걸면 상냥한 얼굴로 대답하긴 하되, 억지로 그렇게 하는 게 느껴졌고, 앙드레 역시 그걸 아는 것 같았습니다.

　회의가 끝나고 우리끼리 모이면 실비는 앙드레의 결정이나 은행 경영진이 내린 새로운 지시 사항들을 문제 삼기 시작합니다. 실비는 똑똑하기 때문에 약점을 찾아내는 능력이 뛰어나요. 그리고 새로운 절차를 따르긴 하지만 어찌나 융통성 없이 적용을 하는지 일이 엄청나게 느려집니다. 비난 받지 않으면서 절차를 방해하는 방법을 찾아낸 거죠. 실비는 우리가 항상 속고 있고, 앙드레는 우리 중에 가장 무능하며, 은행이 우리를 하찮게 대우한다고 설득하려 해요.

물론 실비를 자주 보니까 그 같은 견해를 듣는 데 익숙해져서 상대화하게 되었지요. 그런데 몇 달 전, 실비가 새로 채용된 직원인 이자벨을 꼬드겨서 자기 관점을 주입시키는 데 성공했어요. 이자벨은 완전히 '물이 올라' 회의에서 앙드레의 결정에 반박했고 초과 근무를 거절하기 시작했죠. 앙드레는 무슨 일이 있었는지 금세 알아채고 실비를 불러 호되게 질책했어요. 문을 박차고 나온 실비는 다음날 회사에 출근하지 않았고 2주나 병가를 냈답니다.

실비가 결근하자 이자벨은 진정했고 마침내 우리의 의견에 귀를 기울였어요. 앙드레에게 결점이 있긴 하지만 정직하고 상당히 공정하며 항상 일이 잘되도록 신경 쓰는 사람이란 것 말이죠. 실비가 다시 출근했을 때 난 실비에게 가서 우리 모두 같은 사무실에서 일하니까 좋은 분위기를 유지하도록 노력해야 한다고 설명했습니다. 그러나 실비는 자신에게는 충돌의 책임이 조금도 없다고 부인했어요. 좋지 못한 분위기의 유일한 책임은 앙드레와 근무 조건에 있다면서.

실비는 회의 때 다시 말다툼을 시작했고, 업무 결과를 늦게 제출했어요. 앙드레는 실비의 전근을 요청했습니다. 하지만 실비는 거절했고 노조를 찾아갔죠. 사무실 분위기는 숨을 쉴 수조차 없었습니다.

정말 이상한 건 직장 밖에서의 실비는 호감이 가는 편이란 거예요. 처음에 가끔 주말에 함께 영화를 보러 가거나 쇼핑을 하기도 했는데 실비는 상냥했고 기분도 좋았어요. 그런데 사무실에 오기만 하면 마귀할멈으로 변신하고 맙니다. 난 맡겨진 일에 비해 실비의 능력이 뛰어나서 문제가 생기는 거라고 믿어요. 실비는 역사학으로 석사 학위까지 받아서 우리 모두보다 학력이 높지만, 현 직업 시장의 상황으로는 이런 행정직에 만족해야 했죠. 이 직업을 받아들이거나 다른 것을 찾으려고 노력하는 대신 실비는 조직 서열을 원망하는 거예요.

실비에 대해 어떻게 생각하는가?

직장에서 실비는 '반대를 위한 반대'를 위해 존재하는 것 같다. 결정에 반박하고, 업무에 늑장을 부리며, 자신과 같이 반대 입장에 설 사람을 찾는다. 실비는 조직이 그녀에게 요구하는 모든 것들을 모욕적이라고 받아들이는 것 같다. 동료 직원 카롤의 이야기에 의하면, 앙드레는 긴장을 가라앉히려고 노력하는 좋은 상사라고 볼 수 있다. 실비가 그를 원망한다면, 그건 아마도 그 개인이 문제가 아니라, 그가 권력을 가진 인물을 대표하기 때문일 것이다. 더구나 실비는 은행 내 모든 서열의 정당성에 의문을 갖고 자신이 부당한 대우를 받는다고 확신한다. 그러므로 실비는 명령을 용납하지 못한다.

그러나 이 아집을 대놓고 표현하지는 않는다. 실비는 상사에게 목청껏 대들지 않는다. 자신에게 맡긴 일을 질질 끌고, 회의 때 토론에 참여하지 않으며, 회의에서 언급된 내용에 트집을 잡는다. 실비는 직접 싸움을 하지 않고 순진한 신참을 부추기는 것에 만족한다.

상사 면전에서 실비는 소극적인 저항을 하거나 우회하는 방식으로 반항한다.

직장 밖에서 실비는 그 어떤 것도 요구하지 않으면 매우 호감 가는 동료가 되므로, 그녀의 문제가 권위적인 관계 상황에 있다는 것을 증명해 준다.

지시받는 것을 용납하지 못하고 소극적으로 저항하는 실비는 수동공격성 성격의 특징들을 보여 준다.

수동공격성 성격

- 직업적으로나 개인적인 분야에서 타인의 요구에 습관적으로 저항한다.
- 권한을 가진 인물의 명령과 비판에 지나치게 반박한다.
- 그러나 방식은 우회적이다. 업무에 '늑장을 부리고', 일부러 무능하게 행동하며, 토라지거나 '잊어버린다'. 자신이 인정받지 못하고 무시당하며 부당한 대우를 받는다고 불평한다.

기업 세미나 때 간부들과 경영자들 그룹에게 이 성격을 설명하면, 가장 적의에 찬 반응이 터져 나온다. 사실 수동공격성 성격의 직원을 데리고 있는 것만큼 견디기 어려운 것도 없을 것이다. 직장에 나쁜 분위기가 형성되는 것이 확실한 데다, 그런 직원의 결정이 언뜻 보기에는 받아들여진다는 것을 보아야 하니까 말이다. 그러나 작업 수행에서 실수나 지연이 꼭 발견되는 것만은 아니다. 어떤 수동공격성 성격들은 견딜 만한 한계를 유지할 줄 알고, 어떤 이들은 그 한계를 넘어 버려서 좌천되거나 해고되기도 한다. 가끔은 자멸까지 초래할 수 있는 이런 행동들을 어떻게 설명하면 될까?

수동공격성 성격은 어떻게 세상을 볼까?

수동공격성 성격을 지닌 사람들의 신조는 다음과 같을 것이다. **"복종은 패배하는 것이다."** 명령 또는 단순한 요청일 때에도 이 성격의 사람들은 반항심이 생겨 불만을 터트린다. 그러나 이런 반항심을 솔직한 방식으로 표현하는 일은 매우 드물다. 왜냐하면 그들의 또 다른 신조는 "생각한 대로 말하면 위험이 너무 크다"이기 때문이다. 권위 앞에서 그들의 공격성은 수동적으로 표현되기 때문에 이 성격 유형의 이름이 되었다. 우리는 모두 수동공격성 행동을 목격한 적이 있다. 레스토랑에서 당신이 여전히 주문을 기다리고 있다는 걸 지적하자 더욱더 태평한 발걸음으로 주방을 향해 가는 웨이터, 방에 가서 숙제하라고 하자 침대에 누워 버리는 아이, 전화 통화를 너무 많이 한다고 나무라자 식사 시간에 늦게 나타나는 딸아이, 호출을 너무 자주 한다고 생각해서 일부러 늦게 오는 간호조무사, 당신이 질책하자 병가를 내 버리는 비서 등⋯. 이 모든 상황은 사장과 직원, 고객과 웨이터, 부모와 아이 등 두 사람 사이에 공통적으로 권위적인 관계를 전제로 하고 있다.

그런데 당신 스스로는 수동공격성 행동을 한 적이 한 번도 없는가? "상대가 상냥하게 뭔가를 요구하지 않으면, 하지 않도록 수를 써야지"라는 문장에 그렇다, 그렇지 않다 중 뭐라고 대답하겠는가? 과연 우리 모두는 수동공격성인 걸까?

수동공격성 성격 : 성격일까, 행동일까?

성격장애로 판명을 받으려면, 특정 행동들이 개인 삶의 모든 분야에서 그리고 평생 동안 거의 지속적인 방식으로 나타나야만 한다. 그런데 복종하기 싫어지는 특정 상황에서 수동공격성 **행동**을 가진 개인을 찾는 것은 쉽지만, 수동공격성 성격인 사람을 찾아내는 것은 좀 더 어렵다. 즉, 요청이든 명령이든 평생 동안 거의 모든 상황에서 수동공격성 행동을 보여야 하는 것이다.[1]

예를 들어, 많은 청소년들이 권위에 반항하는 단계를 거치며, 집이나 학교에서 수동공격성 행동을 보인다. 토라지거나 공부를 하지 않고, 가사에 참여하지 않으면서 부모에게 대드는 것이다. 그러나 이것은 정체성 확립과 심리적인 발달의 정상적인 단계다. 그래서 가정을 떠나거나 하릴없이 빈둥거리는 걸 그만두게 만드는 흥미로운 활동을 찾게 되면, 부모에게 반항하는 것을 그친다. 그러므로 성격장애가 아니라 그 나이에 빈번한 일시적인 행동 양식인 것이다.

그런데 모든 형태의 권위에 간접적으로 반항하는 것이 진정한 생활양식이 되어 버린 진짜 수동공격성 성격이 있진 않을까? 직업과 연애에서 계속 실패한 뒤 치료를 받으러 온 로랑스(32세)의 이야기를 들어 보자.

내 인생에 대해 이야기해 가면서, 청소년기부터 항상 반복되었던 상황이 있다는 것을 자각하게 되었습니다. 부모님이나 사장님, 애인 등 누군가에게 강요받는다고 느껴지면, 견딜 수가 없어져서 끝까지 밀어 내기 위해 온갖 수를 다 쓰다가, 결국에는 관계 단절로 끝나고 말았죠. 다른 사람들은 어떻게 하는지 모르겠어요. 나보다 더 온순한 걸까요, 아니면 좀 더 적절하게 자신을 지키는 걸까요?

예를 들어 내가 어울렸던 모든 사람들은, 마치 내가 복종하는 게 당연한 것처럼 내게 말하지 않고 결정을 내리는 순간이 항상 있었습니다. 전 남자친구인 알랭도 사무실로 내게 전화해 이렇게 말했어요. "이번 주말에 노르망디로 놀러갈 계획을 세워 뒀어." 난 바로 화가 났지만 아무 말도 하지 않았습니다. 노르망디를 좋아하지만 알랭이 나 대신 결정하는 건 견딜 수가 없었죠. 그래서 금요일 저녁에 사무실에서 늑장을 부리며 할 일이 너무 많다고 했습니다. 알랭이 내게 서두르라고 하니까 오히려 처리할 서류들을 더 많이 끄집어냈어요. 결국 그날 저녁 내가 너무 일을 늦게 끝내서 토요일 아침으로 출발을 미뤄야 했죠. 하지만 다음 날, 난 피곤하다고 불평하면서 여행을 하기에는 주말이 너무 짧다고 했습니다.

처음에 알랭은 진심으로 미안해했지만 나중에는 점점 내게 화를 냈습니다. 그래서 성적性的으로 보복을 하려고 그와 사랑을 나눌 마음이 별로 생기지 않는다고 말했어요. 당연히 알랭은 내 곁을 떠났고 나중에서야 그가 많은 여자들이 만나길 꿈꾸는 매력적인 사람이란 걸 알아차렸죠.

직장에서도 비슷해요. 부당한 결정이나 권위적인 요청이 있는지 노리고 있다가, 곧바로 모든 수단을 써서 늑장을 부리고 슬그머니 반대를 하거나 토라집니다. 모든 상사들이 내게 혐오감을 느꼈죠. 그러나 난 유능하기 때문에 꽤 오래 내 자리를 지킬 수 있었고, 상사들이 내게 자율성을 허락하면 만족시켜 주었습니다. 그렇게 상황이 잘 돌아갈 수도 있었지만 난 절대로 만족하지 않았고, 해고될 지경까지 항상 더 많은 자율과 자유를 요구했어요.

이제 알아요. 권위라면 그게 어떤 형태든 참지 못하는 것이 내 인생 전반에 영향을 준다는 걸…. 자동차 앞유리에 과태료 부과 통지서가 있으면 바로 그 자리에서 찢어버립니다. 과태료가 가중되고 모든 미납금에 대해 계좌 압류가 들어오는 걸 이미 겪어 봤는데도 말이죠. 호텔에서도 체크아웃 하는 날, 점심 전에 룸을 나와야 한다는 게 신경질이 나서 늑장을 부립니다.

내가 왜 이런지 이유를 모르겠어요. 아니, 조금 의심이 가는 건 있죠. 아버지는 매우 권위적이셨고 모든 사람을 당신 뜻대로 움직이려 하셨어요. 어머니가 피곤하다고 불평하시면서 싫은 표정 지으시는 걸 오랫동안 봐 왔어요. 함께 외출을 해야 할 때면 아버지가 폭발할 때까지 어머니는 외출 준비에 늑장을 부리셨어요. 아버지는 나와 언니에게도 매우 권위적이셨죠. 외출 시간과 옷 입는 방식을 통제하셨고, 우리가 어울려도 되는 친구들이 누구인지 선택하셨어요. (아버지를 닮은) 언니는 아버지에게 난폭하게 대들면서 바로 문을 박차고 나갔어요. 하지만 난 아버지의 분노가 무서워서 감히 그러지 못했습니다. 그래서 어머니처럼 교활하게 반항하기 시작했어요. 늑장을 부리고 학교 공부를 안 하고 식탁에서 예의를 지키지 않았죠. 마침내 아버지를 화나게 만들면, 막연한 만족감을 느꼈습니다. 어머니가 보이신 반응 방식에 뭔가 원인이 있지 않나 싶어요.

로랑스는 자신의 문제를 제대로 자각했다. 이것은 필요한 단계이지만 진정한 변화를 이루기에는 충분하지 않다. 발전된 모습은 나중에 보도록 하자.

영화와 문학에 등장하는 수동공격성 성격

심농Simenon의 소설을 원작으로 피에르 그라니에-드페르Pierre Granier-Deferre가 연출한 영화 〈고양이Le Chat〉(1971)에서 장 가뱅과 시몬 시뇨레는 서로에게 모욕을 주고 수동공격성 행동으로 맞서면서 파탄에 이르는 늙은 부부를 연기했다. 결혼하기 전에는 보지 말 것.

함장의 편집성 성격으로 이미 인용한 바 있는 허먼 오크Herman Wouk 원작에 에드워드 드미트릭이 연출한 〈케인호의 반란The Caine Mutiny〉(1954)에서, 키퍼 중위는 겉으로는 상사에게 복종하지만, 나중에는 명령에 이의를 제기한다. 수동공격적인 만족감과 함께 자기 시간의 대부분을 침대에 누워 보내면서 승무원들이 함장에게 반항하게 만든다.

수동공격성 성격에 어떻게 대처하면 될까?

▪ 상냥하게 대하자

수동공격성 성격을 지닌 사람들은 배려가 부족하다고 보일 수 있는 모든 것에 매우 예민하다. 쌀쌀맞은 표정이나 거친 방식으로 그들에게 뭔가를 요청하면 그들의 반감을 바로 자극하게 된다. 당신이 그들이라고 생각해 보라. 최근에 상사가 당신에게 뭔가를 무뚝뚝하게 명령했을 때 당신은 어떻게 반응했는가? 상사의 결정에 동의한다고 해도 그의 권위적인 분위기에 짜증이 났기 때문에 수행하고 싶지 않은 욕구를 느꼈을 것이다. 수동공격성 성격들이 이렇게 꾹 참고 있는 분노를 자주 느낀다고 상상해 보라. 그들을 상냥하게 대하는 것이 별 문제를 일으키지 않는 것임을 이해하게 될 것이다.

　그러므로 당신과 상대 사이에 권력 관계가 존재하더라도, 상냥한 표정을 지을 시간을 1초라도 더 가져 보거나 그의 관점을 이해한다는 문장을 과장해서 덧붙여 보자.

　예를 들어 당신이 레스토랑에서 주문을 한 지 이미 10분이 훨씬 넘었는데 아무것도 서빙이 되지 않았다. 뚱한 표정을 하고 있는 웨이터를 불렀다고 하자. 다음 버전들을 비교해 보라.

　• 첫 번째 버전 : "10분 넘게 기다렸어요! 믿을 수가 없군요! 좀 서두르시죠!"

　• 두 번째 버전 : "제가 좀 바쁩니다. 사람이 많은 건 알지만 서둘러 서빙해 준다면 고맙겠어요."

두 버전 다 결과는 보장할 수 없지만 첫 번째는 수동공격성 반응을 불러일으킬 것이 뻔하다. 웨이터가 서둘러 당신의 요리를 가져올지는 몰라도 어떤 방식으로든 당신에게 벌을 주려고 애쓸 것이다. 가령 식기 중 하나를 가져오는 걸 '잊어버리거나', 당신이 계산하려고 하는 순간 사라져 버리거나 옆 테이블에 시끄러운 손님들을 앉힐 수도 있다.

장 아누이Jean Anouilh의 한 연극에서 부르주아 가족의 집사는 혁명 이후, 그 전에 섬겼던 가족을 감시하는 관리인이 된다. (혁명가들은 혁명 전 부르주아들의 일상이 어땠는지 민중에게 보여 주기 위해 이 가족을 원래의 집에 그대로 살게 하지만, 집을 영구적인 박물관으로 바꿔 버린다.) 관리인은 앙시앙 레짐Ancien régime의 시대에 가족들의 권위적인 행동에 화가 날 때면 교활하게 복수했다고 가족에게 털어놓았다. 수프를 서빙하기 전에 그 안에다 소변을 본 것이다! 수동공격성 행동의 극치는 공격성이 단지 간접적일 뿐 아니라 목표 대상에게는 보이지도 않는다는 것이다! 예의범절이 사회생활을 쉽게 만들어 주듯이, 수동공격성인 사람들과의 관계에서는 특히 더 그렇다.

또 다른 예가 있다. 다음날이 되기 전까지 당신의 비서에게 일련의 서류들을 워드로 입력해 달라고 해야 하는 상황이다. 그런데 그렇게 되면 이미 쌓인 일이 많기 때문에, 비서는 야근을 해야 한다.

- 첫 번째 버전 : "받아요. 이걸 워드로 친 보고서가 내일 반드시 필요해요."
- 두 번째 버전 : "당신 일정이 매우 바쁜 건 알지만(과장된 표현)

내일 아침 이 보고서가 반드시 필요해요. 알아서 해줄 수 있겠어요?"

이 두 번째 예에서 당신은 비서에게 자율성의 여지를 주었다. 비서는 보고서를 워드로 쳐야 하지만, 당신은 비서가 무엇을 먼저 입력해야 하는지 우선순위를 정하도록 기꺼이 도와준 것이다. 어떤 면에서는 비서가 업무 계획에 참여하도록 권유한 것이다. 이런 접근의 유익을 나중에 살펴볼 것이다.

■ 가능하다면 매번 그의 의견을 물어보자

카트린의 이야기다.

> 난 기성복 회사에서 옷감 선택을 담당하고 있어요. 그다음은 내 부사수가 옷감을 주문하거나 생산하도록 맡겨야 하죠. 내가 선택한 옷감들의 목록을 부사수에게 주고 그 이후는 알아서 하도록 맡기고 있었어요. 그러나 공장에 주문을 했는데 문제가 생기면 부사수는 그걸 해결하거나 협상하려는 노력을 전혀 하지 않고 납품업체의 의견을 그대로 따르더군요. 그리고 내가 예상한 것과는 다른 샘플이 오거나 늦게 오면, 납품업체 때문에 힘들었다고 설명합니다. 대부분 사실이지만 똑똑한 사람이니까 부사수가 원했다면 충분히 해결할 수 있었을 겁니다.
> 그걸 알아챈 건 납품업체와의 문제를 내가 나서서 직접 해결하려고 할 때였죠. 이미 난 일이 많은 데다 부사수가 있는 이유가 뭐겠어요? 부사수에게 설명을 요구하려 했지만 그가 예민하다는 걸 눈치채고 있었으니까 그러다간 관계가 끝나겠다 싶었죠. 어쩌면 단순히 하수인이라

고 느껴져서 견디기가 어려웠는지도 몰라요. 그다음 번에 차기 컬렉션을 위해 내가 선택한 것들을 보여 주면서 그의 생각을 물어보고 제안할 게 있는지 물어 봤습니다. 놀란 듯이 보였고, 몇 가지 지적을 해줬는데 상당히 타당한 것도 있었어요. 난 그 모든 것에 관심을 갖고 몇 개는 그대로 했죠. 이번에는 납품업체와 문제가 전혀 없었어요. 부사수는 자신이 참여해서 그런지 내 의견을 옹호해 줬거든요.

자기 의지를 과하게 강요하는 대신 곰곰이 생각할 줄 아는 카트린 같은 사수를 많은 사람들이 원한다. 카트린은 현장 연구들을 통해 확인된 근본적인 심리학적 진리를 깨우쳤다. 사람들이 **업무와 관련된 결정에 참여했다고 생각하는 순간 자기 일에 더 만족한다는 것이다.**[2]

물론 모든 결정에 참여시킬 수는 없지만, 상사들은 직원들을 일과 관련된 결정에 충분히 참여시키지 않으려고 해서 어느 정도 고의적인 '방해 공작sabotage'과 제동을 불러일으키기도 한다. 가끔은 경영 실수 때문에 팀 전체가 수동공격적이 되기도 한다.

■ 직접적으로 표현하도록 도와주자

수동공격성 행동은 공격성을 표현하는 간접적인 방식이다. 이렇게 행동하는 사람은 이런 방식이 불화를 직접적으로 표현하는 것보다는 위험이 적다고 느낀다(가끔은 이게 옳기도 하다). 그러나 어떤 때는 불화를 직접적으로 표현하도록 권하는 것이, 겉으로 드러나지 않는 갈등을 의논을 통해 (일부) 해결할 수 있게 해준다.

수동공격성 행동을 하는 사람들이 당신이 권유할 때 솔직하게 표현한다면 모든 것이 무척 간단해질 것이다. 하지만 어떤 사람들은 너무 소심해서 감히 표현하지 못한다. 대개의 수동공격성 사람들은 다음 부부의 이야기처럼 이유가 좀 더 복잡하다. 아내 마르틴과 부부 상담에 참여한 에르베(36세)의 이야기다.

날 가장 화나게 만드는 마르틴의 행동 중 하나는 이런 거예요. 저녁식사 이후에 내가 신문을 읽는 동안 아내는 그릇들을 식기세척기에 넣고, 안 들어가는 조리도구들은 직접 설거지해요. 그런데 물건들을 부딪쳐 가며 몹시 시끄럽게 그릇을 닦죠. 짜증이 난 내가 일어나서 도와주겠다고 하면 아내는 굳은 표정으로, 어차피 나는 물건을 자기보다 잘 정리할 줄 모른다면서 됐다고 합니다. 내가 다시 제자리로 돌아오면 좀 더 조용하게 정리를 끝내지만 다음날 저녁이면 다시 시작됩니다. 너무 시끄럽다고 하면 밖에 나가서 산책이나 하고 오면 되지 않느냐고 해요.

결국 난 치료사와 함께 부부 상담 시간에 그 문제에 대해 얘기를 꺼냈습니다. 아내는 내가 자기와 이야기를 별로 하지 않아서 저녁에 내게 화가 났다는 거예요. 그걸 이야기하기까지 엄청난 시간이 걸렸습니다. 믿을 수 없었죠. 비록 완전히 실패했어도 대화하려는 노력을 한 건 나였거든요! 그때서야 시끄럽게 소리를 내며 그릇들을 정리한 것이 날 벌하는 방식이었다는 걸 알았죠. 아내는 나에 대한 노여움이 너무 많아서, 개선해 보려는 내 노력이 결실을 보지 못한 것이었어요. 내게 쏟아놓을 원한이 아내에게 너무 많았던 겁니다.

난 아내가 기대하는 남편상에 맞지 않았던 것 같아요. 서로가 최대한 노력을 했는데도 불구하고 서로 이해하지 못했던 겁니다. 우린 이

혼을 고려하기 시작했고, 치료사는 과한 충돌 없이 이혼이 이뤄지도록 도와주고 있습니다.

이 예는 먼저 부부 상담이 어떻게 해서든 부부 사이를 유지하는 것만이 목표가 아니라, 가끔은 갈라서는 것도 도와준다는 것을 알려 준다. 또 마르틴의 예는 가끔은 수동공격성 행동을 통해 보복하지만, 우회적으로 복수하는 방법을 제거당하지 않으려고 딱히 설명을 하지 않는다는 걸 보여 준다. 이런 경우에도 그 행동을 지적하면, 그게 고의가 아닌 척 가면을 쓰지는 못하게 된다. 프랑크가 마르틴에게 "당신 소음을 많이 내는군. 내게 뭔가 할 말이 있는 것 같은 느낌이 드는데"라고 했다면, 마르틴은 분명 부인했을 테지만 소음을 계속 내기는 힘들었을 것이다.

약간 변형된 상황 역시 잘 알려져 있다.

"왜 뚱한 표정이야?"

"아니, 전혀, 화난 거 아니야." (하지만 친구들과 함께한 저녁식사 시간에 당신이 내게 충분히 관심을 가져 주지 않았기 때문에 당신에게 벌주기 위해 저녁 내내 싫은 표정을 계속 짓고 있을 거야.)

■ 사회생활의 룰을 일깨워 주자

현재의 아이들은 한두 세대 전보다 훨씬 덜 권위적인 방식으로 양육되고 있다. 당신이 부모로부터 받은 교육과 당신이 자녀들에게 하는 교육을 비교해 보라. 같은 나이에 당신에게 허락됐던 자유보다 훨씬 더 많은 자유를 자식들에게 허락해 주고 있음을 확인하게 될 것이다.

그 누가 아직도 식탁에서 아이들이 말하는 걸 금지하고 물어 볼 때만 말을 하라고 하겠는가? 학교에도 똑같은 변화가 일어났다. 처벌은 점점 드물어졌고, 교사들과 사감들도 그들이 학생이었던 때의 교사 세대보다 학생들에 대한 걱정을 덜하고 있다. 학급에서도 학생들에게 발언권을 보장하고, 학생들은 교사의 제안에 반박할 준비가 되어 있으며 이를 장려하는 교사들도 있다. 권위의 역사적인 보루인 군대에서조차 고압적이고 좀스러운 선임 이야기는 점점 현실과 동떨어져 가고 있다. 달리 말하면 새로운 세대는 어릴 때부터 자신의 생각을 표현하고 참여하는 것에 익숙하다.

이런 세대가 직업 세계에 들어서서 권위적인 상사를 만나게 되면 어떤 일이 벌어질까? 어릴 때부터 권위적인 부모에 익숙하고, 권위적인 교사와 고압적인 선임을 만났던 이전 세대보다는 분명 잘 버티지 못할 것이다. 현재 많은 젊은이들에게 직업 세계는 이의 없이 받아들여야 하는, 처음 맛보는 강압적인 경험일 것이다. 그러니 많은 아랫사람들이 '지시를 받고' 상사로부터 정당성을 의심받는 것을 견디지 못하는 것은 놀라운 일이 아니다. 게다가 젊은 샐러리맨들은 그들의 상사가 그들 나이에 갖지 못했던 자격 수준을 갖추고 있기 때문에, 상사의 결정에 반박할 이유를 언제나 갖고 있다. 하지만 직업 시장의 슬픈 상황으로 비추어 보아 그것을 공개적으로 표현하는 것은 너무 위험하므로 수동공격성 행동으로 자신들의 불만을 표현한다.

그러므로 가능하다면 매번 참여 경영을 격려할 수밖에 없는 것이다. 이는 새로운 세대의 필요와 습관에 부합하며, 가정이든 학교든 부부 사이든, 또는 심지어 의사가 내리는 결정에서도 의사가 설명해 주기를 바라는 환자들이 있듯이[3], 의사-환자 관계에서조차 평등한 관계를 지향하는 사회의 가치에 부합하기 때문이다. 하지만 이것이 언제나 가능하진 않으므로 권위적인 관계만큼이나 수동공격성 행동 역시 오래오래 존재할 것이다.

악한 의도를 갖고 반복하는 이런 행동 앞에 사회생활의 룰을 알려 준다면 쓸모가 있을 것이다. 모든 타협 시도가 실패했을 때 수동공격적인 직원 앞에서 사용할 수 있는 짧은 경영적인 화법을 아래에 제안하려 한다. 핵심 목표는 권위적인 관계의 열기를 가라앉히는 것이다.

"몇 주 전부터 직장에서 자네 태도가 문제가 되고 있네. 여기 몇 가지 예가 있네…(**구체적인 행동들을 묘사하라**). 자네가 할 일이 많이 있다는 것을 알지만 내가 자네에게 요구한 몇몇 업무들을 받아들이지 못하는 느낌이 들어(**당신의 관점을 알려 주라**). 자네의 견해를 표현할 기회를 주었지만 자네는 하지 않았어(**명확한 행동을 묘사하라**). 항상 재밌는 것만은 아닌 업무를 하는 게 힘들 수도 있다는 걸 나도 이해하네. 어쩌면 자네의 가치를 떨어뜨리는 일처럼 여기는 건 아닌가?(**과장된 표현**). 하지만 이곳에는 사회생활의 룰이 있다는 걸 자네에게 상기시켜 줘야겠네. 내가 자네에게 기대하는 업무를 잘하라고 자네는 월급을 받는 거야(**사회적인 룰을 상기시킴**). 자네는 그게 유쾌하지 않을 수도 있고, 다른 흥미로운 다른 업무가 자네에게 어울린다고 생각할 수도 있어(**과장된 표현**). 그럴지도. 어쩌면 내가 자네 상사로서 자격이 충분치 않다고 생각하는지 모르겠지만 그건 자네 마음대로 생각하도록 내버려 두겠네(**과장된 표현**). 그렇지만 나와 함께 계속 일하고 싶다면 자네는 룰을 받아들이는 게 좋을 걸세(사회적인 룰을 상기시킴). 앞으로 몇 주 동안 내가 자네에게 기대하는 것은…"

이 화법에는 두 가지 메시지가 있다.

- 그에게 관심을 할애한다는 걸 보여 준다. 자율적인 생각과 감정을 가진 인간처럼 인정한다는 걸 보여 준다.
- 당신과 상대 사이의 권위적인 관계가 개인적인 것이 아님을 상기시킨다. 당신이 우위에 있음을 전제로 하지만 당신이나 그와는 무관한 사회적인 룰이 상황에 연결되어 있음을 알려 준다.

이런 스타일의 화법이 모든 문제를 해결할 거라고 믿을 만큼 순진하진 않지만 그래도 시도해 보길 권한다.

이렇게 하지 말라

■ 그의 반항을 알아채지 못한 것처럼 행동하지 말자
무엇보다 당신의 배우자나 직원이 '싫은 표정을 짓고 있다면', 반응을 보이지 않고 그냥 지나가길 기다리고 싶어질 수 있다. 대부분의 경우 이런 태도는 틀린 것이다. 수동공격성 행동이 사실은 당신에게 뭔가를 말하려는 방식임을 잊지 말라. 어떤 메시지도 감지하지 못한 척하면, 상대방은 당신이 반응할 때까지 경매에서 입찰하듯 강도를 계속 높일 것이다. 그러므로 나쁜 의도나 토라지기, 감춰진 보복 비슷한 걸 감지하면 바로 질문하며 반응하라.

예를 들어 시무룩한 표정을 한 배우자 앞에서 "뭔가 언짢은 일이 있는 것 같은데. 내 말이 맞지?"라고 묻는다. 이 질문으로 당신은 상대방이 수동공격성 행동 속에 편안히 자리 잡는 것을 막는다. 오래 지속된 관계(배우자, 직장 동료)에서 이런 방법으로 상대방이 더 빨리 그리고 더 솔직하게 불만을 표현하도록 이끄는 것이다.

■ 부모 같은 방식으로 그를 비판하지 말자

수동공격성 행동은 권위에 대항하는 반항의 한 형태다. 우리에게 첫 번째 권위의 모델은 바로 우리의 부모다.

• 우리는 부모에게 들었던 방식대로 비판을 하는 경향이 있다. 즉, 옳고 그른 개념에 호소하는 교훈적인 화법을 사용하는 것이다.
• 우리는 아이처럼 다뤄지는 느낌을 싫어하기 때문에 이렇게 표현되는 비판을 견디지 못한다.

그러므로 "당신 행동은 용납할 수 없어", "정말 수치스럽군", "당신이 한 건 정말 부적절해" 같은 문구처럼 비판하는 공식은 아예 추방하도록 노력하라. 옳고 그름에 호소하는 대신 당신이 비판하고자 하는 상대의 행동이 미치는 영향을 묘사하라.

• 이렇게 말하지 말라 : "자네 또 늦었군. 용납할 수 없네. 이건 모두에게 무례한 행동이야"(교훈적인 화법).

• 이렇게 말하라 : "오늘 아침 자네는 회의에 또 늦었더군. 이건 팀의 업무를 방해하고(업무에 미치는 영향) 날 언짢게 만든다네"(당신에게 미치는 영향).

우리 입에서 가장 무의식적으로 나오는 비판이 교훈적인 화법이라는 사실에 모든 어려움이 있다. 왜냐하면 이런 비판을, 한창 배우는 나이인 유년기와 청소년기 내내 들었기 때문이다.

■ 상호 보복의 게임 속으로 말려들지 않도록 하자
새로운 남자를 만나기 시작한 이혼한 어머니와의 '어른스런' 관계에 대해 마리 폴(16세)이 치료사에게 한 이야기다.

새 남자친구와 매일 밖에서 저녁을 보내는 엄마에게 짜증이 나서, 엄마보다 더 늦게 들어갔더니 걱정이 되신 것 같아요. 용돈이 적으면 아마 밖에 덜 나갈 거라는 생각에 엄마는 용돈을 줄이는 벌을 주셨죠. (엄마가 잘못 짚었어요. 내겐 항상 돈을 내주는 남자친구가 있거든요.) 난 집안일 하는 걸 '잊어버리는' 것으로 응수했어요. 엄마는 내 옷을 더 이상 세탁하지 않는 걸로 반격했죠. 난 몇 시간이고 전화통화를 했어요. 엄마를 화나게 한다는 걸 아니까. 그 결과 엄마는 남자친구와 주말여행을 떠나겠다고 선언했죠. 집안 분위기는 숨쉬기도 힘들어졌어요.

마리 폴과 어머니는 상호 보복 게임에 들어섰는데, 이는 가족이나 부부 생활에서 흔히 일어나는 일이다. 상황의 진정한 쟁점은, 어머니가 자신에게 신경을 써 줬으면 좋겠다는 본심을 이 반항적인 청소년이 한 번도 명확하게 표현하지 않았다는 데 있다. 아마도 자신을 어른처럼 여기는 마리 폴이 이런 애정과 관심을 필요로 한다는 것을 인정하고 싶지 않아서일 것이다. 이 이야기에서 치료사는 마리 폴이 아직도 어머니가 필요하다는 걸 인정하도록 도와주고 어머니에게 직접적으로 표현하도록 격려해야 한다.

| 수동공격성 성격에 대처하기 |

이렇게 하라

- 상냥하게 대하자.

- 가능하다면 매번 그의 의견을 물어보자.

- 직접적으로 표현하도록 도와주자.

- 사회생활의 룰을 일깨워 주라.

이렇게 하지 말라

- 그의 반항을 알아채지 못한 것처럼 행동하지 말자.

- 부모 같은 방식으로 그를 비판하지 말자.

- 상호 보복의 게임 속으로 말려들지 않도록 하자.

당신의 상사라면 : 줄을 갈아타라. 상사의 실각에 당신을 끌고 들어갈 위험이 있다.

당신의 배우자라면 : 솔직하게 표현하도록 이끌자.

당신의 직장 동료라면 : 그를 만나기 전에 이 장을 다시 읽어 보라.

🛋 당신은 **수동공격성 성격 특성**을 갖고 있습니까?

	그렇다	그렇지 않다
1. 대부분의 상사들은 그 자리에 있을 자격이 없다.		
2. 누군가에게 복종해야 하는 것은 견디기 힘들다.		
3. 일을 시킨 사람에 대한 원망 때문에 업무를 일부러 질질 끌며 하는 일이 자주 있다.		
4. '토라진다'는 비난을 듣는다.		
5. 일부러 회의에 안 가 놓고 아무도 시간을 안 알려 줬다고 한 적이 있다.		
6. 가까운 사람이 날 불쾌하게 만들면, 이유를 말해주지 않고 소식을 끊는다.		
7. 상대방이 상냥하게 요청하지 않으면 그 일을 하지 않는다.		
8. 업무를 일부러 '대충' 하거나 '엉터리로' 한 적이 있다.		
9. 남들이 날 재촉할수록 더 천천히 한다.		
10. 상사들에게 항상 불만을 갖고 있다.		

11

"다른 사람을 만나면 난 상처받을 거야!"

회피성 성격에 대처하는 법

마리(25세)의 이야기다.

청소년기에 동생 뤼시는 나보다 외출이 적었어요. 뤼시한텐 오랜 친구 두세 명이 있었는데 항상 같이 모여 비밀 이야기를 하느라 바빴지만, 피곤하다, 끝내야 할 일이 있다, 지루할 것 같다 등등 온갖 핑계를 내세우며 파티 같은 곳엔 거의 가지 않았죠. 우리가 함께 갈 때면 동생은 겁먹은 표정으로 어디든 나만 따라다녀서, 동생이 대화에 슬그머니 끼어들도록 내가 나서서 친구들과 이야기를 시작해야 했어요. 그나마 말도 별로 없어서 남들이 하는 얘기에 항상 동의하기만 했죠.

학교에서 동생은 우등생이었지만 대학입학자격시험에서 구술시험을 치러야 하는 것이 가장 큰 공포라고 했고, 시험 보는 날 너무 떨어서 분명히 불합격할 거라고 말했어요. 결국 서술시험으로 단번에 합격해 버렸죠.

집에서는 순하고 소극적이어서 자기랑 비슷한 엄마와 잘 지냈어요.

반면 권위적이고 폭군인 데다 항상 남들을 대신해서 결정하려고 하는 아빠를 두려워하는 것 같았어요. 내가 아버지에게 반항하기 시작했을 때에도(난 문을 박차고 집을 떠났습니다), 동생은 아버지와 충돌하지 않는 것에 만족했어요.

동생은 남자친구가 없었습니다. 한 남자애를 정말 좋아했었다는 걸 알고 있는데, 동생은 그 어떤 티도 내지 않았어요. 학업에서는 대학에 갈 수 있는 좋은 성적을 냈는데도, 전문학교에서 회계장부 작성법을 전공하고 싶어 했어요.

동생은 무척 성실해서 사장이 매우 아낀다고 해요. 저는 동생에게 연봉 인상을 요구하라고 재차 말했지만 동생은 감히 그러지 못했어요. 사실 동생을 생각하면 언제나 자기 능력보다 못하게 살고 있는 것 같아요.

뤼시에 대해 어떻게 생각하는가?

뤼시는 구술시험이나 파티에서 새로운 사람들을 만나는 것, 호감이 가는 사람에게 흥미를 보이는 것과 같이 거절당하거나 당황할 위험이 있는 모든 상황에 강한 두려움을 보인다. 뤼시는 거절에 과민하다고 할 수 있다.

거절당할 위험을 없애 버리기 위해 걱정할 것이 전혀 없는 오랜 친구들만 만나면서 '위험이 있는' 모든 상황을 피한다. 새로운 사람들을 만날 때도 뤼시는 언니의 보호 아래 만나고, 그 사람들이 하는 말에 무조건 동의하면서 절대 반대하지 않는다. 마찬가지로 부모와의 갈등이 시작되는 통상적인 나이에 들어섰을 때도 아버지와의 대결을 피했다.

실패와 거절에 대한 지나친 걱정 때문에 뤼시는 자신이 확실히 능숙하게 다룰 수 있는 상황만 선호하게 되었다. 뤼시는 자신을 인정한다고 확신하는 오랜 친구들만 만난다. 아버지에게 맞서는 시도는 전혀 하지 않는다. 또한 직업적인 성실함 덕분에 자신을 받아줄 거라고 확신이 드는, 틀에 박힌 직업을 선택한다. 뤼시는 연봉 인상을 요구하지도 않고, 다른 고용주를 찾아가는 위험은 감히 시도하지도 못한다. 그런 일자리도 감지덕지하는 것처럼 보이니, 그녀의 자존감이 낮다고 가정할 수 있다.

뤼시는 회피성 성격의 모든 특징을 갖고 있다.

회피성 성격

- 과민증 : 비판받거나 놀림을 당할까 봐 특히 걱정한다. 웃음거리가 될까 봐 두려워한다.

- 다른 사람으로부터 무조건적인 호의를 받을 거라고 안심하지 않는 한 사람들과 만나고 친해지는 것을 피한다.

- 새로운 만남이나 주목받는 자리, 친밀한 관계를 발전시키는 것과 같이 상처를 받거나 당황할까 우려되는 상황들은 피한다.

- 자기 경시 : 자존감이 약하고, 자기 능력을 과소평가하거나, 성공적으로 해 낸 일도 평가절하한다.

- 실패할까 봐 두려워서 앞에 나서지 않는 역할에 그치거나 능력에 못 미치는 일을 하기도 한다.

학자들에 따르면 회피성 성격에는 두 가지 유형이 존재한다고 한다.[1]

- 뤼시의 경우처럼 어떤 사람들은 매우 큰 불안을 느끼지만 소수의 사람들과는 긍정적인 관계를 맺는 것이 가능하다.
- 다른 사람들은 불안한 동시에 매우 예민해서, 오래 지속되는 긍정적인 관계를 맺는 데 필요한 신뢰를 하지 못하여 고통스러운 고립 가운데 살아간다.

이 두 유형 간의 차이는 아마도 어린 시절에 부모와의 관계가 어떠했는지가 좌우하는 것으로 보인다.

물론 회피성 성격으로 규정하려면 구술시험 전에 덜덜 떠는 것으로는 충분하지 않다. 남몰래 사랑하는 사람 앞에서 말을 더듬는 것도 마찬가지다. 성격장애라고 말할 수 있으려면 각 장마다 인용한 특징(여기서는 과민성, 자기 경시)이 직장에서든 친구 사이에서든 거리에서든 가정에서든 사실상 인생의 모든 분야에 걸쳐 지속적으로 나타나야 한다.

사내아이든 여자아이든 많은 청소년들이, 회피성 성격과 굉장히 유사한 특징이 발달하는 단계를 거친다. 자기 가치에 대한 확신이 없어서 콤플렉스가 많고, 소심하며, 쉽게 얼굴이 붉어지고, 무엇보다 당황하거나 웃음거리가 될까 봐 걱정한다. '무리'에 끼지 않고 파티에 가는 걸 거부하며, 몇 시간이고 오랜 친구들과 비밀 얘기를 주고받는 걸 선호한다. 그러나 이 불확실하고 '혼란스러운' 단계는 흔한 것으로 성격 발달 과정에서 피할 수 없는 시기다. 조금씩 성공을 경험하고, 남들에게 받아들여지고 인정받는 느낌을 갖게 되면서 더욱 자신감을 갖게 된다. 이전에는 소심한 청소년이었다가 성숙한 어른이 되는 것이다.

회피성 성격들은 이러한 행복한 진화가 일어나지 않는다. 자신에게 확신이 없는 상태로 남아 옹색한 생활이라 할지라도 기를 쓰고 안전한 것을 찾는다.

뤼시는 세상을 어떻게 볼까?

뤼시는 웃음거리가 되고 미숙해 보이거나 거절당할까 봐 두려워하며 산다. 뤼시는 타인이 자신에게 특별히 적대적이라고 생각하진 않지만, 남들의 마음에 들 만한 조건들이 자신에게는 없다고 여긴다. 자신이 남들보다 열등하다고 느껴서 그것을 사람들이 눈치챌까 봐 걱정한다. 뤼시의 믿음 중 하나는 아마 "나는 **열등하다**"일 것이다. 또 다른 믿음은 분명 "**다른 사람들과 만나면 난 상처받을 것이다**"라는 믿음일 것이다. 이 두 번째 믿음 때문에 뤼시는 사람들과 만나는 것을 스스로 제한하고 아무 걱정이 안 들 만큼 잘 아는 오랜 관계만 만난다.

대학 교수인 자크(42세)의 이야기를 들어 보자.

내가 기억하는 한 나는 언제나 '소심'했고 남들보다 열등하다고 느꼈습니다. 아버지가 군인이라는 사실은 도움이 되지 않았어요. 우선 아버지는 권위적이셨고 난 그런 아버지가, 특히 어머니까지도 무섭게 만드는 아버지의 분노가 두려웠어요. 그래서 어린 시절과 청소년기에 아버지를 화나게 할까 두려워서 '얌전히 순종'하거나 아버지의 관심을 받아 보려고 애썼어요. 그런 데다 아버지의 직책이 바뀔 때마다 우린 이사를 다녀야 했고, 거의 2년마다 새 학교로 전학을 가서 항상 '전학생'으로 지내야 했습니다.

전학 간 날 새 학급에서 나를 부르길 기다리던 날들이 마치 악몽처럼 떠오릅니다. 새 학급 친구들과 선생님이 지켜보는 가운데 교실 안으로 들어가는 것은 내게 고문이었죠. 감히 다른 아이들과 어울리지 못했고 조금씩 친구를 한두 명 사귀게 되었을 때면 아버지는 또 다른 도시로 전근을 가야 하셨어요.

상상하실 수 있듯이 내 청소년기는 힘들었습니다. 대학교 1학년 때는 마침내 남자와 여자들 '무리'에 어울리게 됐어요. 그룹에 녹아들려는 것처럼 그들이 하는 말이라면 뭐든 동의했죠. 항상 도와줄 준비가 되어 있었고, 기꺼이 내 물건들을 빌려주며, 그들을 도와주었습니다. 우리 중 누군가의 생일을 축하할 때 가장 멋진 선물을 가져오는 건 항상 나였어요. 물론 난 언제나 너무 '친절'했지만 그걸 잘 깨닫진 못했죠. 남들은 날 받아주었고 몇몇은 날 좋아했다고 믿지만, 남자들 한두 명은 가끔씩 비꼬면서 내가 뭐라 반응할 수 없는 지적을 하곤 했습니다. 좀 더 거친 그룹에 속해 있었다면 난 희생양이 되었을 겁니다. 여자들은 날 좋아했어요. 내가 다른 사람들보다 더 민감하니까 비밀을 털어놓는 상대로 삼았고, 난 그 역할을 기꺼이 받아들였습니다. 그녀들 중 누군가에게 반해 버렸지만 당연히 그 역할에서 벗어나긴 어려웠어요. 사랑을 고백하지 못해서 크게 고통받기 시작했고 몇 번의 드문 시도도 끝을 보지 못했습니다.

마침내 나보다 더 미숙해서 나를 판단할 걱정이 없는 여자에게 끌리게 되었습니다. 나보다 '낮은' 사회 계층 출신이었기 때문에 그녀의 가족에게 주눅 들지 않았지요.

직업 선택은 그냥 정해졌었어요. 직업 세계의 거친 경쟁에 적응할 가능성이 전혀 없다고 확신했기 때문에 내가 편하게 느끼는 곳에 머물기 위해 최선을 다했습니다. 바로 대학이었죠. 난 필요한 모든 단계를 거쳐 부교수 자리를 얻었습니다.

대학은 안심이 되는 환경이었기 때문에 괜찮아지기 시작했어요. 동료 교수들은 심술궂지 않았고 자주 볼 필요도 없었죠. 게다가 난 내 학문 분야에서 꽤 알려진 전문가가 되었고 대학 명성을 높이는 데 기여하게 되었어요. 아내와의 관계는 좀 지루했지만, 아내는 내게 안정감을 주었고 난 내 일로 도피했습니다.

학생들 중 한 명이 나를 사랑하게 되면서 모든 게 어긋나고 말았어요. 물론 난 조심스럽게 저항했지만 그녀는 강했죠. 그 학생은 내가 스무 살 때 감히 접근하지 못했던 여자들을 닮았어요. 그렇게 매력적이고 똑똑한 여자에게 사랑받는다는 느낌이 내가 한 번도 가져 보지 못한 자신감을 줄 거라고 믿었습니다. 이런 말은 정말 끔찍하지만, 내게는 그녀가 일종의 치료제였던 것 같아요.

결국 우리의 불륜은 끝이 났고 아내는 아무것도 모릅니다(아니면 아무것도 모르는 척하거나). 이 새로운 자신감이 내게 다른 인생을 살고 싶다는 욕구를 느끼게 해서 매우 번거하고 있습니다. 더 이상 안심하기 위해 지금의 아내와 결혼했던 남자가 아니란 걸 깨달았거든요. 동시에 아내에게 애정이 있으므로 고통을 주고 싶지 않습니다. 아이들에게 미칠 일은 별개로 하고요. 내가 계속 소심했다면 더 평안했을 거란 생각을 가끔 합니다.

이 예는 한 개인에게 우선은 유익할 수도 있는 변화가 어쩌면 새로운 난관의 원인이 될 수도 있음을 보여 준다. 이는 치료가 성공한 이후에 가끔 닥칠 수도 있는 문제다. 더구나 불륜은 한 사람 또는 관련된 여러 사람들에게 높은 심리적 대가를 치르게 하기 때문에 마치 치료의 대안처럼 권장되면 안 된다!

영화와 문학 속의 회피성 성격

장 자크 루소Jean-Jacques Rousseau는 《고백Les Confessions》에서, 사회에서 얼굴이 붉어지고 극도로 당황하게 되는 여러 일화를 서술했다. 더구나 회피성 성격은 끈기나 상대적인 고독, 규칙적인 생활이 필요한 지적인 작업을 하기에 유리하다고 생각할 수 있다.

루이스 캐럴Lewis Carroll은 말을 더듬었고 평생 동안 성인들을 대하는 게 편치 않아서 어린 소녀들과 지내는 걸 더 선호했던 것으로 보인다. 특히 《이상한 나라의 앨리스Alice in Wonderland》는 앨리스 리델Alice Lidell을 위해 쓴 것이다. 그러나 황당무계한 세계와 논리, 수학과 같은 난해한 규율에 대한 그의 관심은 분열성 성격쪽에 더 가깝다고 볼 수 있다.

테네시 윌리엄스Tennessee Williams의 아름다운 단편인 《유리로 된 소녀의 초상Portrait of a Girl in Glass》에서 화자는 어머니 곁에서 은둔하며 사는 여동생에 대해 묘사한다. 타인에 대한 두려움 때문에 어머니가 등록금을 내준 타자 수업에도 가지 못하지만 감히 털어놓지 못한다. 좋아하는 책 두 권과 유리로 만든 동물 컬렉

선과 함께 살아간다. 화자는 이렇게 말한다. "여동생이 정말로 미쳤다고 생각하진 않는다. 단지 꽃잎 같은 정신이 두려움에 접힌 것뿐이다."

디노 리시Dino Risi의 영화 〈추월Il Sorpasso〉에서 장 루이 트랭티냥Jean-Louis Trintignant이 연기한 소극적이고 회피적인 젊은 청년은 정열적인 비토리오 가스만을 만나 함께 이탈리아를 여행한다.

슈스터Schuster와 시겔Siegel이 창조한 인물 슈퍼맨Superman은 슈퍼맨의 옷을 벗으면 안경을 끼고 소극적인 데일리 플래닛 신문사의 기자 클라크 켄트로 돌아온다. 클라크는 회피성 성격 특성을 보여 주는데, 특히 아름다운 동료 로이스 레인에게 사랑을 고백하지 못한다.

회피성 성격에는 어떻게 대처해야 할까?

이렇게 하라

■ 매우 점진적으로 어려운 목표들을 제안하자

회피성 성격의 사람들은 스스로 열등하다고 느끼고, 거절당하거나 웃음거리가 될까 봐 걱정한다. 그러나 그들을 안심시켜 줄 방법이 있다. 불안과 관련된 모든 장애들이 그렇듯, 불안감을 낮추는 가장 최고의 방법은 점진적으로 그들이 두려워하는 상황과 만나게 해서 그들 스스로 그렇게 형편없지 않다는 걸 깨닫게 만드는 것이다.

여기서 '점진적으로'라는 단어가 중요하다. 두려움을 극복하도록 도와줄 생각에, 회피성 성격의 사람을 낯선 이가 서른 명이 넘는 파티에 초대하지 말라. 그는 자신을 소개하지 못할 뿐더러 우습게 보일까 봐 겁을 먹을 것이고, 낯선 사람들에게 무슨 말을 해야 할지 몰라 두려울 것이다. 회피성 성격의 사람도 조금 아는 친구 한두 명과 함께 영화를 보러 가자고 먼저 제안해 보라. 함께 영화를 보는 건 그리 어려운 상황이 아닌 데다 이후에 한 잔 하러 간다면 대화할 소재가 있기 때문이다. 회피성 성격의 사람이 솔직하게 자기 의견을 말하는 걸 어려워하더라도 말이다.

직장이라면 먼저 그 사람이 잘 아는 업무와 남들의 반대에 부딪힐 일이 없는 자리를 맡기라. 조금씩 자신감을 얻게 되면 윗단계로 넘어갈 수 있을 것이다. 고객지원부 과장인 장 뤽의 이야기다.

마리즈가 입사 초기에 어려움을 겪은 건 사실입니다. 첫 직장으로 이 회사에 영업 담당으로 입사했어요. 이력서와 실습 경험에 부합되는 자리였죠. 몇몇 고객들을 관리하고 그들의 요구를 기록하고, 생산팀에 이야기해서 만족시켜 주면 되는 거였어요. 난 그 일이 마리즈에게 고문과 같다는 걸 금방 깨달았습니다. 그녀는 고객들의 요구를 거부할 줄 몰랐어요. 그리고 그 요구를 생산팀에서 받아들이게 할 능력도 없었고요. 첫 사건이 터지고 모두가 그녀에 대해 불평했습니다. 고객들은 그녀가 약속을 안 지켰다고 했고, 생산팀은 지나친 요구를 하는 고객들에게 끌려다닌다고 했죠. 어찌나 좌절했던지 마리즈는 바로 사표를 제출했습니다. 난 그녀에게 잠재력이 있다고 생각했기 때문에 거절했어요.

우린 오랜 시간 얘기를 나누었습니다. 마리즈는 내가 이 일을 자신에게 맡기자마자 자기 능력을 웃도는 일이라고 느꼈지만 감히 그렇게 말하지 못했다고 결국 털어놓았어요. 난 그녀에게 인생에서 적어도 열 번

중에 아홉 번은 자기 생각을 정확하게 말해야 한다고 설명했습니다. 어쨌든 그게 내 생각이라고 말이죠. 장 피에르라는 영업담당 직원이 몇 달 전부터 보조를 붙여 달라고 요청했기 때문에 마리즈에게 그 자리를 주었습니다. 마리즈는 행정적인 업무를 하게 됐고 일을 매우 잘했습니다. 난 장 피에르에게 일주일에 적어도 이틀은 그녀를 데리고 가서 고객들과 협상하는 걸 보여 주라고 부탁했습니다. 마리즈는 그를 모델로 삼았죠. 장 피에르는 조금씩 작은 협상들은 마리즈가 하도록 넘겨 주기 시작했어요. 마리즈와의 일은 성공한 편이라고 생각합니다.

이 이야기에서 마리즈는 운이 좋게도 발전할 수 있도록 도와주는 상황과 사람들이 있는 기업을 만났지만, 많은 회피성 성격의 사람들이 절망감을 느끼고 해고당하거나 자신의 잠재력에 미치지 못하는 자리에서 근근이 살아간다.

■ 그 사람의 의견이 당신에게 중요하다는 것을 보여 주자
회피성 성격의 사람은 자신의 의견이 별 가치가 없다고 생각하는 경향이 있다. 당신의 의견에 반대하면 당신이 자신을 거부할 거라고 생각한다. 단순한 메아리가 아니라 그들의 의견을 듣기 원한다고 표현하면서, 스스로를 비하하는 것이 잘못임을 깨우쳐 줘야 한다.

단번에 이루어질 거라고는 바라지 말라. 회피성 성격의 사람은 안심이 되는 만남을 여러 차례 가져 신뢰가 생긴 뒤에야 의견을 표현하기 때문이다.

당신이 솔직하다는 것과 정말로 그의 생각에 관심이 있다는 걸

깨닫게 되면 조금씩 용기를 낼 것이므로, 당신은 그 사람이 다시 자신감을 얻는 데 기여하는 것이다.

기분을 상하게 할까 봐 걱정하는 것이 회피성 성격의 사람에게 큰 부담이긴 하지만, 덜 회피하는 모습을 당신이 더 좋아한다는 것을 알려 주면 좋은 자극제가 될 수도 있다.

■ 당신이 반대 의견도 용납한다는 것을 보여 주자

회피성 성격은 누군가에게 반대하는 것이 곧 그들이 대처할 능력을 잃게 될 갈등으로 이어져 웃음거리가 될 거라고 생각하는 경향이 있다. (그래서 가끔 매우 권위적인 사장이 직원들을 모두 회피성 성격으로 만들어 버리기도 한다. 직원들은 조금이라도 반대 의사를 표현하면 바로 제재가 가해진다는 것을 금방 배운다. 그렇게 직원들은 매우 빨리 "그럼요, 사장님" 또는 "당연하지요, 사장님"의 대가가 된다.)

만약 회피성 성격이 처음으로 감히 자신의 의견을 당신에게 말했는데 당신이 즉시 반대해 버리면, 그 사람은 충격을 받고 자신의 믿음을 강화할 위험이 있으니 입을 닫는 것이 낫다. 그러니까 단숨에 반박하는 것을 피하는 것이 정말 중요하다. 그의 의견이 당신으로 하여금 생각하게 만들고 그가 대답한 모든 것이 흥미롭게 들린다고 말하라. 만약 직업과 관련된 상황이어서 절대적으로 반대를 해야겠거든, 언제나 그의 의견을 말해 줘서 고맙다는 것부터 시작하라. 그리고 그의 의견을 깎아내리지 않으면서 당신 입장이 왜 그런지 설명하라. 예를 들면 다음과 같이….

"그러니까 당신은 새로운 고객을 개척해야 한다고 생각하는군요.

당신의 의견을 솔직하게 알려 주고 해결책을 찾는 데 참여해 줘서 고마워요. 물론 새로운 고객을 찾는 것은 흥미로운 해결책 같습니다. 그러나 여러 가지 이유에서 지금은 적절하지 않다는 걸 설명할게요."

혹자는 이렇게 말할 것이다. 세상에! 여긴 직장이지 상담을 받으러 온 게 아니라고! 누군가 무슨 얘기를 했는데 그 아이디어가 별로라고 생각되면 그냥 말하면 끝이지! 그럴 시간이 어디 있어!

먼저 위에 인용한 문장을 말하는데 15초면 충분한 데다 이것보다 시간을 낭비하는 경우도 허다하다. 또한 불안해하는 동료나 부하 직원이 자기 의사와 아이디어를 표현하도록 격려해야 그의 뇌가 빛을 보고 그의 능력을 더 잘 활용할 수 있다. 많은 기업들이 망하는 것은 명석한 예측이나 아이디어가 부족해서가 아니라 기업이 앞서 가도록 해주는 사람들의 말을 들을 줄 몰라서다.

■ 비판하고 싶다면 칭찬부터 시작한 뒤에 행동에만 한정해 비판하자

회피성 성격의 사람들도 누구나 그렇듯 실수를 하니까 그들의 행동에 당신이 화가 날 수 있다. 그럴 때 비판하지 않는 것은 개선될 기회를 잃어버리게 만드는 것이므로 지적을 해주는 것이 좋다.

단, 그들은 비판에 매우 민감하기 때문에 다음을 이해시키는 것이 바람직하다.

- 사람 자체를 비판하는 것이 아니라 어떤 행동 하나를 비판한다는 것.
- 이 부분에서는 비판을 하지만 여전히 그들을 아낀다는 것.

- 당신이 그들의 관점을 이해한다는 것.

이런! 이해시켜야 할 것이 정말 많군! 이렇게 반응할지도 모르겠다. 그러나 그렇게 복잡하진 않다.

치과의사 파트릭은 비서 쥬느비에브에게 예약을 너무 촘촘하게 잡지 말고, 참을성이 없는 급한 환자가 부탁하더라도 저항하는 것이 낫다고 지적해 준다.

"쥬느비에브, 당신이 잘하려는 건 알아요. 또 환자들의 부탁에 버티는 것이 쉽지 않다는 것도 알고요(난 당신의 관점을 이해한다). 하지만 예약 시간이 너무 붙어 있으면 내가 너무 피곤하고, 늦어질 때도 있잖아요(결과 묘사). 그러니까 급하지 않은 환자들의 예약을 좀 떨어뜨려 놓도록 해줬으면 좋겠어요(요청의 형태로 비판)."

이렇게 하면 쥬느비에브는 덜 당황스러울 것이고, 비판이 곧 거절과 동의어가 아님을 배우게 될 것이다.

회피성 성격의 사람을 대할 때는, 우리말로 말하려고 애쓰는 한 외국인과 대화하는 것을 상상하면 된다. 외국인이 말할 때 문법이 틀릴 때마다 놀리거나 비판하진 않을 것 아닌가. 오히려 우리말로 말하려는 그의 열의에 고마움을 표시할 테지만, 그렇다고 가끔 옳은 표현을 알려 주는 것조차 포기하지는 않는다.

■ 당신이 변함없이 지지한다는 것을 확신하게 만들자
지금쯤이면 당신은 회피성 성격의 사람이 개선되려면 그 무엇보다 필요한 것이 안도감이란 걸 깨달았을 것이다. 그런데 우리에게 가장 안도감을 주는 것은 우리를 있는 그대로 아껴 준다는 느낌, 비록 실수를 저지른다 하더라도 우리를 아낀다는 느낌을 받을 때다. 이런 느낌을 갖게 하는 선생님들은 결과가 어떻든 참여하고 노력하는 한 자신들을 존중하고 아낀다고 제자들이 느끼게 해준다. 이렇게 안심이 되는 분위기 속에서 아이들과 어른들은 더 빨리 새로운 행동을 배운다.

이처럼 회피성 성격의 사람에게는 비록 결과가 완벽하지 않다 하더라도 당신이 그들의 열의를 존중한다는 것을 보여 주라.

■ 상담을 받아 보도록 권하자

모든 '힘든' 성격들 중, 회피성 성격은 분명 심리학과 의학의 진보를 가장 기대해도 좋은 사람들이다. 심리치료, 신약, 그룹 치료 등이 이들의 발전을 도와주는데, 가끔은 그 결과가 눈부시다.

이 장의 처음에서 마리가 이야기했던 여동생 뤼시의 이야기를 들어 보라.

언니는 내가 남들 앞에서 너무 존재감이 없으니까 하류 인생을 살게 될 거라고 했어요. 언니의 말은 이해했지만 나는 언니보다 예쁘지도 똑똑하지도 않으니까 하류 인생이 내게 어울린다고 생각했습니다.

사실, 일을 시작하기 전까지는 그런 상태를 그냥 받아들였던 것 같아요. 그런데 어느 순간 내가 착취당하게 만드는 것이 바로 내 태도라는 걸 깨달았습니다. 내게 맡겨진 모든 일에 담판을 짓지도 못했고, 남들은 내게 일을 몽땅 떠맡기는 데다가 임금 인상은 받지도 못했어요. 사장님을 포함해 모두들 내가 '남이 하라는 대로 하는 고분고분한' 태도를 좋아하는 것 같았죠.

더구나 언니는 결혼을 해서 외출이 줄었고, 언니를 따라 파티에 갈 수도 없게 됐어요. 직장은 날 지치게 만들고, 저녁에 내 작은 원룸에 돌아오면 난 혼자였어요. 아는 사람이 아무도 없으니 결혼도 못할 거라고 생각하니까 심각한 우울증에 빠지기 시작했죠.

언니는(또 언니예요) 그걸 알아채고 자기 친구를 치료해 줬던 정신과 의사를 만나 보라고 충고했어요. 정신과 의사라뇨! 너무 무서워서 바로 거절했죠! 하지만 결국 내가 상담을 받아들이도록 언니가 나를 데리고 갔답니다.

꽤 뛰어나 보이는 사십대 여의사였고 처음에 난 무척 겁을 먹었지만, 그분은 내가 하는 말에 관심을 보이고 내가 표현을 잘 못할 때는 격려해 주었죠.

그렇게 용기를 주는 태도에 난 많이 좋아졌어요. 그렇게 명망 높은 사람 앞에서 판단당하거나 거부당한다는 느낌 없이 조금씩 나 자신이 될 수 있었습니다. 내가 감히 나 자신을 놓아 버릴 때 기분이 좋아진다는 걸 깨닫게 해준 사람도 그 의사선생님이었어요.

치료에서 어려웠던 부분은 "나는 남들보다 열등하다"라는 내 기본적인 믿음을 자각했을 때였어요. 몇 달간 치료를 받은 뒤 의사선생님과 대화를 나누면서 이 믿음에 대해 다시 생각해 보게 되었어요. 난 인간으로서 내 자질들을 받아들이고, 나도 대접받을 자격이 있으며, '열등'하지 않다는 것을 인정했습니다.

그러나 일상생활에서는 내 오래된 반응들이 치고 올라와 다시 내 존재를 지우기 시작했죠. 언젠가 의사선생님은 다른 정신과 의사와 함께 진행하는 자기주장 그룹 치료에 참여하라고 나에게 제안하셨어요. 그래서 나처럼 불편해하는 사람들 열 명 속에 들어가게 되었죠. 처음에는 무척 두려웠지만 이후에는 안심이 되었어요. 두 치료사는 우리에게 일상생활에서 우리가 당황스러움을 느끼는 상황을 이야기해 달라고 했습니다. 그리고 다른 참가자들과 함께 역할극으로 다시 재현했어요. 난 '연봉 인상 요구'를 재현했고, 다른 참가자가 내 요청을 거절하는 사장 역할을 했습니다. 사실 난 진짜 상황만큼이나 역할극에서도 겁을 먹고 덜덜 떨었지만 자주 반복하다 보니 내가 할 일에 점점 더 자신감을 갖게 됐어요.

처음 연봉 인상을 얻어 냈을 때 난 정말 만족스러워서 그룹에 이야기를 했고 모두가 박수를 쳐 줬어요! 다른 사람들의 역할극에서도 상대자 역할을 했고, 참가자들의 발전에 기여하게 되어 기뻤답니다. 이 그룹은 내 인생에서 진짜 경험이 되어 줬어요! 그룹에서 만난 두 명과 친구가 되었고 서로 자주 만나고 있어요. 결혼하지 못한다 해도 전보다는 두려움이 덜해요. 좀 더 여유 있는 모습을 갖게 된 후부터, 남자들의 관심도 더 끌게 됐답니다!

동화 속 이야기가 아니다! 회피성 성격의 사람들이 지닌 어려움에 적합한 치료들이 존재하므로 의욕만 있다면 얼마든지 바뀔 수 있다.

■ **그의 말에 빈정거리지 말자**

회피성 성격들은 과민하다. 남들에게는 따끔거릴 뿐인 약간의 빈정거림도 이들에게는 잔인한 상처가 될 위험이 크다. 남들보다 열등하다고 여기는 회피성 성격의 사람들은 친절한 유머조차 안 좋게 해석할 수 있다. 관계가 단단해진 후에야 유머를 쓰라.

■ **짜증내지 말자**

주저하고 대화를 포기하려는 경향, 어색해하거나 당황해하는 회피성 성격의 사람 때문에 당신은 짜증이 날 수 있고, 어떤 날은 조금 거칠게 비판할지도 모른다!

다음에 다시 만나면 그는 이전보다 더 회피적이고 불안해하는 모습을 보일 수도 있다. 당신의 공격적인 비판으로 "난 열등해"와 "남들이 날 거부할 거야"라는 두 가지 기본적인 믿음이 강화된 것이다. 브라보! 당신은 일종의 반대 치료를 실시한 것이다. 만약 짜증을 냈다면 나중에 좀 더 차분해진 뒤에 찾아가서 이야기하며 만회하도록 노력하라.

환자들에게 맞서는 걸 어려워하는 회피성 성격의 비서 쥬느비에브를 둔 치과의사 파트릭의 이야기다.

쉴 틈 없이 빽빽하게 잡아 놓은 진료 예약 때문에 무척 스트레스를 받았지만 예약이 취소된 오후 4시에 잠시 커피를 마시고 쉴 생각을 하며 버텼습니다. 그런데 4시가 되자 쥬느비에브가 대기실에 환자가 한 명 있다고 알려 오는 것 아니겠어요! 환자가 강하게 요구하자 취소된 예약 시간을 이 환자에게 내준 것이지요. 휴식이 날아갔다는 생각에 너무 낙담해서 폭발해 버렸습니다. 진료 일정을 계획할 줄 모른다고, 내 걱정은 하지 않고 생각 없이 일한다고 비서를 비난했어요. 사실 쥬느비에브는 일정에서 실수한 적도 없고 오히려 내 걱정을 많이 하니까 꽤 부당한 비난이었죠. 하지만 그날은 정말 참을 수가 없었습니다! 얼굴이 붉어져 고개를 숙이더군요. 내게 대답도 하지 못할 정도로 충격을 받은 비서의 모습에 난 차분해졌습니다. 그날 이후 내가 다가가면 무서워했어요. 다시 자신감을 되찾기까지 기나긴 설명과 몇 주 동안의 시간이 필요했습니다.

■ 하기 싫은 일에 그 사람이 희생하도록 내버려 두지 말자

회피성 성격의 사람은 그룹을 피하려고 하지만 업무처럼 가끔 억지로 참여해야 할 때가 있다. 거절당하지 않는다는 걸 확인하기 위해 최대한 쓸모 있는 사람이 되어 그룹 안에 자신의 자리를 '사려고' 한다. (앞에서 설명했듯이 의존성 성격 역시 이런 행동을 보여 준다.) 회피성 성격의 사람은 그룹이 혹시라도 자신을 버리지 못하도록 헌신적이 되어 어떻게든 도움을 주려고 한다. 때때로 직장에서 양심 없는 동료나 상사들이 이런 경향을 이용해 이런 사람들을 착취하려 든다. 파리의 한 종합 병원에서 수간호사로 일하는 마르틴의 이야기다.

리즈는 새로 들어온 젊은 간호사예요. 매우 수줍어한다는 걸 금방 알아챘죠. 회의 때도 말을 못하더군요. 자신을 받아줄지 특히나 걱정하는 것 같았고, 대화에 끼어들지 않고 따라오기만 했으며 남들의 농담에도 웃기만 했어요. 그렇지만 매우 유능하고 성실하기에 리즈를 전적으로 신뢰했습니다. 조금씩 건전하지 못한 상황이 자리 잡고 있는 걸 눈치챘어요. 난 간호사들이 직접 일정을 짜고 알아서 주말이나 휴무를 공평하게 나눠 갖도록 어느 정도 자율권을 줬죠. 그런데 리즈가 자주 주말 근무를 한다는 걸 알게 됐어요. 게다가 가끔은 예고 없이 부탁하는 동료를 대신하니까 주말 근무가 할당량보다 더 많아졌죠. 어떻게 된 건지 알았어요. 동료들은 거절을 잘 못하는 리즈의 약점을 알고 그걸 이용해 일하기 싫은 주말 근무를 리즈에게 떠넘긴 겁니다!

난 회의 때 딱히 리즈를 언급하지 않고, 이번 4사분기 근무 배치가 공평하지 않은 것 같다면서 새로운 일정표를 기대하겠다고 말했습니다. 모두들 불편한 기색을 보였지만 결과적으로 제대로 된 일정표를 내게 가져왔어요. 그리고 난 리즈와 면담을 하면서 그렇게 '내버려 두면' 안 된다고 설명했습니다. 리즈는 내 지적을 질책처럼 받아들이고 더 충격을 받은 것 같았습니다. 30분이나 더 대화를 나누고서야 리즈는 내가 자기를 좋게 평가한다는 걸 이해하고 안도했어요. 6개월이 지난 지금 리즈는 좀 더 자신감을 갖게 됐습니다.

이 예는 리즈처럼 회피성 성격의 사람들에게 자신감을 되돌려 주기 위해서는 이해심 많은 상사의 역할이 중요하다는 것을 보여 준다. 불행하게도 많은 상사들이 그 자신들도 스트레스가 많고 바쁜 데다 말 많고 요구가 많은 직원들에게 시간을 뺏기느라, 필요한 관심이나 시간을 안 그래도 눈에 안 띄고 싶어 하는 회피성 성격의 사람들에게 할애하지 못한다.

| 회피성 성격에 대처하기 |

이렇게 하라

- 매우 점진적으로 어려운 목표들을 제안하자.

- 그 사람의 의견이 당신에게 중요하다는 걸 보여 주자.

- 당신이 반대 의견도 용납한다는 걸 보여 주자.

- 비판하고 싶다면 칭찬부터 시작한 뒤에 행동에만 한정하여 비판하자.

- 당신이 변함없이 지지한다는 것을 확신하게 만들자.

- 상담을 받아 보도록 권하자.

이렇게 하지 말라

- 그의 말에 빈정거리지 말자.

- 짜증내지 말자.

- 하기 싫은 일에 그 사람이 희생하도록 내버려 두지 말자.

당신의 배우자라면 : 브라보, 당신을 겁내지 않도록 만드는 데 성공하셨군요!

당신의 상사라면 : 당신은 아마도 공공행정 분야에서 일할 것이다.

직장 동료나 부하직원이라면 : 이 장을 다시 읽어 보라.

당신은 **회피성 성격 특성**을 갖고 있습니까?

	그렇다	그렇지 않다
1. 어색함을 느낄까 봐 두려워서 초대를 거절한 적이 있다.		
2. 친구들이 날 선택하는 편이지 그 반대는 아니다.		
3. 대화 중에 재미없는 이야기를 할까 봐 두려워서 차라리 입을 닫는 편이다.		
4. 어떤 사람 앞에서 웃음거리가 되었다고 느끼면 그 사람을 다시 보고 싶지 않다.		
5. 평균적인 사람들보다 사회생활이 편하지 않다.		
6. 수줍음 때문에 사생활이나 직장 생활에서 많은 기회들을 놓친다.		
7. 가족이나 오랜 친구들 사이에 있을 때만 편하다.		
8. 사람들을 실망시키거나 내가 재미없다고 느낄까 봐 자주 두렵다.		
9. 새로 알게 된 사람과 대화를 시작하는 것이 정말 어렵다.		
10. 사람들을 만나기 전에 좀 더 기분이 나아지도록 술이나 진정제를 복용한 적이 한 번 이상 있다.		

12

그 밖에 우리를
힘들게 하는
무시무시한 성격들

지금까지 힘든 성격의 모든 유형들을 설명했다고 생각하진 않는다. 먼저 이 책의 서두에서 언급했던 기상학적 비교를 다시 들자면, 뭉게구름, 비구름, 안개구름만 있는 것이 아니라 뭉게비구름, 안개비구름과 같이 혼합된 형태도 있기 때문이다.

성격도 똑같다. 어떤 성격에는 여러 유형에 속하는 특성들이 결합되어 있기도 하다. 먼저 두 가지를 인용할 수 있는데, 단지 우연으로 치기에는 자주 결합되어 나타나기 때문이다.

연극성-자기애성 성격

이 유형의 사람은 연극성 성격의 유혹적인 행동과 연극적인 행동을 보여 주지만, 자기애성 성격의 우월감과 예민함을 동반한다. 희화화한다면, 이 혼합된 성격은 거대한 궁전의 홀에 들어서면 눈에 띄려고 애쓰고(연극성), 일단 자리를 잡고 앉으면 명령하는 톤으로 끊임없이 요구를 해서(자기애성) 고용인들을 지치게 만드는 대스타와 닮았다고 할 수 있다. '순수한' 연극성 성격에 비해, 이 성격은 쉽게 영향을 받지 않고 고집이 세다. 또한 순수한 자기애성 성격에 비하면, 타인의 관심에 좀 더 의존적이고 자존감이 더 약하다. 온건한 형태인 경우 이 혼합된 성격은 건강할 때는 자기애성이 더 강해지고, 도움이나 위로가 필요할 때는 연극성이 더 강해지는 시기를 번갈아 가며 보인다.

영화와 문학 속의 예

드라마 〈다이내스티Dynasty〉에서 조안 콜린스 Joan Collins가 연기한 팜므파탈인 알렉시스는 연극성-자기애성 성격의 좋은 예시다. 일반적으로 텔레비전전용 연속극인 미국 드라마에는 인정사정없는 다툼이나 유혹하는 장면을 가능케 하는 자기애성 성격과 연극성 성격들로 넘쳐난다.

〈더 볼드 앤 더 뷰티풀The Bold and the Beautiful〉의 무서운 샐리 스펙트라 역시 이 성격에 해당한다.

회피성-의존성 성격

정신과 의사가 회피성 성격으로 분류한 사람을 다른 정신과 의사에게 보내 새로이 진단을 받게 하면, 이번에는 의존성 성격이라는 진단을 받게 된다는 것을 여러 연구들이 증명한 바 있다. 그러므로 이 두 진단 사이에는 어떤 공통점이 있다고 할 수 있다.

관념적으로 '순수 회피성'은 떨리거나 당혹감을 느끼게 만들 위험이 있는 모든 사회적 접촉을 피하고, 이와 반대로 '순수 의존성'은 다른 이들과 함께 있으려 하고 받아들여지기 위해서는 무엇이건 한다. 그러나 현실은 종종 더 복잡하다. 회피성인 사람은 그래도 학교나 직장에 몸담고 있거나, 사랑을 갈구하기 때문에 사회적 접촉을 하게 된다. 웃음거리가 되거나 '수준에 못 미칠까 봐' 걱정하기 때문에 받아들여지기 위해 특히나 남을 잘 도와주고 유순하고 친절하려고 노력하며, 이것이 '의존적인' 행동을 낳는다. 반대로 의존성인 사람은 아주 사소한 갈등에도 매우 어색함을 느끼고, 버림받을까 봐 무서워서 동요하거나, 얼굴이 붉어지면서 당황하고, 상대방이 도망갈까 두렵기 때문에 '회피성' 행동을 하게 된다.

혼합된 이 두 가지 형태를 언급한 것은, 이 유형이 매우 빈번하게 나타나기 때문이지만, 다른 형태들도 많으므로 힘든 성격마다 고유성이 있는 것이다.

이런 혼합된 형태 말고도 우리가 앞 장들에서 다루지 않은 힘든 성격 유형들이 존재한다. 그러나 그 유형들을 언급하지 않은 이유는 매우 드문 성격이거나, 또는 너무 힘들기 때문에 거부는 아니지만 조심스럽게 거리를 유지하라는 조언을 가장 먼저 해야 할 성격들이기 때문이다. 인생 사정상, 가정이든 직장이든 그런 성격과 자주 접촉해야 한다면, 전문가들의 도움을 받으라고 권하고 싶다. 여기 희비극을 위한 '캐스팅casting'을 해 봤다.

소시오패스 (반사회성 성격)

이 성격은 사회생활의 법칙과 규정을 준수하지 않고 충동적이며, 장기적인 계획을 지키는 데 어려움을 겪고 죄책감이 적다(아예 없기도 하다)는 특징이 있다. 이 성격은 여자보다 남자에게 3배 정도 더 많다고 한다. 다른 성격장애들처럼 청소년기부터 드러난다. 젊은 소시오패스는 결석, 패싸움, 절도, 술이나 향정신성 물질 남용, 다수의 성적 접촉, 어설픈 가출, 목표 없는 여행 등 교사들이 주목하게 되는 잇단 행동들로 두각을 나타낸다. 이 행동들이 청소년기에 이례적인 것은 아니지만 미래의 소시오패스들에게는 특히나 강도가 높고 빈번하게 나타난다. 잘 지도한 몇몇 소시오패스 청소년들은 상당히 침착해져서 사회적으로 잘 적응하기도 하고, 떠돌거나 모험적인 직업을 택하는 경우가 많다. 직업적으로나 애정 관계에서 기복이 많은 인생을 사는 경향이 있다. 그러나 나머지는 불안정하고 충동적이며 자기 행동이 미치는 영향에 관심이 없고 죄책감이 없는 생활 방식을 고수한다. 이들이 법과 충돌을 빚는 것은 놀라운 일이 아니며, 일반범 중에 소시오패스의 비율이 높다는 것을 증명하는 연구들도 많다.[1] (물론 범죄는 성격 문제로 축소되진 않고 다중적인 사회적 원인을 포함한다.)

모험심이 강하고 충동적이며 죄책감이 적은 성향의 사람이 '물 만난 고기처럼' 느낄 수 있는 전쟁이나 혁명, 신대륙 탐험의 시대에는 남들보다 소시오패스들이 더 유리하기도 했다. 어쩌면 지금의 수감자들 중에는 다른 상황에 처했더라면 대담한 해적이나 탐험가, 군인이 되었을 이들이 많을 것이다. 앙시앙 레짐(ancien régime, 프랑스혁명 이전의 절대왕정체제 – 옮긴이 주) 하에서는 가장 야심찬 인물들이 작위를 받았을 것이다. 그럼에도 몇몇 소시오패스들은 모험심 많은 그룹의 규칙을 존중하기에도 너무 불안정하고 충동적이어서, 역시 소시오패스이지만 어느 정도 잘 적응한 동료들로부터 배척당했을 것이다. 어쨌거나 마피아조차 멤버로서 따라야 할 규칙이 있으니까 말이다.

소시오패스는 영화계에서 매우 인정받는 편이다. 우리가 일상에서 지켜야 할 규칙들을 그들이 위반하는 걸 보면서 해방감을 느끼기 때문인지도 모른다.

영화와 문학 속의 예

쿠엔틴 타란티노Quentin Tarantino의 〈저수지의 개들Reservoir Dogs〉(1992)에서 거동이 꽤 소시오패스적인 범죄자 일당이 은행을 털 준비를 하고 실행하지만 일이 잘못되고 만다. 등장인물 중 미스터 블론드는 설상가상으로 가학성 성격까지 드러낸다. 은행을 터는 중에 이유도 없이 은행 직원들과 고객들을 죽이고, 동료들이 없는 틈을 타 인질로 잡은 경찰을 (희열까지 느끼면서) 고문한다. 이에, 소시오패스는 맞지만 가학성 성향은 아닌 동료들이 충격을 받는다.

장폴 벨몽도Jean-Paul Belmondo는 장뤽 고다르Jean-Luc Godard가 연출한 〈네 멋대로 해라About de souffle〉(1959)에서 매력적인 소시오패스를 연기했다. 방황하는 그에게 유일한 안정이 되어 준 연인 진 세버그를 결국은 잃고 만다.

리처드 도너Richard Donner의 시리즈 영화 〈리셀 웨폰Lethal Weapon〉에서 멜 깁슨Mel Gibson은 소시오패스 유형의 경찰을 연기했다. 그는 매우 충동적이어서 자신이나 파트너, 잠재적인 행인에게 위험할 수도 있는 행동도 서슴지 않는다. 그는 사람을 대하는 데 능수능란하고 유혹에 선수이며 지루함을 견딜 수 없어하고, 소시오패스들에게서 흔히 볼 수 있는 음주 취향도 갖고 있다. 연장자에다 흑인인 그의 파트너 대니 글로버Danny Glover는 멜 깁슨에게 일종의 중재자이자 아버지 같은 존재이며, 멜 깁슨이 매우 애착을 갖는 대상이다. (일종의 교사 – 범죄자 듀오)

소시오패스의 기본적인 믿음은 "원하는 것이 있다면, 바로 가져!"라는 것이다. 그럼에도 그들 중 일부는 '바로' 하는 걸 자제하고 좀 더 신중함을 기할 줄 안다.

범죄를 저지르는 소시오패스들 중에 가장 똑똑한 사람들은 무리의 보스가 되거나 실력 있는 변호사를 데리고 있다는 조건하에 사업에서 성공하기도 한다. 소시오패스들에게 나쁜 면만 있는 건 아니다. 이들은 사람들을 대하는 수완이 좋고 종종 유머가 뛰어나며 위험이나 새로운 것에 끌리는 취향 때문에 재미있는 동반자가 되어 주고, 당신 혼자였다면 절대로 시도하지 않을 여행이나 모험에 끌어들이기도 한다(그러나 문제가 생기면 당신을 버릴 수도 있다는 걸 잊지 말라). 소시오패스 경향의 성격 특성을 가진 사람들이 많이 있지만, 재앙으로 치닫지 않도록 법과 타인에 대한 충분한 감각을 갖고 있는 사람도 있다. 이런 사람들이 가끔 크게 성공한다.

영화와 문학 속의 예

아서 펜Arthur Penn의 영화 〈체이스The Chase〉(1966)에서 로버트 레드포드Robert Redford는 형기가 얼마 남지 않았는데도 탈옥의 유혹에 넘어가버린 '친절한' 소시오패스를 연기했다. 그는 특히 상류 가정 출신으로 같은 계층의 청년과 약혼했지만 여전히 자신을 사랑하는 아가씨(제인 폰다Jane Fonda)를 다시 보기 위해 이런 실수를 저질렀다. 그녀는 작은 마을의 어리석음과 증오에서 그를 구하기 위해 모든 위험을 무릅쓴다.

소시오패스들은 모험과 대담함, 반항의 향기 때문에 여자들이 좋아하는 경우가 많다. 그러나 시간이 지나고 나면 실망감을 안겨 준다. 불안정하고 직업을 유지하지 못하며 바람기가 많고 낭비벽이 있으며 음주와 주먹다짐을 좋아하기 때문에, 실제 인생에서보다는 영화에서 보는 게 더 유쾌하다.

어떤 사회에서는 '남성적'이라 하여 이런 행동들을 높이 평가하므로, 이런 성향을 가진 청소년들이 이미 가지고 있던 성격의 특성들을 더 강화할 기회가 되기도 한다.

그러므로 우리의 조언이란 직장생활에서든(절대 동업자로 삼지 말라!) 애정 생활에서든 소시오패스들에게 접근하지 말라는 것이다. 당신에게 자기파괴적인 모험에 끌리는 성향이 있지 않다면 말이다. 그러나 그들이 모두 범죄자는 아닌 데다 어떤 이들은 유혹하거나 설득하는 데 능수능란하므로 알아보는 것이 항상 쉽지는 않다.

남성 소시오패스들은 의존적인 여성과 결혼하는 경우가 많다. 결국에는 의존성 성격의 사람들이 소시오패스들 곁에 남는 유일한 사람들이며, 절대 떠나지 않고 그들의 돌출 행동을 기꺼이 감당하기 때문이다.

경계성 성격

이 성격 역시 충동적인 행동이 두드러지지만, 이를 유발하는 건 매우 불안정한 기분이라서 이들은 거의 항상 감정의 흥분, 폭발 상태로 살아간다. 경계성 성격은 통제가 안 되는 난폭한 감정, 특히 자기 자신이나 남들에 대한 강렬한 분노 상태에 사로잡혀 있다. 분노가 떠나면 그 자리는 우울한 기분과 공허감, 권태감이 차지한다. 경계성 성격은 주변 사람들에게 보살펴 주고 사랑해 달라는 요구를 귀찮도록 표현하고, 친밀함이 너무 위협적으로 다가오면 갑자기 도망가는 걸 번갈아가며 보여 준다. 어떤 정신과 의사는 이들을 '겨울을 나는 고슴도치'에 비유했다. 몸을 따뜻하게 하려고 다른 고슴도치들에게 다가가고 싶지만 너무 가까이 다가가면 서로 찔린다! 자신들의 분노와 권태 또는 절망을 잠재우려고 경계성 성격들은 충동적이고 위험한 방식으로 술이나 각종 향정신성 물질을 남용하는 경향이 있다. 이들의 자살률이 모든 성격장애 가운데 가장 높다.

이 불행한 사람들은 종종 자신에 대해 불확실한 이미지를 갖고 있고 자신의 필요에 대해 불안정하고 불분명한 시각을 지니고 있어서 우정이나 성적 파트너, 직업적인 선택에서 갑작스럽게 방향을 바꾸기도 한다.

경계성 성격 치료에 많은 정신과 의사들과 심리학자들이 매달리고 있고 이를 테마로 국제적인 학회도 열린다. 모두가 동의하는 점은 치료사가 환자와 적당한 거리를 유지하는 것이 정말 중요하다는 것이다. 너무 물러서면 경계성 성격은 좌절감에 빠져 충동적이고 공격적인 행동을 점점 높이는 쪽으로 반응한다. 환자와 너무 가까우면 환자는 퇴행하거나 불안해하고 예측할 수 없는 반응을 보인다.[2] 어떤 약물들은 경계성 환자들의 기분을 안정시켜 주지만 이는 환자와 그 순간의 증상에 달려 있다.

영화와 문학 속의 예

리차드 러쉬Richard Rush의 영화 〈컬러 오브 나이트Color Of Night〉(1994)에서 브루스 윌리스Bruce Willis는 경계성 성격이라고 생각되는 여자 환자를 상담하는 뉴욕의 정신과 의사 역할을 맡았다(상담하러 오기 전에 여자는 화장을 망쳤다고 절망하며 분노로 발작한다). 브루스 윌리스는 긴 상담일과에 지쳤는지(친애하는 브루스, 동정이 간다) 반복되는 자멸적 행동에 대한 자신의 견해를 환자에게 조금 심하게 설명한다. 교훈적인 설명에 큰 충격을 받은 환자는 사무실의 유리문 밖으로 몸을 던져 몇 층 아래 거리로 떨어져 죽고 만다. 자신과 타인을 향한 분노 발작 속에서 충동적으로 저지른 것이다. 브루스 윌리스는 캘리포니아에 사는 동료 의사에게 '휴식을 취하러' 떠나고 그곳에서 성격장애를 가진 또 다른 여자 환자를 만나지만, 우리 생각에는 처음에 등장한 경계성 성격의 여성보다는 덜 현실적으로 소개되었다(다행히 모든 경계성 성격들이 자살하는 건 아니고, 또 모두가 치료사 앞에서 그러진 않는다).

경계성 성격의 발달 원인은 복잡하지만 여러 연구들을 보면, 이 환자들 중 유년기에 주변 사람으로부터 성적 학대나 폭력을 겪은 비율이 높은 것으로 드러났다.[3] (학대받은 아동 모두가 경계성 성격이 되진 않지만 다른 유형의 심리장애가 발달할 수 있다.) 어떤 학자들은 어린 시절부터 발달한 경계성 성격과 재난을 겪은 사람들에게서 나타나는 외상 후 스트레스 장애 사이에 유사점이 있다고 본다.[4] 주변에 이 성격장애를 앓는 사람이 있다고 생각된다면, 전문가에게 가서 말하기를 무엇보다 권하는 이유를 쉽게 이해할 것이다.

애드리안 라인(Adrian Lyne)의 영화 〈위험한 정사Fatal Attraction〉(1987)는 마이클 더글라스가 글렌 클로즈(Glenn Close)가 연기한 경계성 성격의 정부와 불륜을 시작해 버리는 잘못을 저지르는 내용이다. 마이클 더글라스는 잠시 바람을 피울 의도였지만 그에게 몰두해 버린 글렌 클로즈는 헤어지자는 말에 폭력적인 행동과 자살 시도로 대응한다. 그런데 애인에게 복수하려는 그녀의 고집을 보면 자신이 겪은 피해를 지나치게 큰 벌로 갚아 주는 게 마땅하다고 여기는 편집성 성격도 보인다.

분열형 성격

이 성격은 타인과 자신, 그리고 세상에 대한 별난 믿음과 지각을 갖고 있다. 이 '별나다'는 것은, 물론 그 개인이 속한 문화 그룹의 전통적인 믿음에 의거해 규정되는 것이다. 복수하려고 죽은 사람이 관에서 나와 이승으로 온다고 믿는 아이티 농부는 '별나지' 않지만, 파리에 사는 대기업 간부가 이것을 믿는다면 별난 것이다.

우리 사회에서 분열형 성격Schizotypal Personality은 비교주의秘敎主義, 동양의 종교, 뉴에이지 같은 믿음에 끌리지만, 타인을 경계하는 경향이 있고 집단 속에 있으면 불편함을 느끼기 때문에 혼자 지내는 경우가 많다. 분열형 성격은 일반적으로 사방천지에서 '신호sign'들을 감지한다(예를 들어, 분열형 환자는 유명한 브랜드의 맥주를 배달하는 트럭에서 어머니에게 전화하라는 신호를 감지한다. 자기 어머니가 그 브랜드의 맥주를 마셨기 때문이다). 이 사람들은 또한 환생과("죽은 누나가 나를 통해 말하려는 걸 느꼈어요"), 불가사의한 초자연적 현상이나 외계인을 믿는다. 이들에게는 이것이 단순히 관심 있는 주제가 아니라 뿌리 깊은 믿음이며 날마다 생활에서 '느끼는' 것이다.

영화와 문학 속의 예

데이비드 린치David Lynch의 드라마 〈트윈 픽스Twin Peaks〉에서 로그 레이디는 분열형 성격으로 보인다. 세상과 동떨어져 살고 항상 팔에 통나무를 들고 다니며 정답게 말을 하고 텔레파시로 메시지를 전달받는다. 이 경탄할 만한 시리즈는 이상한 등장인물과 초자연적인 신호, 인디언의 마법, 신체 변형, 끔찍한 환각 등 전반적으로 분열성 분위기에 흠뻑 젖어 있다. 또 주인공인 FBI 요원 데일 쿠퍼는 별난 믿음을 갖고 있고 조금 논리에서 벗어난 행동을 한다(그날 그날 자기가 생각한 것들을, 존재하지 않는 비서 다이앤에게 말하며 녹음기에 녹음한다). 이는 〈트윈 픽스〉의 작가들이 분열형 성격이라는 뜻이 아니라 예술가들은 자기 성격의 좁은 들판을 넘어서는 경험까지도 상상해 낼 수 있다는 것이다. (도스토예프스키는 《죄와 벌》에서 살인자의 정신적인 반추를 묘사하기 위해 늙은 부인을 도끼로 죽일 필요는 없다고 지적했었다.)

분열형 성격과 정신분열증schizophrenia 사이에는 어떤 동류성이 존재하는 것으로 보인다.[5] 정신분열증에 걸린 환자의 일가친척 중에는 분열형 성격인 사람의 비율이 평균보다 높다. 그럼에도 정신분열증 환자에 비해 분열형 성격은 현실과 좀 더 나은 관계를 유지하고 있어서 정신분열증의 급성 발작 같은 환각은 아주 드물게 일어난다. 정신과 의사들 중에는 분열형 성격이 정신분열증의 작은 형태라고 생각하는 이들도 있다.

이 성격은 자신의 특이함이 방해가 되지 않는 직업(고립된 일자리)을 찾거나 잘 받아들여지고 박해받는다고 느끼지 않는 그룹(농업 사회처럼 오래 알고 지낸 동료)을 만나지 않는 한, 사회생활에 적응하지 못하는 경우가 많다.

만약 주변에 분열형 성격을 가진 사람이 있다면 우리가 줄 수 있는 조언은 분열성 성격을 위해 우리가 한 조언들과 비슷하다. 특히 평온히 지내고 싶은 필요를 존중해야 하지만 역시나 전문가의 도움을 찾는 것이 좋다. 사회생활에 잘 적응하지 못하기 때문에 분열형 성격들은 우울증에 걸리거나 자살할 위험이 높다.

가학성 성격

이 재수없는 성격장애는 주변인들을 지배하고 고통을 주려는 일체의 태도와 행동들이 그 특징이다. 가학적인 사람은 다른 목표에 도달하기 위한 수단으로서가 아니라 '즐거움을 위해' 타인의 복종과 고통을 추구한다. (예를 들어 강탈하려고 누군가를 때리는 것을 가학적인 행동이라고 볼 수만은 없다. 공격한 사람의 가장 큰 목표가 고통을 주려는 것이라기보다는 훔치는 것이기 때문이다.)

가학성 성격은 법을 위반하지 않도록 알아서 처신할 수 있으므로 '허용된' 행동을 통해 타인에게 고통을 주려고 한다. 사람들 앞에서 상처가 되는 지적을 하며 누군가에게 모욕을 주는 것, 필요 이상으로 자녀들을 벌주는 것, 처벌의 위협으로 아랫사람들에게 공포심을 주는 것, 동물을 학대하는 것, 타인의 고통을 즐기는 것, 품위를 떨어뜨리거나 굴욕적인 행동을 남들에게 강요하는 것 등은 가학성 성격의 신호가 될 수 있다. 이 장애는 청소년기 때부터 나타나고 사내아이들에게 압도적으로 많다.

호전적인 사회에서 가학적인 행동은 남성성의 증거이자 상대 부족에게 두려움을 주는 수단으로 높이 평가받았다. 진화론적인 관점에서 사디즘sadism은 경쟁자를 복종시키고 적을 제거하는 데 유리했으므로 자손을 남길 기회를 높여줬다고 할 수 있다. 북부 아메리카 인디언들 중에는 포로를 오랫동안 고문하는 것으로 청소년들이 남성성을 증명해야 하는 부족도 있었다('선량한 미개인'의 이미지를 또 한 번 침해하는 것이다!).[6] 또 다른 호전적인 사회였던 바이킹들에게 9세기의 한 지도자는 '어린아이들의 남자'라는 별명을 얻었다. 적의 마을을 함락시켰을 때 그때까지 관습처럼 해 왔던 창끝에 아이들을 꿰는 것을 금지했기 때문이다. 이 금지가 바이킹들을 어찌나 놀라게 했는지, 지도자에게 이처럼 다정다감한 별명을 붙인 것이다.[7] 이를 통해 당시에는 '당연했고', 불행히도 역사에 자주 나타나곤 했던 사디즘의 수준을 짐작해 볼 수 있다. 이처럼 유혈이 낭자하진 않지만, 간혹 극도의 잔인함을 보여 주는 후손들인 요즘의 가학성 젊은이들은 '신입생 신고식'에 적극적으로 참여하면서 신입생들을 굴복시키고 모욕을 주는 기쁨을 누린다.

가학성 성격의 사람들이 안정적인 민주주의 사회 속에서 자신을 '억제해야' 한다면, 전쟁과 혁명은 그들에게 자아를 실현할 수 있는 뜻밖의 대로大路를 열어 준다. 그들은 반동분자를 취조하고 포로수용소를 지키고 보복을 시행하며 시민들에게 겁을 주는 일에 언제나 자진하여 나설 것이다. 전쟁의 끔찍함 중 하나는 가학적인 행동이 하나의 표준이 되어 결국에는 성격이 정상이었던 사람들까지 그것을 받아들이고 만다는 것이다. 민주주의의 미덕 중 하나는 전쟁 시기라 하더라도 군인들이 보이는 이런 유의 행동을 벌하고 통제하려는 시도를 한다는 점이다. 반면 독재자의 군대에서는 가학적인 사람들이 군사 법정에 서는 일은 매우 드물다.

가학성 성격은 둘 중 한 명꼴로 다른 성격장애(특히 편집성, 자기애성, 반사회성)와 결합되어 있다.

영화와 문학 속의 예

피터 그리너웨이Peter Greenaway 감독의 영화 〈요리사, 도둑, 아내 그리고 그녀의 정부The Cook The Thief His Wife & Her Lover〉(1989)에서 위대한 마이클 갬본Michael Gambon이 연기한 인물은 만만찮은 소시오패스(갱단의 무시무시한 보스)이자 활활 타오르는 가학성 성격이다. 엄청난 만찬이 벌어지는 가운데 그는 폭력적인 언행으로 주변 사람들을 공포에 떨게 만들고 모욕을 주는 것을 즐긴다. 그리고 자기 아내의 정부를 끔찍한 방식으로 죽이도록 사주한다. 나중에 그는 어떤 면에서 자신의 사디즘을 도로 당하게 된다.

스티븐슨Stevenson의 소설을 바탕으로 빅터 플레밍Victor Fleming이 연출한 영화 〈지킬 박사와 하이드Dr. Jekyll and Mr. Hyde〉(1941)에서 스펜서 트레이시Spencer Tracy가 연기한 선한 박사는 본의 아니게 굉장히 가학적인 하이드로 변신하여 끊임없이 다른 사람들을 괴롭히며 그들이 느끼는 고통을 즐긴다. 특히 그는 잉그리드 버그만Ingrid Bergman에게 모욕을 주고 겁 주면서 기쁨을 느낀다.

데이비드 린치의 불안한 영화 〈블루 벨벳Blue Velvet〉(1986)에서 데니스 호퍼 Dennis Hopper는 이사벨라 로셀리니Isabella Rossellini가 연기한 의존성 성격의 여성을 심하게 괴롭힌다. 이는 사도-마조히즘 관계의 소름끼치는 모델이다.

그러나 사디즘이 전쟁 범죄자나 연쇄 살인범에게만 존재한다고 착각하면 안 된다. 사디즘은 우리 안에 잠자고 있다가 카리스마 있는 지도자에게 훈련받거나 그룹 효과, 좌절감을 보상하고 싶은 필요, 복수의 욕구 등이 생기는 여러 가지 상황에서 눈뜰 수도 있다.

자멸적 성격

이 성격장애의 존재에 대해서는 의견이 분분하다. 더구나 미국 정신의학협회의 진단분류기준인 DSM-IV에도 포함되어 있지 않다. 자멸적 성격Self-defeating personality 은 다르게 할 수 있는데도 자기 존재를 의지적으로 '파괴하는' 것처럼 보이는 사람들이다. 항상 그렇듯 성격이라고 말할 수 있으려면 자멸적 행동이 청소년기부터 시작해 직장, 사회적 관계, 애정 관계, 취미 등 인생 전반에 걸쳐 나타나야 하고, 성공할 기회가 있는데도 그걸 붙잡지 않아야 한다.

예를 들면 시험 준비를 잘했는데도 시험에 자주 늦는 학생, 자신이 희생할 게 뻔히 보이는데도 거칠고 바람기 있는 남자만 고르는 여자, 지키기 쉬운데도 친구들에게 약속한 걸 항상 지키지 않아서 불화를 일으키는 남자가 그렇다. 학위나 능력으로 보아 더 나은 대우를 받는 것이 가능한데, 임금이 낮고 능력에 못 미치는 직업을 유지하는 직장인도 있다. 자멸적 성격인 사람은 아파도 심각한 합병증이 생길 때까지 병원에 가지 않고, 치료를 받을 때도 효과가 좋고 부작용이 없는 약을 불규칙적으로 복용한다.

뭔가 행복한 일이 일어나도 자멸적 성격은, 나쁜 결과를 가져오는 큰 사고를 일으키거나 해서 이 긍정적인 사건을 바로 상쇄해 버린다. 좋은 성과를 올려 칭찬받고 연봉 인상을 얻은 간부가 얼마 안 있어 해고로 이어지는 중대한 직업적 실수를 저지르기도 한다.

이 같은 행동은 당연히 주변의 분노와 거절을 낳는다. "젠장, 일부러 저러는 거 아냐?"

사실 이 성격장애는 여러 가지 이유에서 공식적인 인정을 받지 못했다. 우선 연구들을 살펴보면 이 성격은 다른 성격장애와 연결된 경우가 매우 많았는데 특히 의존성, 회피성, 수동공격성, 경계성 성격과 자주 결합되었다. 그러므로 어쩌면 자멸적 **성격**은 없지만 여러 성격장애에서 공통되는 자멸적 **행동**이 존재하는 건지도 모르겠다. 예를 들어 승진할 수 있는 가능성 앞에서 위에 언급한 성격들은 여러 가지 이유로 '파괴적인' 행동을 할 수 있다.

- 의존성 성격은 개인적인 책임감을 더 가져야 하는 두려움 때문에 '고의로 방해한다.'
- 회피성 성격은 더 많은 사람들 눈에 띄게 될까 봐 두려워한다.
- 수동공격성 성격은 자신을 믿는, 하지만 자신이 원망하는 상사를 '벌주려고' 한다.
- 경계성 성격은 급격한 기분 변화와 함께 진짜 욕구가 뭔지 갑자기 의심을 한다.
- 우울성 성격은 승진할 자리에 자신이 걸맞지 않을까 봐 두려워한다. 더구나 자신에게는 승진할 자격이 없다고 여긴다.

자멸적 성격 진단이 어려운 또 다른 이유는, 이것이 가끔 '피해자 비난'[8]이라는 표현으로 묶이는 위험한 일탈로 치닫기 때문이다.

예를 들어, 남편에게 맞으면서도 계속 남편과 살고 있는 여성에게 이 진단이 가능하다. 이들을 '자멸적 성격'이라고 진단하면, 남편 측 변호사는 '피해자를 비난'하면서 부부 문제의 책임을 이 여성들에게 넘기고, 양육권까지 빼앗으려고 시도할 수도 있다. 사실 매 맞는 아내들은 만성적인 외상 후 스트레스 상태에 있는 피해자로 일상생활에 장애를 가져오는 불안·우울 상태에 있는 경우가 많다. 그리고 성격장애를 가진 경우라면, 대개는 혼자 살아갈 수 없다는 두려움 때문에 가정을 떠나지 못하는 의존성 성격에 해당한다. 페미니스트들이 여전히 프로이트를 용서하지 못하는 그 유명한 '여성의 마조히즘'과는 거리가 먼 것이다.

치료사가 '피해자 비난'을 핑계로 이를 이용할 수도 있다. 도와주려는 모든 시도에도 불구하고 환자가 나아지지 않을 때, "자멸적 성격이야"라며 치료 실패의 책임을 환자에게 돌리는 것이다. (정신분석학적으로 변형하면 이렇다. "이 환자는 저항이 너무 강하군" 또는 "스스로를 자멸에 빠트리는 마조히즘적인 쾌락을 갖고 있어.")

이런 모든 이유로 '자멸적 성격' 진단은 현재 사용되지 않고 있고, 다음에 공인받으려는 노력 역시 분명 실패할 것이다!

충격적인 사건에 의해 변화된 성격

오래전부터 정신과 의사들은 끔찍한 시련을 겪은 사람들에게서 성격이 변화되는 것을 관찰했다. 처음 관찰된 것은 KZ 신드롬'konzentrationslager syndrom (강제수용소 증후군)으로, 나치나 일본군의 강제수용소 생존자들에게서 관찰된 성격 변화다. 이후 이것은 계속 이어져 캄보디아 난민들과 베트콩 수용소의 포로들에게서도 관찰되었다.[10] 폭력을 겪은 것 외에도 심각한 영양실조를 장기적으로 겪은 것 역시 영향을 미치기도 한다. 이 '생존자 증후군'은 시련을 겪은 이후 몇 년 동안 지속될 수 있고, 불안, 무관심, 사회적 위축, 정서적인 둔화, 숙면 장애, 항상 위협받는다는 감정 등의 만성적인 증상들이 함께 나타난다.

재난이나 심각한 사고에서 생존한 사람들이나 폭행 피해자들에게서 관찰되는 외상 후 스트레스 장애에서도 다양한 단계로 이 모든 증상들이 나타난다. 심리적인 후유증을 줄이려면 관련된 사람들을 사고 후 최대한 빨리, 이상적으로는 몇 시간 내로 치료하는 것이 중요하다. 치료는 우선 심리적인 것으로 피해자에게 자신의 외상을 이야기하게 만드는 것으로 이루어지지만 특별히 훈련받은 상담자와 안심할 수 있는 치료적 관계에 놓인 상태에서 진행되어야 한다.

외상 후 스트레스의 이른 진단과 치료는 진정한 공중 보건적 문제다. 심리적인 보살핌을 받지 못한 사람에게는 나중에 본인에게나 가족, 사회적으로 비용이 큰 만성적인 장애가 발병할 위험이 높기 때문이다.

영화와 문학 속의 예

테드 코체프Ted Kotcheff의 영화 〈람보Rambo〉(1982) 초반에 베트남 전쟁 참전 용사였던 실베스터 스탤론Sylvester Stallone은 사회 부적응, 흥미 감퇴, 사회적 위축, 경계심 등 심각한 외상 후 스트레스 장애의 몇몇 증상을 보여 준다. 가학적 성향의 경찰에게 체포되어 학대를 당하자, 베트콩에게 잡혀 포로로 지냈던 기억들을 불안 속에서 다시 체험하게 되고, 남자 청소년 관객들이 환호할 만한 전사의 성격이 갑작스럽게 재출현한다.

그렇다면 다중인격은?

이 장애는 드문 편인데도 불구하고 대중이나 정신과 의사들의 흥미를 자극한다. 다중인격은 엄밀한 의미에서 성격장애라기보다 본질이 다른 질환처럼 여겨진다.

다중인격은 여러 인격을 연달아 보여 준다. 그 인격들은 가끔 그들의 나이나 교양 수준, 성性, 특징과 많이 다르기도 하다. 전형적인 다중인격 형태에서 각각의 인격들은 다른 인격의 기억을 상실한다. 즉, 다른 인격이 한 말이나 행동, 생각을 기억하지 못하거나 아주 조금만 기억한다. 인격의 평균수는 스티븐슨Stevenson의 《지킬 박사와 하이드 Dr Jekyll and Mr Hyde》처럼 둘이 아니라 환자마다 다섯에서 열 명 사이로 달라진다. '주인' 인격은 환자의 사회적인 신분과 일치하는 인격이지만 반드시 도움을 청하는 인격인 것은 아니다.

정신의학의 놀라운 사실은 이 장애를 유발하는 요인이 거의 밝혀졌다는 것이다. 거의 모든 케이스에서 어린 시절에 정서적인 지지 없이 충격적인 사건을 겪었다는 것이 발견되었다.

우리는 이 장애의 전문가인 정신과 의사와, 인격이 적어도 3개인 한 환자의 치료 회기를 참관했다. 하나는 정상인 '주인' 인격으로 50대의 사무직 회사원인 환자의 정체성에 해당하고, 동료나 가족에게 좋은 평가를 받지만 우울증 증상을 자주 앓는다. 다른 하나는 그 인격이 출현할 때 일반적인 놀라움을 유발하는 것으로, 매사에 투덜대고 의존적인 5살 어린 소년의 인격이다. 보통은 일상생활에서 작은 갈등을 겪으면 이 인격이 환자를 소유해 버린다. 이 환자는 세 번째 인격을 갖고 있는데 공격적이고 호전적인 남자로 낯선 사람들과 여러 번 주먹다짐을 벌이게 만든 인격이었다. 환자가 정상 인격으로 돌아오면 투덜대는 어린아이나 싸우기 좋아하는 남자로 행동했던 시간들을 전혀 기억하지 못했다.

회기 동안 최면 상태에서 정신과 의사는 명령으로 아이 인격을 불러들였다. 환자는 눈을 감은 채 그 누구도 흉내 낼 수 없을 정도로 막 눈물이 쏟아질 것 같은 5살 된 어린아이의 목소리와 어휘들로 말했다.

정신과 의사는 '아이'에게 어른인 환자가 완전히 잊어버린 아주 먼 과거의 한 장면을 이야기하도록 했다. 환자의 아버지는 유명한 범죄자로 그가 사기를 친 라이벌 갱단을 피해 숨었다. 갱단은 당시 다섯 살이던 환자를 찾아내어 아버지가 어디 있는지 누설하도록 시켰다. 털어놓길 거부하자 갱단 한 명이 칼을 꺼내 어린 소년의 팔목에 칼날을 갖다 대고 손을 자르겠다고 위협했다. 겁에 질려 털어놓자 갱단은 아버지를 찾아내어 죽였다.

이후 아이는 이 사건에서 자기가 한 역할을 아무에게도 말할 수가 없었다. 이런 이유로 인격의 일부가 트라우마를 갖게 된 이 나이에 고착되었다. 이 인격은 환자가 갈등으로 스트레스를 받게 되면 나타났는데, 아주 사소한 갈등이라도 다섯 살 때의 충격과 유사한 감정을 불러일으키는 경우 그랬다. 공격적이고 호전적인 남성 인격은 아마도 아버지(또는 아버지를 살인한 사람 중 한 명)와 동일시한 것으로 여겨진다.

모두 이렇게 극적이진 않아도 다중인격의 원인에서 발견되는 트라우마가 되는 사건들은 재앙이나 폭행, 성폭행처럼 생명의 위협을 전제로 하는데, 근친상간이 발견되는 경우도 상당히 빈번하다. 이 장애는 특히나 여성에게서 나타나지만 어쩌면 남성에게는 진단이 덜 되고 있는지도 모른다. 다중인격의 인격 하나는 충동적이고 자기파괴적인 행동과 함께 종종 경계성 성격의 특징들을 갖고 있는데, 경계성 환자의 어린 시절에서 근친상간이나 성적 학대가 자주 발견되었다는 걸 보면 그리 놀랍지 않다.

유사한 장애로 해리성 둔주Dissociative Fugue가 있다. 일상적인 예로는 정숙하고 단정한 아가씨가 일시적으로 집을 가출해 며칠 동안 방황하며 길에서 만난 동행자들과 범죄를 저지르고 술과 마약을 복용한 뒤 집으로 돌아오면 평소의 인격이 되돌아와서 며칠 동안의 행동에 대해서 기억을 상실하는 것이다.

근친상간이나 트라우마를 겪은 뒤 모두가 다 다중인격 장애를 발전시키진 않는다. 어떤 사람들은 의식을 여러 가지 상태로 '분리하는' 능력을 갖고 있는 것처럼 보인다. 분리 현상은 일시적인 자아 상실의 감정부터(몇 초간 같은 사람이 아닌 것 같은 느낌) 망아忘我지경과 몸을 빠져나와 자신이 행동하는 것을 관찰하는 것 같은 감정을 거쳐, 결국에는 각성이나 잠든 것과는 다른 의식 상태로 들어가는 최면 상태까지 모두 아우르는 경험들을 말한다. 바로 그래서 쉽게 최면에 걸리는 사람은 트라우마를 겪고 난 후 분리 장애를 갖게 될 성향을 더 많이 갖고 있는 것으로 보인다. 더구나 최면은 다중인격과 외상 후 스트레스 장애 치료에 사용되는 치료기술이다. 두 경우 다 안심이 되는 분위기 속에서 실시하고, 자신을 보호하기 위해 분리 메커니즘으로 의식을 분리해 '피난시킨' 견디기 어려운 감정이나 기억으로 환자의 의식을 끌고 간다. 분리 현상과 이것들 중 가장 눈길을 끄는 다중인격 장애는 광대하고 복잡한 주제로, 전문분야 중에서도 진정한 전문분야이기 때문에 여기서는 살짝 간만 보는 걸로 마치겠다.

(주의: 북아메리카 대륙에서는 다중인격 장애가 진정한 유행병이 된 것 같다. 이처럼 눈부신 증가를 보이는 원인에는 분명 여러 가지가 있다. 잘 알려진 장애이기 때문에 건강 전문가들이 더 인정을 해주고 진단을 하는 것이겠지만, 진짜 유행과 같은 현상이 되어 영향을 쉽게 받거나 최면에 잘 걸리는 환자들이 스스로

또는 이 주제에 심취한 치료사의 본의 아닌 도움으로 다중인격을 만들어 내는 것이라고도 생각해 볼 수 있다.[11])

물론 다중인격에 속하지 않고도 상황에 따라 우리 성격의 다양한 면을 드러낼 수 있다. 우린 모두, 직장에서는 자신감이 넘치지만 가정에서는 어색한 사람, 또는 그 반대인 사람이나, 집에서는 폭군이면서 친구들에게는 다정하고 친절하게 대하는 사람을 알고 있지 않은가?

우리가 설명하지 않은 다른 힘든 성격들을 만나게 될 테지만, 그들을 더 잘 이해하고 인간으로서 아낄 수 있도록 이 책이 당신에게 도움이 되길 바란다.

13

힘든 성격은
어디에서
비롯되었는가

이미 언급했던 것처럼 성격 형성에서 선천적인 부분과 후천적인 부분을 규명하는 것은 매우 어렵다. 이 둘의 관계가 단순하지 않고, 인생의 여러 단계들에 두 요인이 복잡하게 얽혀 상호작용하기 때문이다.

성격의 원인에 대한 수많은 이론들을 찾을 수 있지만, 관찰을 통해 확인된 사실은 여전히 매우 적은 편이다. 우리는 이 책이 실용적이길 바라기 때문에 성격에 대한 다양한 이론들을 풀어 놓길 원치 않았고(도서관을 통째로 인용해도 부족할 것이다), 지금까지는 관찰된 사실 중에서도 여러 연구를 통해 확인된 몇 가지를 언급하는 것에 만족했다(예를 들면, 경계성 성격이 유년기에 겪은 성적 학대와 근친상간의 빈도, 분열형 성격에 미친 유전적인 요인의 영향 등). 여하튼 모든 학자들이 동의하는 것은 성격이란 유전적으로 물려받은 선천적인 성향과 태어난 첫날부터(간혹 태어나기 전부터) 아기에게 작용하는 환경적인 영향의 복잡한 산물이란 것이다.

앞으로 보게 될 것처럼 연구하는 특징에 따라, 그리고 개인에 따라 달라질 것이 분명한 환경과 유전, 각각의 부분에 대한 토론은 오랫동안 계속될 것이다.

성격은 유전적일 수 있는가?

우리는 여러 가지 이유로 성격 특성의 일부가 유전적으로 전해질 수 있다는 견해에 충격을 받는다.

성격이 유전적이라고 말하면 많은 사람들이 충격을 받는 4가지 이유

- **유태-기독교 전통** : 종교에 따르면 인간에게는 자유의지가 있어서 죄를 짓거나 선한 일을 하거나 자유롭다. 성격 특성의 일부가 유전적으로 결정된다는 견해는 이 종교적인 전통과 충돌한다. 생각했던 것보다 우리의 자유가 더 적다는 걸 암시하기 때문이다. (그러나 신약성서에 나오는 '달란트talent' 우화는 각 개인 간에 존재하는 유전적인 불평등을 인정한 것처럼 이해되기도 한다.)
- **공화주의 전통** : 이 전통은 모두에게 주어져야 하는 기회의 평등과 한 개인의 발달에서 교육의 가치를 강조한다. 유전적으로 다르다고 말하는 것은 불평등을 받아들이거나 교육의 가치를 깎아내리는 것처럼 보일 수 있다. (사실 성격에서 유전적인 영향을 인정하는 것과 교육에 대단한 중요성을 부여하는 것은 전혀 모순되지 않는다.)
- **정신분석 전통** : 이 전통은 성격 형성에서 어린 시절에 겪은 사건들의 중요성을 강조한다. 유전적인 영향을 옹호하는 것을 어떤 정신분석학자들은 자기네 분야에 대한 관심을 줄이려는 시도처럼 받아들인다.

- **끔찍한 기억들** : 상식을 벗어난 유전적 이론이라는 명목으로 나치가 저지른 악행들이 있다. 이 인종차별적인 신념은 현재의 유전적인 연구와 아무런 관계가 없지만, 어떤 이들에게 '유전적'이라는 단어는 유황 냄새를 풍긴다.

그럼에도 몇몇 성격 특성들이 일부 유전적으로 전달된다고 확증해 주는 연구들이 점점 더 많아지고 있다. (개나 말 사육자들, 다자녀 가정의 어머니들은 이미 알고 있다.) 그러나 이를 어떻게 인간에게서 확인할 수 있을까? 선천적인 것과 후천적인 것을 어떻게 구별할 수 있을까?

이 문제에 직면한 학자들은 환경과 유전이 미치는 각각의 영향을 연구하기 위해 다양한 유형의 연구들을 상상해 냈다.

- **쌍둥이 연구** : 같은 유전 물질을 가진 '진짜' 쌍둥이라고 부르는 일란성 쌍둥이와 평범한 형제 자매 정도로만 닮은 '가짜' 쌍둥이에게서 나타나는 심리장애나 성격 특성의 빈도를 비교할 수 있다. 만약 A쌍둥이에게서 나타나는 성격 특성이 B쌍둥이에게서 좀 더 빈번하게 나타나는데, 그것이 가짜 쌍둥이보다는 진짜 쌍둥이일 경우가 많다면 그 성격 특성의 형성에 유전적인 부분이 존재한다는 걸 보여 준다.
- **좀 더 흥미로운 연구** : 따로따로 자란 (이런 일이 일어나기도 한다) 진짜 쌍둥이를 연구하면, 교육과 유전의 영향을 더 잘 구분할 수 있다.[1]
- **입양 연구** : 태어나자마자 입양된 아이들의 성격 특성을, 생물학적 '진짜' 부모의 성격 특성과 아이들을 기른 입양 부모의 특성들과 비교해 볼 수 있다. 생물학적 부모의 심리적 특징들이 입양된 아이들에게서 많이 보이는데 입양한 부모에게서 나타나지 않는다면 유전적

으로 전해진 것이라고 생각하게 된다. 이런 유형의 연구는 가령 정신분열증이나 특정한 유형의 알코올 중독에 유전적인 소인이 존재한다는 걸 보여 준다.

• **가족 연구** : 가깝고 먼 가족 구성원 내에서 한 가지 성격 특성의 빈도를 찾는 것이다. 이런 유형의 연구는 예를 들어 정신분열증 환자의 일가친척 중에 분열형 성격이 나타날 빈도가 더 높다는 것을 보여 준다. 이는 이 두 장애가 공통된 유전적 기저를 갖고 있다고 생각하게 만든다.

그러나 조심해야 할 것은 성향이 유전적이란 사실과, 유전적 특성에 의해 전해진다는 사실이 교육이나 환경에 의해 수정될 수 없다는 것을 의미하지는 않는다는 점이다. 예를 들어, 알코올에 의존하는 유전적 성향이 있는 사람이 교육의 도움으로 스트레스를 관리하는 다른 방법을 배우고, 유혹이 너무 심한 상황이나 세계와 떨어져 지낼 줄 안다면 평생 절제된 상태로 지낼 수도 있다.

그렇다면 환경의 영향은?

성격 특성의 유전에 관심을 갖는다고 해서 유년기의 사건이나 교육이 미치는 영향을 부인하는 것은 아니다. 많은 연구팀들은 환자가 이야기하는 어린 시절이나 인생에 대해 관심을 가질 뿐만 아니라 호적이나 사회, 의료 서비스 같은 외부 관찰자들이 주는 정보에도 관심을 갖는다. 몇 가지를 인용하면 아래와 같다.

- 가족의 사회 인구학적 특징
- 이른 애도
- 가족 구성원 내 심각한 질병
- 부부 폭력, 학대, 성적 학대
- 관찰이 가능하다면 가정의 의사소통이나 교육 스타일

환경과 유전, 각각이 미치는 영향을 연구한 좋은 예는 정신분열증이다. 태어나자마자 입양된 아이들을 연구한 덕분에 유전이 정신분열증에 한 역할을 한다는 것이 드러났다(만약 생물학적인 부모 중 한 명이 정신분열증일 경우, 아이 역시 정신분열증에 걸릴 위험은 10퍼센트이고, 양친 모두 그럴 경우 위험은 50퍼센트가 된다).

그러나 정신분열증이 될 위험이 가장 많아 보이는(분열형 성격) 청소년이 있는 가정의 의사소통 스타일을 연구하면서, 의사소통이 가장 활발하지 않은 가정의 청소년은 정신분열증이 될 위험이 높고, 비난을 많이 하고 감정적으로 너무 몰입하는 가정의 경우 정신분열증이 발병한 후에 재발이 더 빈번한 것으로 나타났다.

유전/환경 : 여전히 괴리되는 데이터들 [2]

성격장애에 유전적인 영향이 있음을 지지해 주는 많은 근거들이 존재한다.

- 만약 쌍둥이 중 한 명이 강박성 성격을 갖고 있다면, '진짜' 쌍

둥이일 경우 다른 한 명도 강박성일 위험이 많다.

• 정신분열증 환자의 일가친척 중에는 대조 인구에 비해 분열성 성격을 가진 사람들이 많이 발견된다.

• 경계성 성격인 사람의 일가친척 중에는 대조 인구에 비해 기분 장애(우울증)를 가진 사람들이 많이 발견된다.

• 편집성 성격인 사람의 일가친척 중에는 대조 인구에 비해 망상 장애를 가진 사람들이 많이 발견된다.

우리가 말하는 일가친척이란 선조와 방계친족까지 아우르는 것으로 다른 가정에서 자란 사람들까지 포함한다.

앞서 묘사했던 불안해하는 성격의 경우 일반 불안장애와 가까우며, 일가친척 중에 불안장애를 가진 사람들이 많이 발견된다. 마찬가지로 우울성 성격은 기분부전장애와 구별하기 어렵고 다른 우울 형태와 함께 유전적인 인자가 많이 발견된다.

성격 특성의 차원적인 평가로 돌아와서

'힘든 성격'의 범주 얘기는 잠시 멈추고, 성격의 차원적인 면으로 돌아오자. 좀 더 섬세한 분석이 가능하다. 예를 들면 강박성 성격의 일가친척을 연구하면서, 연구자는 가족 중에서 강박성 성격의 기준에 일치하는 사람을 전혀 발견하지 못할 수도 있다. 그렇다면 강박성 성격에 유전적인 영향이 전혀 없다는 추론이 가능하다. 그러나 같은 연구자가 '강박 성향'(질서와 정확성, 양심의 가책을 추구하는 경향)을 측정하는 척도로 가족 구성원들을 평가했다면, 강박성 성격으로 분류된 사람은 없을지라도 가족의 일부는 이 척도에서 전체 평균보다 높은 점수를 얻었음을 발견할 것이다.

이 경우 '강박 성향' 차원이 일부 유전된다는 것을 의심해 볼 수 있다. 다른 환경에서 자란 쌍둥이들로 확인할 수도 있을 것이다. 강박성 성격은 어떻게 보면 이 가족의 '강박 성향'의 빙하에서 물 밖으로 튀어나온 부분인 셈이다.

결론적으로 이 유전적인 부분에 대한 다양한 유형의(진짜, '가짜', 함께 자라거나 따로 자란) 쌍둥이 연구들은 연구를 거듭할수록 비교적 비슷한 결과들을 보여 주었다.

그 대표적인 예로 성인 쌍둥이 175쌍을 대상으로 연구[3]한 결과를 제시해 보겠다. 방법론적인 신중함을 기한 끝에 연구자들은 선행 연구들과 근접한 결론들을 이끌어 냈다. 유전은 내림차순으로 정리한 다음과 같은 특징들에서 중요한 부분을 차지한다(차원에 미치는 영향이 45% 이상).

- 자기도취증(과장이나 호언장담하는 감각, 찬미와 관심, 칭찬이 필요함, 64%)
- 정체성 문제(만성적인 공허감, 불안정한 자아상, 염세주의, 59%). 이 차원이 교육적인 경험의 영향을 받을 것이라고 기대했던 학자들은 이 결과에 놀랐다.
- '몰입정함'(공감 부족, 자기중심성, 경멸, 사디즘, 56%)
- 흥분 추구(50%)

- 불안(49%)

- 감정적인 불안정(49%)

- 내향성(47%)

- 사회적인 기피(47%)

- 의심(48%)

- 적대감 (지배, 적의, 완고함, 45%)

그래도 대략 나머지 절반 정도는 교육적인 환경의 영향을 받게 되므로, 유전적인 요인에 관심을 갖는다고 환경적인 요인에 무관심해지는 것은 아님을 보여 준다. 그렇지만 두 요인은 같은 방향으로 움직인다. 양친 중 한 명이나 가까운 사람이 보정해 주는 특징을 갖고 있다면 모를까, 이미 유전적인 불안 성향을 갖고 있는 아이라면 불안한 성격을 가진 부모로부터 불안을 야기하는 교육을 받게 될 것이고, 의심 성향을 가진 아이는 의심이 많은 부모를 모델로 삼을 것이다.

강박성 특성의 경우 유전적인 영향은 차원의 39%만이 의미가 있는 것으로 나타났다.

위의 결과와는 반대로 같은 연구에서 아래에 언급한 차원들의 경우 유전의 역할이 별로 없음이 발견되었다.

- 암시에 걸리기 쉽고 복종하는 성향
- 정서적인 불안(분리에 대한 공포, 공간적인 근접성 추구, 고독을 견디기 어려워함)
- 친밀함의 어려움(성적 억제, 애착에 대한 공포)

친밀한 사람들과의 관계와 관련된 이 세 가지 차원들은 어머니와 아이의 조기 애착 학습에 매우 많은 영향을 받는다고 생각할 수 있다.

환경과 관련해 작은 첨언을 하자면, 의존성 성격은 '막내들'에게 더 흔하거나 어린 시절에 만성적인 질병을 앓았던 사람들에게 발생 빈도가 높은 것으로 나타났다.

결론적으로 힘든 성격의 원인에 대한 자료들은 여전히 단편적이다. 하지만 유전적인 동시에 환경적인 개입의 메커니즘이 흥미진진한 연구의 장을 열어 줄 것이므로 관념적인 선입견 없이 탐구할 일이다.[4]

에필로그

행복을 위한 존재 방식 바꾸기

"내가 싫어졌다가 내가 좋아졌다가 그러고 나서 함께 늙었다."
– 폴 발레리

산다는 것은 자기 자신을 유지하면서 적응하기 위해 변화하는 것이다. 이 개인적인 변화 과정은 우리 자신과 우리와 동류인 인간들 사이에서 점진적으로 조절하는 작업에 해당하며, 주로 무의식적인 방법으로 행해진다. 힘든 성격들의 경우, 이 변화가 미완성이고 불완전하며 나쁜 방식으로 이루어지는 것이다. 그런데 어찌하여 문제가 되는 방식으로 변화하는 것일까? 자기 혼자 노력하기 때문일까? 그 주체의 행동에 고통받고 짜증내는 주변 사람들이 그 사람에게 압력을 주는 것일까? 결국 심리학자는 일부 성격 특성을 수정하기 위해 개입하는 걸까? 짐작했듯이 이 질문들 중 그 어떤 것도 쉽게 답을 찾을 수가 없다.

스스로 변화하기

"실수했을 때 우린 이렇게 말하죠. 다음 번엔 어떻게 할지 알게 되겠지. 차라리 이렇게 말해야 할 겁니다. 다음 번에 내가 어떻게 할지 난 이미 알고 있어." 그의 작품의 특징인 비관주의가 담긴 이 몇 마디 말로, 이탈리아의 작가 체사레 파베세Cesare Pavese는 성격을 바꾸는 것이 특히나 어렵다는 자명한 이치를 잔인하게 강조한다. 모든 언어에는 어느 시대에나 다음과 같은 속담들이 넘쳐난다. "사람은 크게 달라질 수 없다", "타고난 천성은 어쩔수 없다" 등등. 교향악을 작곡할 수 있고 화성에 관측기를 보내는 인간의 정신이, 행동 습관을 고치는 일에 이렇게나 무력하다는 것을 어떻게 설명하면 될까? 의지적으로 존재 방식을 바꾸는 것은 분명 가장 어려운 기도企圖일 것이다. 특이한 성격을 가진 사람들을 포함해서 하는 말이다. 지난 2세기 동안 존재했던 유명 인사들 300여 명을 대상으로 실시한 매우 흥미로운 연구[1]가 있는데, 이들 중 대부분이 분명하게 병적이진 않으나 힘든 성격을 갖고 있었던 것으로 드러났다. 파스퇴르 Louis Pasteur나 클레망소Georges Clemenceau(제1차 세계대전에서 프랑스를 승리로 이끈 정치가이자 언론인 - 옮긴이 주)처럼 프랑스의 자랑인 위인들도 포함되었다. 역사와 과학, 예술의 흐름을 바꾼 능력 있는 사람들이 자신들의 성격은 바꾸지 못한 것이다. 그러나 바로 그런 성격이 그들의 위대함에 기여한 건 아닐까? 효과적인 심리치료나 제대로 된 항우울제 치료를 시행했다면 위대한 예술가들의 창조성이 살아남았을까? 만약 처칠Winston Churchill이 알코올 중독이 가중된 복잡하고 힘든 성격을 갖고 있지 않았다면 나치의 위협과 히틀러에 맞서 그와 같은 단호함을 보여 줬을까?

힘든 성격인 사람들이 예외적인 상황에서는 진가를 발휘하고 꽃처럼 피어오를 수 있지만, 대부분의 시간에는 일상에 잘 적응하지 못하는 것으로 밝혀졌다. 그런데 왜 자기 자신을 바꾸는 것이 그토록 힘든 것일까?

"난 항상 이랬어!"

우리의 성격은 인생의 첫날부터(유전적인 성향을 일부 포함하는 어떤 특성의 경우에는 그 전부터) 형성된다. 우리가 우리의 존재 방식을 바꿔야 한다는 자각이 명확히 오는 때는, 적어도 스무 살, 또는 서른 살 정도로 밭고랑이 이미 깊이 파인 상태일 것이다. 이른 시기에 생긴 행동 습관일수록 수정하려면 더 많은 수고가 필요하다는 중대한 사실은 변화하고 싶은 주체에게 미리 절망감을 안겨 주기도 한다. 회피성 성격을 가진 마리 로르(27세, 비서)의 이야기를 들어 보자.

사람들에게 더 다가가고 비판에는 둔감해지는 것, 타인이 보는 내 가치가 어떤지 너무 신경 쓰면 안 된다는 것… 알고는 있지만 잘 안 돼요. 너무 엄청나고 정말 복잡하고 무척 긴 과업처럼 보여서, 지레 포기하고 맙니다. 하지만 잘 생각해 보면, 내 습관이나 확신을 진짜로 바꿔 보려는 시도를 한 적은 없었어요. 그런 사실을 확인하고 가슴 아파해도 그걸로 끝이에요. 난 항상 이랬어요. 어렸을 때 남들의 시선이 두려워서 사람들과 거리를 두어 나 자신을 보호했어요. 부모님은 당신들이 사물을 보는 방식을 내게 물려주셨습니다. 우린 미천한 존재니까 남들이 눈치채지 못하게 하는 것이 좋다고요… 이걸 머릿속에 넣고 그토록 오랜 세월을 보냈는데 바꾸는 게 가능할까요?

"문제? 무슨 문제요?"

존재 방식이 고착되어 오래됐기 때문에, 힘든 성격을 가진 사람들은 자신들의 행동이 부적절한 것을 쉽게 알아채지 못한다. 일반적으로 가족이나 친구들, 또는 직장 동료들이 지적이나 비판을 하는 직접적인 방식과, 거리를 두거나 관계가 식어버리는 간접적인 방식을 통해, 힘든 성격들은 자신의 태도에 주목하게 된다. 하지만 그들은 주변 사람들의 이런 메시지를 알아채지 못하거나 근거 없는 것으로 받아들이기도 한다. 자신의 태도를 되돌아보도록 만드는 것은 절대 쉽지 않다("화내는 거 아니야, 설명하는 거야." A유형 성격이라면 이렇게 말할 것이다). 그럼에도 남들에게 문제가 된다는 것을 자각하는 것은 개인의 변화 과정에서 꼭 필요한 첫 번째 단계다. 강박성 성격을 가진 장 필립(34세, 엔지니어)의 이야기를 들어 보자.

처음으로 여자친구와 함께 살면서 내 존재 방식에 문제가 있다는 걸 깨닫기 시작했습니다. 그때까지 난 나와 비슷한 부모님과 함께 살았고, 부모님은 나를 있는 그대로 받아주는 데 익숙하셨죠. 그런데 습관이 전혀 다른 사람과 일상을 공유하려니 지옥이 따로 없더군요. 난 괴벽이 있는 편으로 모든 물건들이 제자리에 있는 게 좋아요. 정확하고 일정하게 있어야 합니다. 또 난 내 감정을 쉽게 드러내지 않고 고집이 센 편이에요.…여자친구는 완전히 반대였습니다. 나의 늙은이 같은 면을 처음에는 측은히 여겼던 여자친구가 조금씩 짜증을 내기 시작했어요. 자기보다 물건이나 일에 더 시간을 많이 쏟는다고 끊임없이 날 비난했습니다. 처음에 한동안은 일부러 물건들을 어지럽히고 친구들 앞에서 날 비난하고 나에 대해 화가 나는 사소한 일들을 몽땅 까발렸어요.…난 정말 불행했고 결국 우리는 헤어졌습니다. 오랫동안 그녀를 많이 원망했어요. 싸울 때 히스테리를 부린다고 한 적도 몇 번 있었고요. 그런데 뒤돌아 생각해 보니 사실 그녀가 틀린 건 없다는 걸 알았습니다. 내 문제가 드러날 만큼 누군가 내게 가까이 접근한 건 그때가 처음이었거든요.

"나도 어쩔 수가 없어!"

프로이트와 정신분석학자들은 그 옛날, 우리 몸이 지키려고 하고 같은 잘못을 일관성 있게 반복하도록 만드는 참을 수 없는 경향에 '반복 강박'이라는 이름을 붙여 줬다. 이렇게 제대로 파악했어도 우리의 성격 특성은 이를 계속 유지시키려는 놀라운 경향이 있고, 우리의 멋진 해결책에도 불구하고 이른바 '방어쇠 상황'을 만나게 되면 그 존재를 드러낸다. 여기 수동공격성 성격인 오딜(간호사, 45세)의 증언이 있다.

얼마나 많이 바꾸려고 시도했는지 몰라요. 책도 읽었고 지인들의 좋은 충고도 많이 들었고, 정신분석도 받아 봤습니다. 나 자신과 세상을 보는 내 시각에 대해 많은 것들을 깨달았어요. 어쨌든 내게 뭐가 잘못됐는지, 날 힘들게 하는 게 뭔지 알게 됐죠. 그런데 내가 학년 초에는 옳은 결심을 했지만, 시간이 지나면서 나쁜 습관이 다시 자리를 잡는 불량 학생 같다는 느낌이 들어요. 며칠은 제대로 행동하는 것 같다가 이후에 다시 시작돼요. 내게 뭔가를 강요한다고 느껴지는 상황을 다시 만나게 되면 난 순식간에 적의를 품은 토라진 어린아이가 되는 것 같아요.

"이렇게 행동하는 이유가 있어요…"

비록 많은 문제를 일으키더라도 힘든 성격인 사람이 취하는 태도에 이유가 없는 경우는 절대로 없다. 이 책에서 설명했듯 지나치다고 해도 가끔은 그런 성격 특성에 장점이 있기도 하다. 의존성 성격인 사람은 종종 도움을 얻고, 편집성 성격은 쉽게 사기당하지 않으며, 강박성 성격은 열쇠를 잃어버리는 경우가 거의 없다. 이런 '부차적인 이익'은 뒤따라오는 엄청난 단점들에 비하면 극히 적지만, 당사자는 자기 행동과 사고 체계에서 정당성을 찾기도 한다. 대학생인 아드리앵(24세)의 이야기다.

어머니는 극도로 불안해하는 분이셨고, 우린 유년기를 완벽하게 과잉보호 받으면서 보냈어요. 집은 마치 우주 정거장 같았지요. 기분 전환을 위한 약간의 외출도 우주로 나가는 것만큼 위험하고 복잡했으니까요! 해변에서 우린 모자를 쓰고 선글라스를 끼고 성게 가시에 찔릴까 봐 신발을 신어야했고 매시간 선블록 크림을 발라야 했습니다. 파티에 가기 위해 집을 나서면, 세 블록 떨어진 집에 가는 건데도 도착하면 집에 전화를 해야 했어요. 사건이 벌어질 때마다 어머니의 조심성이 결국에는 얼마나 정당한 것인지를 과장해서 강조하셨죠. 곤란한 일이 생길 때마다 "그것 봐라", "그럴 줄 알았다" 또는 "내가 그럴 거라고 말했잖니"라고 하셨어요. 항상 최악을 예상하시기 때문에 가끔은 어머니가 옳은 때도 있었습니다. 어머니는 그렇게 우리를 설득하셨어요. 교훈을 주는 이야기를 보따리로 갖고 계셨거든요. 어머니가 여동생을 딱 한 번 친구 집에서 자도록 놔뒀을 때 어떻게 동생이 기관지염에 걸렸고, 이웃집 아이가 부모없이 자전거를 타다가 어떻게 자동차에 부딪혔는지 이야기를 해주셨어요. 어린아이였던 우리 눈에는 어머니 말이 맞도록 세상이 움직이는 것처럼 보였습니다. 우리는 청소년이 되어서야 그 숨 막히는 조심성 없이도 사는 게 가능하다는 것을 깨닫기 시작했습니다.

"이건 내 성격이에요"

우리가 장단점을 가진 자신의 성격에 강한 애착을 갖는 건 당연하다. 그것은 우리 정체성의 상당 부분을 대표하기 때문이다. 그러나 덜 불안하거나 좀 더 융통성 있거나 질투를 덜 하거나 좀 더 낙관적이 되거나 덜 예민해지는 등 어떤 습성들은 고쳐지기를 원하기도 한다. 변화로 인해 우리 자신에게 심각한 차질이 생기지는 않을 거라고 생각하고, 설사 그렇다고 해도 받아들일 준비가 되어 있다. 그런데 힘든 성격의 경우는 항상 그렇지는 않다. 자기 자신으로 있지 못할까 봐, 마치 영혼을 잃는 것처럼 '자기 성격을 잃을까 봐' 걱정되어 변화의 과정에 뛰어드는 것을 포기한다. '성격이 바뀔' 위험이란 이론에 불과한데도 말이다. 이 책의 말미에서 대부분의 정신과 의사와 심리학자들이 병적인 성격을 가진 사람들과 작업하는 것을 가리켜 개조나 완화라고 말하는 것을 보게 될 것이다. 어느 누구도 극단적인 전복을 시도하거나 그런 결과로 치닫는 것을 원하지 않는다.

그러나 사람들은 여전히 성격의 **일부를** 바꾸는 것과 **자신을** 바꾸는 것을 자주 혼동한다. 병적인 성격 특성들은 개개인의 자유를 보장하기보다 속박한다. 그러므로 우리가 정말 되고 싶고 만들고 싶은 존재에 이르는 최고의 방법은 병적인 성격 특성을 키우지 말고 떨어져

나가게 하는 것이다. 그러나 자기 결점에 애착을 갖게 되면, 그 부정적인 측면을 보지 못하고 듣지 못하는 '성격 숭배'의 특별한 형태를 띠게 된다. 은퇴한 십장으로 A유형 성격인 뤼시앙(67세)의 증언이다.

> 난 절대 당하지 않아요. 날 무시하지 않는 게 좋을 겁니다. 사람들은 날 건드리면 안 된다는 걸 잘 알죠. 난 원래 이래요. 바뀌어야 할 이유를 모르겠어요. 이대로 좋은데. 가끔 너무 멀리 나간다는 걸 알지만 나 자신을 항상 통제하려고 노력하긴 싫습니다. 받아들이든지 말든지 하는 거죠. 사람들을 화나게 해도 할 수 없어요. 내 성격인 걸요. 다른 사람들 마음에 들자고 허깨비가 될 수는 없는 거잖아요, 안 그래요?

자아동질성과 자아이질성

정신의학과 심리학에서는 증상만큼이나 개인이 자신의 어려움을 느끼는 방식을 (그가 그것을 받아들이든 아니든) 매우 중요하게 여긴다. 의기소침한 주체는 행동하지 못하는 자신의 무능력에 분노하고, 공포증을 앓는 사람은 자신의 두려움을 부끄러워하는 등 자신의 결점에 불편함을 느끼게 된다. 자기 가치나 자신이 갖고자 하는 자아상에 부합하지 않는 방식으로 행동하도록 부추기고 힘들게 만드는 성격을 스스로 깨닫는 것이다. 그러면서 자기 행동의 부적절한 특징을 자각하고 이를 없애 버리려는 열망을 품는다. 이런 증상을 보이는 태도/이해방식을 '자아이질성Ego-dystonie'이라고 부른다.

반대로 자기 장애와 관련하여 무지하거나 잘 참기 때문에 갖게 되는 매우 관대한 태도를 '자아동질성Ego-syntonie'이라고 부른다. 당사자는 이 힘든 특성이 자기 성격의 일부를 이루는 구성요소이고, 자신의 가치나 세계관에 다소 일치한다고 여긴다. 그러므로 변화하려는 동기는 전자보다 더 약할 수밖에 없다. 가령 '담배 중독 치료 전문가'들은 이 현상을 잘 알고 있다. 환자들이 '의욕적'이어야만, 즉 흡연 행동이 환자들에게 달갑지 않게 되었을 때에야만 진정으로 담배를 끊을 준비가 된 것이라는 말이다. 흡연자가 니코틴 중독 자아동질성에서 니코틴 중독 자아이질성으로 가지 않는 한, 흡연을 그만두려는 시도는 헛된 것이다. 자아이질성이 되면 성공은 보장할 수 없다 해도 가능해지긴 한다.

힘든 성격을 가진 사람들의 대부분은 자아동질성이다. 그렇기 때문에 바뀌지 않으려고 그토록 저항하는 것이다. 균형이 잘 잡혀 있어 불편을 느끼지 못하는 상태에서 힘든 성격을 가진 주체가 변화의 의욕을 가진 경우는 극히 드물다. 주변인들이나 환경의 압력이 필요하거나, 고난과 실패가 잇따라 발생하거나, 심지어 우울증이 와야 스스로 의문을 품고 자신의 습관적인 태도를 검토한다. 어쩌면 몇몇 힘든 성격 유형(불안성, 우울성, 의존성 성격)은 좀 더 고통을 받기 때문에 남들(편집성, 자기애성, A유형 성격)보다 자신의 장애를 더 자각하게 되는지도 모르겠다.

변화 도와주기

이처럼 변화는 주변 사람들에 의해 오게 되는 경우가 많다. 힘든 성격인 사람들을 대하며 느끼는 불편함이나 짜증, 또 가끔은 우리가 아끼는 누군가가 자기파괴적인 태도에서 헤어나지 못하는 걸 보며 느끼는 우리의 슬픔이 그들에게 수많은 압력을 행사하고 직접 개입한다. 라 로슈푸코가 말했던 것처럼, "그냥 하는 충고는 없다." 그러나 그런 선한 의도와 좋은 충고에도 수많은 문제들이 떠오르기 마련이다. 변하도록 부추기고 싶어서 주체에게 행사하는 압력은 매우 불쾌한 경험이 될 수도 있고, 강요라고 느낄 수도 있다. 간혹 주체의 신념을 더 강화할 위험도 있다. 바로 편집성 성격의 경우에 해당하는데, "절대 걱정하지 마. 다 너 좋으라고 그러는 거야"라는 말처럼 의심스러운 것도 없다. 타인을 바꾸고 싶은 욕구는 부부 사이에 좌절감만 안겨 주는 원인이 되기도 한다. 가끔 상대방을 바꾸려는 이상화된 욕망 위에 커플이 만들어지기도 한다(술을 끊게 만들 희망으로 알코올 중독인 남자와 결혼한 여성이, 나중에는 남편에게 실망했다고 말한다). 또 어떤 사람은 이유를 알면서도 선택해 놓고, 파트너의 취향 변화에 적응할 수 없다며 상대방을 버린다(젊고 의존적인 여성이 '성숙하지 않는다면서 관계를 끝내는 남자…). 나름 노력했다고 생각하는 주변 사람들이 변화를 기대했다가 실망하면, 도움도 모욕도 아무것도 요구하지 않았던 힘든 성격을 가진 사람을 거부해 버린다.

그런데 변화하려는 노력의 효율을 향상시켜 주는 간단한 룰이 존재할까? 우린 이 책 전반에 걸쳐 그것들을 적지 않게 여러분에게 누설했지만, 중요한 것들을 종합해 몇 가지 주의 사항들을 이곳에 정리해 보겠다.

이해하고 받아들이기

일반적으로 힘든 성격을 가진 주체는 기쁨보다는 걱정 때문에 문제가 되는 방식으로 행동한다. 버림받거나 이해받지 못할까 봐, 공격당하거나 아끼는 사람들을 위험에 빠트릴까 두려워서 그리 행동하는 것이다. 이 첫 번째 원인에 주의하지 않거나 짜증나는 행동 뒤에 숨겨진 약함을 보려 하지 않는 것은 오해나 갈등의 길로 곧장 뛰어드는 것이다. 건축가인 시몬(49세)의 이야기다.

건축가인 동료의 자기도취적인 면 때문에 짜증이 많이 났었어요. 모두 자기 덕인 것처럼 고객 앞에서 항상 자기 몫이 더 크다는 식으로 행동하더군요. 남들을 위해서는 그 어떤 노력도 하지 않으면서… 그래서 초반에 자주 갈등을 겪었습니다. 내 신경을 너무 건드리니까 굉장히 불쾌했죠. 이후 그를 관찰하면서 겉으로 보이는 것만큼 자신감이 넘치지 않는다는 걸 발견했어요. 사실 진짜로 그렇게 믿고 있진 않지만, 자기가 남들보다 훨씬 우월하다고 믿고 싶은 것 같았죠. 그에게 그런 사실을 말하거나 중요한 정보를 알려 주지 않아서 당황하게 만들어 버릴까 잠깐 유혹이 일긴 했었어요. 하지만 곧 쓸데없는 짓이라는 걸 깨달았지요. 그래서 솔직하게 설명하는 시간을 가졌습니다. 난 그에게 선을 정해 주었고 함께 공존하기 시작했어요. 그는 어디까지 가면 안 된다는 걸 알았고, 나는 사소한 점들에서 물러서는 걸 받아들였습니다. 그의 결점을 알게 되자 그를 더 잘 이해하게 됐고 좀 더 너그럽게 봐줄 수 있게 됐지요. 마침내 그가 기여하는 게 있고 어떤 점에서는 완전히 틀린 것도 아니라는 걸 알게 됐습니다. 그와 알고 지내면서 나 자신을 내세우는 걸 배웠어요. 그때까지는 그늘에 가려져 있어도 내 가치를 인정받을 거라고 확신했었거든요.

이와 같은 이해를, 지나친 관용주의나 무관심과 혼동해서는 안 된다. '무례한 해석'이라고 부르는 것들이 군데군데 삽입된 '속된 심리학'적인 태도로 이어져서는 안 된다는 것이다. "이 불쌍한 친구야, 심각한 문제를 갖고 있으니 그렇게 행동하는 것이겠군. 분명 자네 유년기 때문이겠지…"라는 식으로 말이다. 타인을 받아들이는 것은 결국 자기 자신의 성찰로 이끈다. 남들은 우리처럼 격렬하게 반응하지 않는데 왜 우리는 이런저런 행동을 참지 못하는 것일까? 대체 그들이 우리의 어떤 가치관을 건드리기에 그러는 걸까? 우리가 바꾸고 싶은 사람보다 대체 어떤 점에서 우리가 우월하다는 걸까? 힘든 성격을 가진 주체 역시 다른 사람들처럼 좋은 측면이 있을 텐데 그에게서 배우고 얻을 수 있는 것은 무엇일까? 힘든 성격을 가진 사람에 대한 우리의 짜증과 판단은 우리 자신의 약점들을 증언해 준다. 폴 발레리Paul Valéry가 짓궂게 말하지 않았는가. "당신이 하는 말은 모두 당신에 대해서 말해 준다. 기이하게도 당신은 타인에 대해 말하고 있는데."

바뀌기 어렵다는 걸 고려하기

주체가 일단 자신의 문제를 인지하고 변화 의욕이 충만하다고 해도, 개인의 변화가 그렇게 어려운 것은, 시간이 오래 걸리고 비용이 많이 드는 '해체-재건축'의 과정을 의미하기 때문이다. 어린아이처럼 어떤 행동 규칙을 배우는 것만이 아니라, 이전에 갖고 있던 행동 규칙을 우선 치워야 하기 때문이다. 변화 과정이 오래 걸리고 잦은 '재발'이 일어나는 이유가 바로 이것이다. 이 방면에서 첫째로 꼽을 룰 중 하나는 변화를 '소화'하도록 당사자에게 시간을 주는 것이다. 촉탁의囑託醫인 나타샤(35세)의 이야기다.

남편은 정신분열증 경향이 있어요. 우리가 처음 만났을 때 그의 친구들은 남편을 자폐증 환자라고 불렀어요. 난 말하기 전에 생각하는 사람들을 좋아했고요. 그런데 첫째 아들이 태어났을 때 걱정이 되었습니다. 남편은 아이에게 말을 많이 하지 않았고 내가 원하는 만큼의 애정을 갖고 아이를 돌보지 않더군요. 아이들과 함께라면 남편이 강박관념에서 벗어날 거라고 항상 생각했었어요. 아들이 고통받을까 봐 걱정되기 시작했습니다. 처음 몇 달간 남편을 많이 비난했지만 내가 비난하면 할수록 남편은 말이 없어졌습니다. 이후 진정이 되자 남편을 괴롭히는 대신 길을 열어 줘야겠다고 생각했어요. 어쨌거나 남편 자신이 외아들이라 아기에 대해서 전혀 모르니까요. 난 남편에게 명령을 내리지도 않고 비판도 하지 않았습니다. 그렇지만 내가 원하는 만큼 남편이 하면 내가 만족스러워한다는 걸 보여 줬지요. 조금씩 아들이 자라면서 남편은 변했어요. 지금 아들은 세 살인데 아빠가 잘해 주니까 아빠를 좋아하고 따릅니다. 남편은 아들에게 애정을 표현하는 법을 배웠고 좀 더 쉽게 대화를 나누고 있어요. 나머지 가족들도 좀 더 외향적으로 대하게 되었고요.

또 다른 중요한 룰은 불완전하고 미완적인 변화를 받아들이라는 것이다. 힘든 성격의 현실은 개인의 역사(가끔은 생물학적인 기질)에 뿌리를 내리고 있어서 100퍼센트 '고치기를' 원하는 것은 헛된 일이다. 회사 간부인 얀(42세)이 우리에게 이야기한 것도 그렇다.

내 사무실 동료는 굉장히 까다로운 사람입니다. 모든 것이 자기 관점에서 항상 제자리에 있길 바라죠. 같은 사무실에서 많은 물건들을 함께 사용하고 있으므로, 내가 이 회사에 입사하고 처음에는 큰 갈등을 겪었습니다. 그녀는 내 전임자였던 사람이 자기 말을 듣도록 복종시켰지만 난 그렇게 놔두지 않았거든요! 8일 동안은 전쟁이었어요! 그녀가 원하는 대로 정리해야 했고 특정한 일과를 따라야 했으며 조금이라도 잘못하면 모두 다시 시작해야 했죠. 진정한 노예 상태였어요. 난 그녀를 노땅 취급하고 사표를 쓸 뻔했다가 진정했습니다. 한걸음씩 협상하기로 결심했어요. 일단 그녀에게도 장점이 있다는 걸 발견하자 협상하는 게 더 쉬웠습니다. 그녀의 의식과 편벽을 존중해 주면 그녀는 친절하고 잘 도와주는 편이었어요. 또 매우 신뢰할 만한 사람이어서 경솔한 편인 나를 많이 도와주었습니다. 직업적으로 민감했던 상황에서 여러 번이나 날 구해 줬어요. 그래서 전부는 아니고 좀 덜 불편한 그녀의 편벽 일부는 참아 주기로 했습니다. 그러자 나머지를 강요하는 일이 줄어들었어요. 지금은 서로 사이좋게 지내고 있습니다.

누군가가 바뀌기를 원할 때 근본적인 질문은 결국 "어떤 명분으로 그에게 존재 방식을 바꾸라고 권하는 것일까?"가 아닐까. 대체 어떤 권리로 누군가에게 좋고 나쁜 것을 내가 결정하고 강요하며 적어도 강권하는 것일까? 대답은 간단하다. 바로 그런 이유에서, 그렇게 하면 절대로 안 된다! 어떤 존재 방식이 많은 장점을 갖고 있다고 하더라도(고집 센 것보다는 융통성 있는 것, 불평하기보다는 긍정적인 것, 의존적인 것보다는 자율적인 것…), 규범적이고 훈계적인 행보는 주변 사람들이 바뀌도록 동기를 유발하는 데 효과적이지 않다. 그 누구도 좋고 나쁜 것을 가르쳐 줘야 하는 어린아이 취급 받는 것을 좋아하지 않는다. 그리고 힘든 성격인 사람들의 문제는 사물을 볼 때 안 그래도 너무 완고하고 규범적인 시각을 갖고 있다는 것이다. 이 사람들은 상대방이나 직면한 상황에 따라 행동하기보다 미리 세운 개인적인 규칙에 따라 움직인다.

그러므로 추가적인 규범의 결정판으로 더 높은 규범을 제시해 봤자 자신이 유리한 대로 왜곡하거나("당신이 내게 다른 사람들의 의견을 물어보면 안 된다고 했잖아. 그 결과가 바로 이거야…") 희화할 것이므로("이 집에서 더 이상 비판은 할 수 없으니까, 아무 말도 하지 않을래…") 소용없는 일이 되어 버린다. 변화를 향한 모든 동기는 개인적인 척도로 정립되지 않으면 성공할 수 없다. 힘든 성격을 가진 주체는 그가 유발하는 어려움에 대해 다른 사람들이 공격하지 않고 진심을 담아 말해 줬기 때문에 자신의 태도를 바꾼다. 그래서 이 책 전반에 걸쳐 보여 주려고 노력했던 것처럼, 상대방의 의무보다는 자신의 필요에 대해 이야기하고, 대원칙에 근거를 두기보다는 구체적인 상황에서 시작하고, 사람 자체를 언급하기보다는 행동을 언급하고, 판단하기보다는 묘사하는 게 낫다는 것이다.

핵심에 대해서만은 양보하지 않기

힘든 성격의 주변인들 중에서 특히 지인이나 가족들은 그들의 지나친 요구에 양보하거나 그들에게 발맞춰 주고픈 유혹을 느끼게 된다. 사실 압박이 지속적인 데다 그들의 요구를 거절하면 그 대가가 더욱 커지기 때문이다. 분노, 토라짐, 눈물, 죄책감 주기 등등…. 하지만 너무 자주 양보를 해줄 경우, 원하는 걸 얻으려면 고집부리면 된다는 걸 힘든 성격의 사람에게 가르쳐 주는 셈이 된다. 그 사람은 당연히 그걸 알고 기억할 것이다. 은퇴한 니콜(61세)의 이야기를 들어 보자.

내 며느리 중 한 명은 매우 권위적이고 가족 모임 때 모든 걸 자기 뜻대로 하려고 합니다. 잔소리를 많이 하고 자기 아이들과 남편이 얼마나 잘나고 똑똑한지 자꾸 설명하려고 해서 모두를 짜증나게 만들지요. 게다가 그 어떤 지적도 견디지를 못합니다. 또 자기 자신에 대한 얘기가 나올 때면 유머 감각도 매우 제한하고요. 가족들의 일부는 습관적으로, 일부는 비굴하게 갈등을 피하려고 며느리에게 맞춰 줍니다. 뭔가 며느리 마음에 들지 않는 것을 하면 토라지거나 몇 주 동안 가족을 안 보려고 하기 때문이죠. 어느 날 새로 가족이 된 막내사위가 며느리 때문에 화를 냈어요. 다시는 자신에게 훈계를 늘어놓지 말라고 했죠. 그걸 안 좋게 받아들인 며느리는 6개월 동안이나 나타나지 않았습니다. 모두들 막내사위가 너무 심했다고 생각했고 사위 자신도 죄책감을 느꼈습니다. 그런데 난 막내사위가 잘했다고 생각해서 지지해 줬어요. 비록 내겐 가슴 아픈 이야기지만… 그리고 마침내 며느리가 가족 모임에 다시 모습을 드러냈는데, 좀 더 조심스럽고 덜 까다로운 모습을 보여 주더군요. 교훈을 얻은 거죠. 우린 계속해서 며느리를 감싸 주고 비판하지 않으려 애쓸 테지만 이제 며느리 자신이 걸핏하면 다른 사람들을 비난하는 걸 그만뒀어요.

힘든 성격인 사람들에게…

이렇게 하라	이렇게 하지 말라
• 행동을 바꾸려고 애써 보라. • 힘든 행동 뒤에 있는 그 사람의 걱정과 두려움을 이해하라. • 점진적인 변화를 받아들이라. • 당신의 필요와 한계를 표현하라. • 불완전한 변화를 받아들이라. • 핵심은 양보하지 말라.	• 세계관을 바꾸길 원하기. • 단지 의지가 강하지 않은 것이 문제라고 생각하기. • 빠른 변화를 요구하기. • 훈계하기. • 완벽함을 요구했다가 모두 포기하기. • 동정하거나 비위 맞춰 주기.

변화, 정신과 의사와 심리학자…

정신과 의사(또는 심리학자)와 병적인 성격을 가진 사람들의 만남은 여러 가지 다양한 상황에서 불시에 이뤄진다. 가장 빈번한 경우는 환자가 다른 어려움 때문에 상담하러 왔을 때다. 정신과를 찾아온 사람들의 20-50퍼센트는 사실 성격장애를 앓고 있는 것으로 드러났다.[2] 그들은 우울, 불안 상태, 알코올 중독 등 사실상 성격장애의 결과를 치료하고 싶어서 온 것이었다. 다른 경우는 환자가 직접 상담을 하러 오는 것이 아니라 주변 사람들이 걱정되거나 지쳐서 도움을 청하러 온 것이다. 정신과 의사들 역시 지인들의 전화를 자주 받아 봤기 때문에 잘 알고 있는데, 메시지는 모두 동일하다. "어떻게 해야 할지 모르겠어요. 그 사람은 상담하러 가기 싫대요. 그렇지만 그 사람의 행동 때문에 살 수가 없어요. 어떻게 해야 하죠?" 드문 일이지만 환자 자신이 성격에 문제가 있는 것 같다는 느낌을 받고, 자신도 어쩌지 못하는 성향과 싸우기 위해 직접 상담하러 오기도 한다.

사실 일반적인 인구[3]의 10-15퍼센트로 빈도가 높은데도 불구하고, 정신의학이 힘든 성격 자체에 관심을 갖게 된 것은 그리 오래되지 않았다. 병적인 성격들은 사실 치료하기 어려운 환자들이다. 불안이나 우울을 치료할 때 성격장애를 동반한 환자들은 치료 결과가 좋지 못한 편이다(이는 치료자의 자기애를 손상시킨다). 그러나 몇 년 전부터 점점 더 많은 작업들이, 그것이 약물이든 심리치료든, 이 환자들을 도와주는 방법을 개선시키는 데 사용되고 있다.

심리치료의 두 가지 흐름

다양한 형태의 심리치료가 존재하지만 적어도 힘든 성격의 치료와 관련해서는 크게 두 가지 흐름으로 묶는 것이 가능하다.

첫 번째 흐름은 당연히 정신분석과 그것에서 파생된 여러 가지 형태들이다. 정신분석은 적어도 프랑스에서는 나이로 보나 중요도로 보나 심리치료법 중에서는 으뜸으로, 주체가 자기 어려움의 메커니즘과 원인을 점진적으로 자각한다는 원칙을 기본으로 하고, 어려움을 극복하도록 환자를 돕는 것이 본질이다. 체계화된 치료 관계의 틀 안에서 이 자각이 일어나야 '전이Transference'가 용이해진다. 즉, 환자의 어린 시절 갈등을 치료사라는 인간에게 재현하는 것이다. 정신분석은 그 이론이 풍부하고 복잡하게 발달했으며 열정적인 지적 경험을 불러일으키지만, 학파가 많아 논쟁이 빈번하고, 과학적 측정이 불리한 선험적 추리 때문에 약 20년 전부터 과학자들이 외면하고 있다. 그래서 성격장애란 분야에서 행해진 결정적인 연구들이 지금까지는 별로 없는 실정이다.

두 번째 흐름은 인지행동치료다. 이것이 프랑스에 도입된 것은 상당히 최근의 일로(30년 정도), 이 치료들은 현재 한창 보급되고 있다. 예를 들면, 국제적으로 가장 많은 수의 과학적인 출판물들이 쏟아져 나오고 있다. 인지행동치료의 원칙은 간단하다. 행동이나 생각하는 방식을 바꾸는 가장 효과적인 방법은 어떻게 그것을 배웠는지 이해하고 적극적으로 환자가 다른 것을 배우도록 돕는 것이다. 이 원칙 뒤에는 학습 과학의 결과이자 수많은 장애에서 그 효과를 입증한 다양한 기술의 집합체가 숨어 있다. 폭넓은 연구들을 우울증 환자들에게 실시한 결과, 성격장애를 보이는 환자들은 항우울제보다 인지치료에 좀 더 잘 반응한다는 걸 보여 주었다.[4] 몇 년 전부터 성격장애에 적용한 인지행동치료가 유망한 것으로 드러났다.

성격장애 치료를 위한 두 그룹의 특징들

심리역동적인 치료	인지행동치료
• 과거나 과거-현재의 교차 지점에 특히 집중한다.	• 여기와 지금에 특히 집중한다.
• 개인사에서 중요한 요인들의 이해와 재생을 지향한다.	• 현재의 어려움을 관리하는 능력 습득을 지향한다.
• 치료사는 중립이다.	• 치료사는 상호작용한다.
• 장애나 치료에 대해 치료사가 전해 주는 특수한 정보들이 거의 없다.	• 장애와 치료에 대해 치료사가 특수한 정보들을 많이 전달한다.
• 목표와 기간이 정해져 있지 않다.	• 목표와 기간이 정해져 있다.
• 주요 목표 : 근본적 정신 구조를 수정하는 것(이를 통해 행동과 증상을 고칠 수 있다.)	• 주요 목표 : 증상과 행동의 수정 (이를 통해 더 깊은 정신 구조의 수정이 가능하다.)

프랑스에는 거의 알려지지 않았지만 성격장애 치료에 큰 유익이 있다고 밝혀진 다른 형태의 심리치료들이 있다는 것 역시 알아야 한다. 예를 들어 대인관계 치료Interpersonal psychotherapy가 그렇다. 이것의 기본 입장은 대인관계의 기능장애가 환자가 겪는 문제의 주요 원인이란 것으로, 환자의 관계 능력을 확장시키는 것(주변인들과 만족감을 주는 교류를 계발하고, 관계에서 오는 문제와 갈등을 효과적으로 관리하는 것)을 목표로 개입하여 어려움을 개선시키는 것이 본질이다. 70년대 초에 개발된 후 연이어 스위스 출신의 미국 정신과 의사인 아돌프 마이어Adolf Meyer 의 작업을 통해, 대인관계 치료는 자기 세계에서 개인의 기본적인 적응 역할을 강조해 오고 있다. 본래 우울증 환자를 치료할 목적으로 고안된 이 치료법은 힘든 성격에 꽤 적합한 것으로 보인다.[5] 관계 속에서 개인이 얼만큼 조화로운 통합을 이루느냐가 모든 심리치료의 기본적

인 쟁점인 대서양 너머에서도 매우 호의적인 반응을 얻었다.

대인관계 치료의 목표는 환자에게 다음을 가르치는 것이다.

• 관계 속에서의 불만족의 원인을 더 잘 파악하는 것 : 우울한 정서는 종종 환자 자신이 잘못 인지한 정서적인 경험에 연결된 경우가 많다. 예를 들면, 파티에 초대받지 못한 실망감은 곧 원래의 고통을 은폐하려는 원한으로 바뀐다.

• 문제 상황에 반응하는 습관적인 양식을 수정하기 : 우울증 환자는 타인의 필요와 입장을 고려하지 않고 매우 자기중심적인 방식으로 행동할 수 있다. 예를 들어 우울증 환자는 스스로 문제와 대화하려는 노력을 하지 않으면서, 별로 노력하지 않는 배우자에게 이해받지 못한다고 느낀다.

• 관계 능력을 전반적으로 개선시키기 : 불평하는 대신 요구하고, 토라지는 대신 부정적인 감정을 표현하고, 혼자 곱씹는 대신 슬픈 생각을 말하고, 공격적이지 않은 방식으로 실망감을 전달하는 능력을 키운다.

그런데 기존의 실천들을 넘어 심리치료의 정세는 분명 커다란 변화의 여명을 맞이했다. 적대감과 경멸의 눈초리로 서로를 오랫동안 관찰하던 여러 학파의 심리치료사들이 서로에게 관심을 갖기 시작한 것이다. 통합적이고 절충적인 심리치료를 향한 움직임이 태동하기 시작했고,[6] 조만간 새로운 실천이 등장할 가능성이 많으며, 기존의 다양한 심리치료들과 공존하거나 그 뒤를 잇든지, 아니면 서로를 흡수하여 새

로운 형태의 치료가 등장하게 될 것이다. 그때까지는 이 책에, 현재 성
격장애 치료 분야에서 가장 잘 체계화되어 있고 가장 최신의 접근법
인 인지치료에 대해 서술하기로 결정했다.

인지치료

당신이 친구를 기다리며 레스토랑 홀에 앉아 있다고 상상해 보자. 몇
테이블 건너 앉아 있는 한 사람이 당신을 몰래, 하지만 끈질기게 바라보
고 있다. 이런 상황에서 다양한 생각들이 떠오를 수 있다. 긍정적인 생
각("내가 마음에 드나 봐"), 부정적인 생각("내가 못생겼다고 생각하는군"), 중
립적인 생각("누굴 닮은 것 같은데") 등 이런 생각들을 우리는 인지cognition
라고 부른다. 즉, 인생의 상황들에 대한 반응으로 당신의 의식 속에 자
동적으로 떠오르는 생각들이다. 인지는 우리를 둘러싼 세상을 우리가
해석하고 이해하는 방식을 보여 준다. 이것은 스토아 학파의 철학자들
이 2천 년 전에 발견한 것으로, 마르쿠스 아우렐리우스는 "외부의 물
체들이 널 슬프게 만든다면, 그건 그 물체가 아니라 그 물체에 대해 네
가 판단한 것이 널 동요시킨 것이다"라고 했다. 오늘날 인지주의자들
은 이 오래된 원칙을 다시 취해, '정보 처리'라는 보다 전문적인 명칭으
로 불렀다.

정보 처리 이론은 조건 상황을 평가하는 방식에서 상황 자체는 물론 우리의 반응까지 지원한다. 레스토랑 홀의 예를 다시 보자. 만약 당신의 인지가 "내가 마음에 드나 봐" 유형이라면, 당신은 (만약 당신이 아주 약간 연극성이거나 환심을 사는 걸 좋아한다면) 유쾌한 기분을 느낄 것이고, 당신의 행동은 그 사람에게 미소를 짓거나 가장 잘생긴 옆모습을 보여 주려 할 것이며, 당신의 생각은 "내가 좀 매력이 있지…"를 테마로 이리저리 떠돌게 될 것이다. 만약 반대로 당신에게 회피성 성격 특성이 좀 있다면, 당신의 인지는 "이 사람은 지금 내 결점을 관찰하고 있다"가 될 것이고, 불편함과 곤란함의 불쾌한 감정이 들것이며, 회피적인 행동(시선을 피하거나 자리를 바꿔 달라고 요구하는)이 뒤따를 것이다. 이처럼 같은 상황도 사람에 따라 매우 다른 방식으로 평가될 수 있고, 개인에 따라 다양한 반응이 이어진다.

우리에게 일어난 사건을 어떤 방식으로 해석하는지 명확하게 이해하는 것은 우리의 태도를 수정하기 위한 핵심 열쇠 중 하나다.

■ 당신은 세상을 어떻게 보는가?

인지주의자들은 우리의 태도와 행동이 대부분 우리의 **세계관**에 의지한다고 생각한다. 이 세계관은 대개 무의식적인 **믿음**으로 구성되는데, 자기 자신과 관련되고(예를 들면, "난 힘이 없고 약하다" 또는 반대로 "난 특별한 존재다"), 타인과 관련되거나("사람들은 나보다 더 강하고 능력이 많다" 또는 는 "아무도 믿으면 안 된다") 일반적으로 세상과 관련된다("모든 평범한 상황 뒤에도 위험이 존재할 수 있다"). 이 믿음들은 일반적으로 어린 시절에 주변 사람들과 접촉하거나 인생의 어떤 사건을 겪은 후에 배운 신념을 나타내고, 우리 안에 깊이 뿌리를 내리고 있어서 결국에는 우리 눈에 잘 보이지 않게 된다. 마치 색깔 있는 안경을 코 위에 얹었지만 더 이상 자각하지 못하게 되는 것처럼 말이다.

이 믿음들은 종종 인지주의자들이 '별자리constellation'라고 부르는 것으로 묶인다. 마치, 예를 들어 의존성 성격인 사람에게서 "난 연약해"와 "다른 사람들은 강하고 능력 있어"가 결합되는 것처럼 말이다. 이런 인지 별자리는 주체가 **인생의 룰**을 세우도록 부추긴다. 이 인생 룰이란 주체가 인지한 대로 세상에 적응하는 것을 용이하게 해주는 구체적인 전략들을 뜻한다. 의존성 성격의 예를 계속 들어 본다면, 그 룰이란 아마도 "다른 사람들의 호의를 얻으려면 그들에게 복종해야 한다" 또는 "문제가 생겼을 때, 어떤 것도 나 혼자서 결정하면 안 된다"가 될 것이다.

힘든 성격들의 주요 인지적인 특징들

성격	믿음의 별자리	개인적인 규칙
불안성	"세상은 위험으로 가득해." "정신차리지 않으면, 큰 위험을 겪게 될 거야."	"항상 문제를 예측하고 언제나 최악에 대비해야 해."
편집성	"난 연약해." "남들이 나를 반대하고 내게 뭔가를 숨길 수 있어."	"항상 경계해야 해. 남들이 이야기한 것이나 보여 준 것 이상으로."
연극성	"사람들은 자발적으로 내게 관심 갖지 않아." "유혹하는 것은 자신의 가치를 증명하는 일이야."	"내 자리를 만들려면 관심을 끌어야 해." "남들의 마음을 완전히 사로잡고 매혹시켜야 해."

성격	믿음의 별자리	개인적인 규칙
강박성	"모든 것들이 완벽하게 되어 있어야 해." "즉흥성과 자발성은 절대로 좋은 결과를 내지 못해."	"내가 모두 통제해야 해." "모두 규칙에 맞게 행해져야 해."
자기애성	"난 특별해." "남들보다 내가 중요해."	"난 뭐든 자격이 있어." "내가 남다르다는 걸 모두가 알아야 해."
분열성	"난 남들과 달라." "사회생활은 복잡함의 원인이야."	"난 따로 떨어져 있어야 해. 친밀한 관계에 뛰어들면 안 돼."
A유형 행동	"일등만이 중요해." "사람들은 믿을 만하고 유능해야만 해."	"모든 도전에 성공해야 해." "업무 수행을 최대한 빨리 해야 해."
우울성	"우린 고통당하기 위해 이 세상에 있는 거야." "난 즐거움을 누릴 자격이 없어."	"우린 너무 일찍 기뻐해." "남들 수준에 맞추려면 난 힘들게 노력해야 해."
의존성	"난 약하고 능력이 별로 없어." "다른 사람들은 강해."	"문제가 생기면 난 즉시 도움을 청해야 해." "남들을 언짢게 만들면 안 돼."
수동공격성	"나는 내가 가진 것보다 더 나은 대우를 받을 자격이 있어." "사람들은 나보다 못하면서 항상 지배하려 들어." "너무 공개적으로 반대하면 사람들은 공격적이 될 수 있어."	"절대로 남이 시키는 대로 하지 않아. 난 뭐가 맞는지 알아." "서로 의견이 맞지 않을 때 간접적으로 저항해야 해."
회피성	"난 재미없는 사람이야." "내가 어떤지 남들이 알게 된다면 날 거부할 거야."	"날 절대로 드러내면 안 돼." "거리를 두지 않으면 난 어울리지 못할 거야."

■ 상투적인 시나리오들…

힘든 성격인 사람들의 주변인들은 보통 이들 행동의 반복적인 특징에 많이 당한다. 편집성 성격은 인생을 불화와 갈등의 연속으로 만들고, 연극성 성격은 자주 이상화했다가 실망해 버리고, 의존성 성격은 언제나 자기 보호자들의 뒤만 따라다닌다.

확실히 우리가 방금 설명한 인지적 현상 일체와 거기서 파생된 기본 믿음과 규칙들에 의해, 우리는 각각의 성격에 따라 '방아쇠 상황'이라고 부르는 사건에 대해 고유한 태도로 반응한다. 그 반응이 감정이든 행동이든 생각이든, 그것은 예측 가능하고 상투적이며 반복되는 반응으로 일종의 '시동 장치'를 의미한다. 여전히 회피성 성격을 예로 들면, 비판을 받았을 경우 우리가 설명했던 현상 일체는 그에게 불안과 혼란스런 감정을 일으키고, 복종하고 동의를 찾는 행동을 촉발시키며, "사람들이 날 비난하면 완전히 거부당할 위험에 처할 거야", "갈등을 제거하기 위해 내 관점은 희생시키는 게 나아", "다른 사람이 옳아야 해"와 같은 유형의 생각을 하게 만든다.

힘든 성격인 사람들이 연기하는 이 '시나리오'들은 결국 영화나 텔레비전 드라마의 '리메이크remakes' 원칙을 떠올리게 한다. 심하게 예측 가능한 특징을 가진 똑같은 테마가 언제나 변주되어 만들어지는 것이다. 이처럼 남들이 전혀 관심 갖지 않을 거라고 확신하는 회피성 성격은 누군가가 관심을 표명하면 동정이나 거만함 또는 계산에 의한 것이라고 생각해 버린다. "난 재미없는 사람이야"라는 믿음을 의심해 볼 생각을 하지 않는 것이다.

성격	방아쇠 상황	상투적인 반응
불안성	확실하게 안심이 되는 정보나 지표가 없음. 낯설고 불확실함. 예를 들어, 여행을 떠난 지인의 소식을 모르는 것.	걱정하고, 최대한 정보를 찾는다. 예방을 위해 최대한 조심한다.
편집성	모호하고 모순되는 상황. 예를 들어, 우리가 없을 때 남들이 우리 얘기를 한 것을 알게 됨.	자의적인 해석을 한다. 사소한 것에 빠져 허우적거린다. 의심하고 비난한다. 확정적으로 화를 낸다.
연극성	매력적이거나 낯선 사람, 그룹이 모인 상황. 예를 들어, 이성의 사람에게 소개되는 것.	상대방으로부터 관심을 얻고 유혹할 방법을 찾는다.
강박성	빨리 일을 완수해야 함. 새로운 것, 예측 불가능한 것. 사건에 대한 통제를 잃는 것. 예를 들어, 시간이 없어서 서둘러 불완전하게 뭔가를 해야 하는 것.	확인하고, 또 확인한다. 계획한다. 의심하고, 곱씹는다.
자기애성	최고가 못 되는 것. 예를 들어, 필요하다고 여기는 존경을 못 받는 것.	자신이 마땅히 받아야 할 특권과 특혜를 냉담하게 상기시킨다. 자신과 자신의 업적에 대해 말하려고 발언권을 독차지한다.
분열성	타인과 뒤섞여 친목을 요구받는 상황. 예를 들어, 그룹에 섞여 일정대로 여행을 떠나는 것.	자기 세계로 들어가고 자기 얘기를 하지 않는다. 남들에게 관심을 보이지 않는다.

성격	방아쇠 상황	상투적인 반응
A유형 행동	경쟁 상황에 처하는 것. 행동하려는데 제지당하는 상황. 예를 들어, 부당하게 줄서서 기다려야 하는 것.	화를 내고, 목소리 톤을 높이며, 심지어는 공격적으로 상황을 제어하려고 한다.
우울성	진짜 또는 가정된 실패. 자격이 없다고 판단되는 상여금. 예를 들어, 업무를 끝내지 못하는 것.	더 힘들게 일하고, 즐거움을 금지한다. 능력이 부족하다고 자책한다.
의존성	혼자 해야 하는 결정, 완수해야 하는 중요한 임무, 고독. 예를 들어, 주말을 혼자 보내는 것.	타인이 있어 주기를 바라고 도움을 얻기 위해 노력한다. 이를 위해 뭐든 양보한다.
수동공격성	권위나 그 어떤 우월함을 받아들이고 명령에 복종해야 하는 것. 예를 들어, 동의하지 않는 결정을 받아들여야만 하는 것.	저항한다. 사소한 것에 트집을 잡거나 앞으로 닥칠 문제에 역점을 둔다. 부정적인 태도를 취한다. 토라진다.
회피성	알려지거나 타인의 판단과 마주해야 할 때. 예를 들어, 중요한 사람들에게 자기 자신에 대해 말해야 하는 것.	대면을 피하려고 한다. 거리를 두거나 친교 상황을 꺼리는 태도를 취한다. 도망가려고 한다.

■ **인지치료사와의 관계**

치료에 임하는 인지주의자들의 행동은 사실 대부분의 환자들이 기대하는, 말이 적고 많이 듣고 자기 의견은 거의 말하지 않는 심리치료사 (전통적인 정신분석 모델과 일치하는 태도)와 상당히 다르다.

인지치료는 **소크라테스적**이라고 말하는 관계에 들어간다. 절대적인 의미에서 '좋은 충고'란 없지만(도사나 의식의 지도자로 자처하는 것이 아니다) 약간은 그리스의 철학자 소크라테스가 제자들에게 '정수를 깨우치도록' 했던 방식처럼, 환자가 자신의 고장 난 심리적인 기능을 자각하도록 돕는 일련의 제안을 하고 질문들을 던진다.

인지주의 치료사는 **능동적이고 상호작용하는** 치료사로 환자가 물어 볼 수 있는 모든 질문에 답을 하고, 어떤 주제의 대화도 거절하지 않으며, 치료에 참여하고 개입한다. 환자에게 지시와 연습할 거리들을 주고 계발해야 할 커다란 방향을 명확하게 정해 주며, 일상에서 새로운 관계 전략을 세우는 것을 돕는다. 사실 자신들이 쏟아야 할 노력에 대해 구체적인 시각을 갖고 있는 환자들은 많지 않아서 처음에는 이끌어 주고 유도해 주는 것이 필요하다. 인지주의자들은 **요구가 많고 지시적인** 치료사이므로 환자들에게 어떤 과제를 실행하고 훈련을 하도록 요구한다. 즉, 환자 자신이 자기 치료의 장본인인 것이다.

인지주의 치료사는 **명쾌하고 교육적**이기도 하다. 환자가 메커니즘과 어려움을 발견하도록 시간을 쏟고 읽을거리들을 조언해 주기도 하며 치료 개입과 조언에 대한 이유도 설명해 준다. 정보를 잘 전달받아, 치료하는 동안 어떤 일이 일어나는지 제대로 이해하는 환자가 더 잘 참여하고 노력을 더 많이 한다고 여기기 때문이다.

치료가 진행되는 동안 인지주의자는 환자가 치료사와 쌓으려고 하는 관계의 덫에 빠지지 않도록 해야 한다. 연극성 성격은 치료사를 유혹하려 하거나 적어도 마음에 들려 하고, 편집성 성격은 쉽게 신뢰하지 않으려 들며, 의존성 성격은 스스로 책임지려 하지 않고 절망적으로 치료사의 조건에 매달린다. 이 지점에서 인지주의자들은 오래전부터 환자가 치료사에게 '전이'하는 현상에 주의를 기울여 온 정신분석가들과 다시 만난다.

우리는 다음 표에서 치료사가 늦을 경우 힘든 성격을 가진 환자들의 머릿속에 떠오르는 인지들이 무엇인지 예를 들어 설명했다. 이 성격들에 대해 당신이 아는 것들을 바탕으로, 30분이나 늦게 나타난 치료사가 이 환자들을 맞이하는 순간 이들의 반응이 어떨지 상상해 보라. 인지치료의 틀에서 치료사는 환자들이 이런 유형의 생각을 자각하도록 이끌어 준다.

성격	치료사가 늦었을 경우 속마음
불안성	"환자를 보다가 쓰러졌나 봐. 응급구조대를 불러야겠군."
편집성	"또 내게서 뭘 증명하겠다는 거지? 내 반응을 보려는 거군."
연극성	"내가 마음에 안 드나 봐. 대체 왜?"
강박성	"내가 시간을 잘못 알았나 봐. 아니면 날짜나. 어떻게 된 거지? 내 일정을 확인해야겠어. 별로 믿을 만한 의사가 아닌 것 같아…."
자기애성	"날 놀리는 거야, 뭐야? 날 뭐로 보고?"
분열성	"대기실에 환자 한 명이 있는데…."
A유형 행동	"대체 뭘 꾸물거리지? 귀한 시간이 가고 있는데. 벌써 통화를 대여섯 번은 하고 서류 몇 개를 읽었을 시간이군."
우울성	"내 하루가 끝장났군. 심리치료를 시작하지 말았어야 했어. 지금 그 책임을 지는 거야."
의존성	"대기실에 있으니 좋군. 가끔 책 읽으러 와야겠다. 늦었지만 지난번처럼 오래 상담했으면 좋겠는데."

성격	치료사가 늦었을 경우 속마음
수동공격성	"이럴 수는 없어. 나도 남들을 곤란하게 할 수 있다고."
회피성	"지난번에 내가 뭔가 바보 같은 말을 했나 봐. 내 얘기를 듣기 싫어져서 미적대는 거야."

■ 객관적으로 보기

인지치료는 본래 실용적이고 경험에 의거한 치료다. 그 출발점은 어려움이 나타나는 모든 상황을 주의 깊게 그리고 철저하게 관찰하는 것이다.

치료사는 이처럼 주변 사람들에게 고통을 주고 갈등을 일으키는 시나리오가 철저하게 반복되는 것에 환자가 주의하도록 요구한다. 일반적으로 쉬운 일은 아니고 환자가 자신의 어려움에서 자기가 하는 역할에 대해 어느 정도 무지하기 때문에 시간이 걸리는 일이다. 끝없이 설명해야 하는 것을 피하려고 주변 사람들이 뭔가 숨기게 되었고, 그렇게 만든 것이 자기 자신임을 편집성 성격이 자각하도록 도와주려면 어떻게 해야 할까? 매우 자기애적인 사람에게 그가 유발하는 반감이 질투 때문이 아니라 타인을 존중하지 않아서 나오는 짜증 때문임을 어떻게 자각하게 할 수 있을까?

우울증이 가장 흔하지만 불안장애나 그 밖에 추가된 심리적인 어려움을 기회로 힘든 성격을 가진 환자가 상담을 받으러 온다면 상황은 더 쉬워질 것이다. 이런 문맥이라면 심리적 불균형에도 불구하고 스스로 '건강하다'고 생각해서 환자가 관심을 가져 본 일이 없는 어려움에 대해 말을 꺼내기가 쉬워진다. 지난 한 주 동안 있었던 사건들을 명확하게 되짚어 보면서 반복되는 대화를 통해, 또는 우리가 아래에 소개한 것처럼 환자의 자기 관찰 일람표를 통해, 치료사는 환자에게 주요 방아쇠 상황과 그에 따라 흘러나오게 되는 인지들을 명확하게 파악하도록 가르쳐 준다.

자기애성 성격에 우울증이 온 환자 샹탈(35세, 치과의사)의 자기 관찰 일람표

방아쇠 상황	감정	인지
어머니에게 전화했는데 내 건강에 대한 소식을 물어보지 않는다.	불만	어머니는 내게 일어나는 일에 전혀 관심이 없구나.
맏아들에게 도와 달라고 부탁했는데 매정하게 거절한다.	슬픔	더 이상 아무도 날 존중하지 않는군.
주치의가 바쁘다고 방문 진료를 거부한다.	분노	주치의 주제에 스타라도 된 줄 아나?
남편과의 갈등	걱정	남편은 내게 더 이상 그 어떤 노력도 하지 않는구나.
한 친구가 자기 심장 문제에 대해 전화로 오랫동안 이야기한다.	짜증	대체 무슨 심보야? 나도 힘든 일이 있고, 심지어 그 친구의 일보다 더 심각해. 짧게 말할 수도 있을 텐데.
어울리지 못했던 파티	원한	은혜를 모르는 것들. 저들이 슬퍼할 때 옆에 있어 줬는데 나를 위해서는 그렇게 하지 않다니.

이 세밀한 자기 관찰 작업을 바탕으로 치료사는 조금씩 환자의 힘든 성격 특성이 드러나는 주요 테마를 파악하게 된다. 그리고 환자에게 이 인지들이 사실이 아니라 가정일 뿐임을 자각하도록 만들고 대체할 가정을 생각해 내도록 돕는다.

우리가 든 예에서, 환자는 정말로 어머니가 자기 건강에 관심이 없으며 친구들이 배은망덕하다고 확신했다. 치료사는 이것이 상황에 대해 환자가 읽어 낸 환자의 관점일 뿐이고, 상대방은 분명 다르게 본다는 걸 환자가 그저 깨닫기를 원했다. 예를 들면, 어머니가 건강에 대해 물어보지 않은 것은 딸이 힘들어할지도 모르는 주제에 대해 말하도록 강요하기가 싫었을 수도 있다. 주치의도 헌신적인 사람이지만 그날 너무 바빴을 수도 있다.

환자의 관점을 넓혀 주는 것은 심리치료의 핵심 열쇠 중 하나다. 조금씩 문제 상황이 반복되는 점을 강조하면서, 치료사는 환자 안에 숨어서 그의 세계관과 행동 방식을 지배하는 믿음과 규칙들을 파악하도록 이끈다. 우리가 예로 든 환자의 경우 근본적인 믿음 중 하나는 "사람들은 언제나 그리고 우선적으로 내게 관심을 보여야 한다. 난 그럴 자격이 있다"였다.

일단 파악이 되면, 이 믿음들을 놓고 환자에게 유익이 되는 측면과 부정적인 측면을 이해하는 방식으로 오랫동안 평가하고 논의한다. 치료사는 환자의 신념을 극단적으로 바꾸려 들지 않는다. 이 신념들은 완전히 터무니없는 것이라기보다는 단지 지나치고 너무 완고하다. 우리는 그 신념의 절대적인 측면을 수정하여 유연하게 만들고자 한다.

믿음 : "사람들은 내게 관심을 가져야 해"

자기애성 성격인 샹탈의 믿음에 대한 토론

믿음의 장점	믿음의 부정적인 면
"사람들이 날 돌봐 주도록 만들 수 있어. 난 그게 좋아."	"사람들을 많이 짜증나게 한다는 걸 알아."
"사람들은 이기적이야. 그들에게서 뭔가를 얻어 내려면 이치를 상기시켜 줘야 해."	"난 타인의 시선에 너무 의존해."
"난 좋은 사람이야. 다른 사람들이 관심을 가질 만해."	"난 너무 나 자신에게 관심을 쏟아."
"내가 직접 내 자랑을 하고 내 이익을 보호해야만 해. 그렇지 않으면 아무도 나 대신 그렇게 해주지 않아."	"결국은 나 자신을 의심하게 돼. 내가 받은 관심이 자발적이지 않거든. 남들에게 충분히 시간을 주지 않나 봐."

　　믿음에 대해 깊이 연구하는 이 작업은 대개 이 믿음이 형성된 과정의 이해를 거친다. 샹탈의 경우, 여러 가지 설명들이 수긍할 만했다. 부친은 외과학 교수로 그 자신이 매우 자기도취적인 사람이었고, 모친은 언제나 자녀들을 과보호하고 품위 있는 모습을 보였으며, 어린 시절부터 지적이고 사회적인 우월감을 주입시켰다. 친척들 역시 우수하고 피상적인 사람들이 꽤 많아서 친척들 모임이나 가족 휴가 때 자기 자리를 만들려면 일찍부터 자신을 내세우는 걸 배워야 했다. 샹탈은 똑똑하고 예쁜 편인 아가씨였으므로 언제나 시선을 받고 치근댐을 받는데 익숙했다. 그러므로 그녀에게 자기애적인 믿음이 왜 그렇게 중요

했었는지 이해하기란 어렵지 않았다. 개인사를 이야기하면서 상탈은 언제나 당연해 보였던 것("난 존중받을 권리가 있어")이 개인적인 환경에 의해 설명이 가능한 정신적인 구조에 불과하다는 것을 이해했다. 이는 그녀의 사고가 유연해질 가능성을 알리는 서막이었다.

■ 존재 방식 바꾸기

그러나 이 자각은 인지적인 접근의 일부에 불과하며, 환자가 행동하는 방식을 구체적으로 수정하는 것 역시 인지적인 접근에 포함된다. 자신의 신념을 수정하는 가장 최고의 방법은 여전히 자신의 행동을 수정하는 것이다.[7] 그런 이유로 대부분의 인지주의자들은 행동주의자들이며, 인지적인 치료를 완성하기 위해 행동적 방법을 많이 사용하는 것이다.

　예를 들어 환자의 예측이 생각한 것만큼 근거가 있는 것인지 확인하는 것을 '현실 테스트'라고 한다. 이처럼 치료사는 불안한 환자에게, 호텔을 예약하지 않고 지도를 소지하지 않은 채 주말여행을 떠난 뒤 그 결과가 재앙인지 받아들일 만한지 확인해 보라고 요청할 수 있다("최악의 상황은 언제나 일어날 수 있어"라는 믿음을 무효화하고, "언제나 예측하고 대비하라"는 규칙에 복종하려는 환자를 자율적으로 만들기 위함이다). 강박적인 환자에게 잔디밭을 절반만 깎으라거나 날림으로 선반을 페인트칠하는 것처럼 어떤 일을 불완전하고 미완성으로 끝마치라고 격려할 수도 있다("모두 규칙 속에 행해지지 않으면 그건 재앙이야"라는 믿음을 무효화시키기 위함이다).

　환자의 습관적인 스타일을 수정하는 또 다른 방법은 환자가 두려워하는 것에 노출되도록 돕는 것이다. 의존성 성격인 사람에게 가끔은 감히 아니라고 말하게 하면, 그것이 언제나 갈등과 거부를 불러오지는 않는다는 걸 깨닫게 도와준다. 초대를 받아들이는 것은 회피성 성격에게 함께 살면 좋은 순간도 있다는 걸 발견하게 해준다.

말하자면 환자들이 관계 양식을 수정하도록 역할극을 통해 훈련하는 것이 필요하다. 자기애적인 환자에게 상대방의 이야기를 듣고 질문하는 것을 배우게 하면, 왜 사람들이 항상 자기 의견에 동의하는 건 아닌지 이해하게 된다. 수동공격성인 환자에게 눈을 바라보고 웃으면서 반대 의견을 표현하는 게 가능하다는 걸 보여 주면, 그 환자는 많은 분쟁들을 이처럼 토론하며 해결하는 게 가능하다는 걸 깨닫게 된다. 이 '친교 능력' 훈련들은 힘든 성격을 가진 이들에게 매우 유익하다.[8]

자갈투성이인 길…

학파나 치료사를 막론하고 힘든 성격의 심리치료는 길고 어렵다는 것을 인정하고 동의한다. 환자들의 동기를 유지할 능력이 있는 노련한 치료사가 필요하다. 성격장애의 인지치료는 일반적으로 꽤 긴 편이며, 2~3년이나 걸리는 경우가 많다. 회피성 성격인 환자들과, 특히 정서적인 관계에서 불안정하고 충동적인 '경계성' 성격처럼 성격 구조가 좀 더 심각하게 혼란스러운 환자들을 대상으로 통제된 연구들이 실시되었다. 이 작업들을 통해 인지행동 기술이 효과적이라는 결론이 나왔다.[9] 전문적으로 훈련받고 언제든 시간을 낼 준비가 되어 있는 팀이 대부분의 연구들을 이끌었다는 건 짚고 넘어가야 한다. 경계성 환자를 대상으로 하는 연구에서 24시간 내내 연락할 수 있는 전화번호가 환자들에게 제공되었던 것도 그중 하나다. 그러므로 통상적인 심리치료의 맥락(다른 환자들에게도 시간을 써야 하기 때문에 항상 연락할 수도 없고 혼자 일하는 단독 치료사도 많다)으로 바꾸는 일은 신중히 행해져야 한다. 그러나 힘든 성격에 대한 연구와 적합한 치료 방법을 개발하는 것은 지금까지 치료사에게 실패를 겪게 한 환자들에게 점점 더 만족스러운 답을 안겨 줄 것이다.

프롤로그

1 J. Delay, P. Pichot, *Abrégé de psychologie* (Paris: Masson, 1964), p. 337-341.

2 *DSM-IV : Diagnostic and Statistical Manual of Mental Disorders* (American Psychiatric Association, 1994). 《간편 정신장애진단 통계 편람》(학지사). (2013년에 DSM-V가 발표되었다 — 옮긴이 주)

1장

1 Christine Mirabel-Sarron, Luis Vera, *Prescis de therapie cognitive* (Paris: Dunod, 1995).

2장

1 *R. Conquest, Stalin: Breaker of Nations* (Penguin Books, 1992)에서 인용.

2 S. de Lastours, *Toukhatchevski, Le Batisseur de L'Armee Rouge* (Paris: Albin Michel, 1996).

3 특히 《전체주의의 기원(The Origins of totalitarianism)》(한길사 역간)을 읽어 볼 것.

4 E. Kretschmer, *Paranoia et Sensibilité* (Paris: PUF, 1989).

5 R. Conquest, 앞의 책, p. 218.

6 H. V. Dicks, *Les Meurtres collectifs* (Paris: Calmann-Levy, 1973), p. 333-334.

3장

1 A. Robins, J. Purtell, M. Cohen. Hysteria in Men, *New England Journal of Medicine* (1952), 246, P. 677-685.

2 B. Pfohl, Histrionic Personality Disorder, chap. 8, p. 181-182. *Is the diagnosis used in a manner prejudicial to patients?* (New York: The Guilford Press, 1995).

3 E. Trillat, *Histoire de l'hysterie* (Paris: Seghers, 1986), p. 214-240.

4 G. O. Gabbard, Psychodynamic Psychiatry in Clinical Practice, in *DSM-IV* (Washington: American Psychiatric Press, 1994).

5장

1 J. B. Bachman, P. M. O'Malley, Self-Esteem in Young Men : A longitudinal Analysis of the Impact of the Educational and Occupational Attainment, *Journal of Personality and Social Psychology* (1977), 35, p. 365-380.

2 J. M. Cheek, L. A. Melchoir, 'Shyness, Self-Esteem and Self-Consciousness', in H. Leitenberg, *Social and Evaluation Anxiety* (New york: Plenum Press, 1990), p. 47-82.

3 D. Pardoen et coll., Self-Esteem in recovered Bipolar and Unipolar Outpatients, *The British Journal of Psychiatry* (1993), 161, p. 755-762.

4 L. Millet, *La Crise du milieu de la vie* (Paris: Masson, 1994).

5 N. Rascle, 'Le Soutien social dans la relation stress-maladie, in : M. Bruchon-Schweizer, R. Dantzer, *Introduction à la psychologie de la santé* (Paris: PUF, 1994).

6장

1 C. Tobin, *La Schizophrénie* (Paris: Odile Jacob, 1990). collection 'Santé au quotidien'.

7장

1 E. Roskies, *Stress Management and the Healthy Type A* (New York: The Guilford Press, 1987).

2 P. Legeron, Stress et approche cognitivo-comportementale', *L'Encephale* (1990), 19, p. 193-202.

3 R. Dantzer, *L'Illusion psychosomatique* (Paris: Odile Jacob, 1989), p. 201-202를 참조한 실험이다.

4 R. Rosenman et coll., Coronary Heart Disease in the Western Collaborative Group Study. Final Follow-up Experience of 8 1/2 Years, *Journal of the American Psychological Association* (1975), 233, p. 872-877.

5 T. M. Dembrovski et colle., Antagonistic Hostility as a Predictor of Coronary Heart Disease in the Multiple Risk Factor Intervention Trial, *Psychosomatic Medicine* (1989), 51, p. 514-522.

6 국제노동사무소(Bureau international du Travail)의 1993년 보고서, 5장, 직장 스트레스(Le stress au travail). p. 73-87.

7 D. Haaga et coll., Mode-Specific Impact of Relaxation Training for Hypertensive Man With Type A Behavior Pattern, *Behavior Therapy* (1994), 25, p. 209-223.

8장

1 H. Tellenbach, *La Mélancolie* (Paris: PUF, 1979).

2 K.A. Phillips et coll., A Review of the Depressive Personality, *American Journal of Psychiatry* (1990), 147, p. 830-837.

3 A. T. Beck et colle., *Cognitive Therapy of Depression* (New York: The Guilford Press, 1979).

4 P. Peron-Magnan, A. Galinowski, La personnalité dépressive, in *La Dépression. Etudes* (Paris: Masson, 1990), p. 106-115.

5 D. N. Klein, G. A. Miller, Depressive Personality in Non-Clinical Subjects, *American Journal of Psychiatry* (1993), 150, p. 1718-1724.

6 D. N. Klein, Depressive Personality : Reliability, Validity and Relation to Dysthymia, *Journal of Abnormal Psychology* (1990), 99, p. 412-421.

7 S. M. Sotsky et coll., Patient Predictors of Response to Psychotherapy and Pharmacotherapy: Findings in the NIMH Treatment of Depression Collaborative Research Program, *American Journal of Psychiatry* (1991), 148, p. 997-1008.

8 M. M. Weisman, G. M. Klerman, Interpersonal Psychotherapy for Depression, in M. D. Beitman, G. M. Klerman, *Integrating Pharmacotherapy and Psychotherapy* (Washington D.C.: American Psychiatric Press, 1991), p. 379-394.

9장

1 M. Balint, *Les Voies de la régression* (Paris: Payot, 1972).

2 L. C. Morey, Personality disorders in DSM III and DSM IIIR : Convergence Coverage and Internal Consistency, *American Journal of Psychiatry* (1988), p. 145, 573-578.

10장

1 T. Millon, J. Radovanov, Passive-Agressive Personality Disorders, in *The DSM IV : Personality disorders*, p. 312-325.

2 R. A Baron, Decision Making in Organization, in *Behavior in Organizations* (Massachusetts): Allyn and Bacon (1980).

3 C. André, F. Lelord, P. Légeron, *Chers patients-Petit traité de communication à l'usage des médecins* (Paris: Editions du Quotidien du médecin, 1994).

11장

1 A. Pilkonis, Avoidant Personality Disorder: Temperament, Shame or Both? in *The DSM IV Personality disorders*, p. 234-255.

12장

1 T. A. Widiger, E. Corbitt, Antisocial Personality Disorder, in *The DSM-IV Personality Disorders*, 앞의 책, p. 106-107.

2 M. Linehan et coll., Cognitive-Behavioral Treatment of Chronically Parasuicidal Borderline Patients, *Archives of General Psychiatry* (1991), 48, p. 1060-1061.

3 S. N. Ogata, K.R. Silk, S. Goodrich, Childhood Sexual and Physical Abuse in Adult Patient with Personality Disorder, *American Journal of Psychiatry* (1990), 147, p. 1008-1013.

4 J. G. Gundersonm A. N. Sabo, The Phenomenological and Conceptual Interface between Borderline Personality Disorder and PTSD, *American Journal of Psychiatry* (1993), 150, 1, p. 19-27.

5 J. M. Silverman et coll., Schizophrenia Related and Affective Personality Disorders Traits in Relatives of Probands with Schizophrenia and Personality Disorders, *American Journal of Psychiatry*, 150(1993), p. 435-442.

6 F. J. Bressani, *Relation de quelques missions des pères de la Compagnie de Jésus dans la Nouvelle-France* (Montreal: Presses de la Vapeur, 1852).

7 D. Boorstin, *Les découvreurs* (Paris: Laffont, 1992).

8 L. B. Rosewater, A Critical Analysis of Proposed Self-Defeating Personality Disorder, *Journal of Personality Disorders*(1987), p. 190-195.

9 P. Chodoff, Late Effects of the Concentration Camp Syndrome, *Archives of General Psychiatry* (1963) 8, p. 323-333.

10 J. D. Kinzie et coll., Post-Traumatic Stress Disorders among Survivors Cambodgian Concentration Camps, *American Journal of Psychiatry* (1984), 141, p. 645-650.

11 H. Merskey, The Manufacture of Personality: The Production of Multiple Personality Disorder, *British Journal of Psychiatry* (1992), 160, p. 327.

13장

1 T. J. Boucherd, D. T. Lykken, M. McGue, N. Segal, A. Telegen, Sources of Human Psychological Differences, The Minnesota Study of Twins Reared Apart, *Science* (1990).

2 P. Mc Guffin, A. Thapar, The Genetics of Personality Disorders, *British Journal of Psychiatry* (1992), 160, p. 12-23.

3 Livesley et coll., Genetic and Environmental Contributions to Dimension of Personality Disorders, *American General od Psychiatry* (1993), 150, 12, p. 1826-1831.

4 K. S. Kendler, Genetic Epidemiology in Psychiatry: taking both genes and environment seriously, *Archives General of Psychiatry* (1995), 52, p. 895-899.

에필로그

1 F. Post, Creativity and Psychopathology: a Study of 291 World-Famous Men, *British Journal of Psychiatry* (1994), 165, p. 22-34.

2 G. De Girolamo, J. H. Reich, *Personality Disorders* (Geneva: WHO, 1993).

3 M. Zimmerman, W. H. Coryell, Diagnosing Personality Disorders in the Community, *Archives of General Psychiatry* (1990), 47, p. 527-531.

4 S. M. Sotsky et al. Patient Predictors of Response to Psychotherapy and Pharmacotherapy: Findings in the NIMH Treatment of Depression Collaborative Research Program, *American Journal of Psychiatry* (1991), 148, p. 997-1008.

5 M. M. Weissman, J. C. Markowitz, Interpersonal Psychotherapy, *Archives of General Psychiatry* (1994), 51, p. 599-606.

6 M. Marie-Cardine, O. Chambon, Les psychothérapies au tournant du millénaire : dix ans d'évolution et de développement de l'approche intégrative et éclectique, *Synapse* (1994), 103, p. 97-103.

7 A. Bandura, *L'Apprentissage social* (Bruxelles: Mardaga, 1980).

8 C. Cungi, Thérapie en groupe de patients souffrant de phobie sociale ou de troubles de la personnalite, *Journal de thérapie comportementale et cognitive* (1995), 5, p. 45-55.

9 M. Linehan et al., Interpersonal Outcome of Behavioral Treatment of Chronically Suicidal Borderline Patient, *American Journal of Psychiatry* (1994), 151, p. 1171-1176.

해설을 단 참고문헌

성격에 대한 일반적인 책들

Quentin Debray & Daniel Nollet, Les personnalités pathologiques. :
Approche cognitive et thérapeutique (Paris: Masson, 1995).
성격장애에 대해 명확하고 생생한 개론. 각각의 원인에 대해 다양한 가설들을 싣고 있다.

Jean Cottraux & Ivy Blackburn, Thérapies cognitives des troubles de la
personnalité (Paris: Masson, 1995).
가장 최근의 임상 인지적 접근에 따라 성격장애를 분석. 평가의 예와 치료들에 대한 설명이 함께 들어 있다.

DSM-IV : Diagnostic and Statistical Manual of Mental Disorders (American
Psychiatric Association), 《간편 정신장애진단 통계 편람》(학지사).
전 세계에서 사용되는 미국정신의학회가 만든 분류법 네 번째 버전의 번역서. 다양한 성격장애의 모든 진단 기준을 담고 있는 책(현재 다섯 번째 버전이 나왔다.
— 옮긴이 주).

David J. Robinson, Disordered Personality (London: Rapid Psychler Press, 1996).
입문서. 성격장애와 이에 대한 다양한 이론들을 흥미롭고도 교육적으로 다룬다.

H. Kaplan, B. J. Sadock, J. A. Grebb, Synopsis of Psychiatry (Baltimore: William and Wilkins, 1994).
1,300쪽이나 되는 위대한 고전의 7판(이건 짧은 버전이다!). 성격장애에 대해 26장으로 구성되어 있다. (현재 프라델 출판사에서 11판이 출간되었다 - 옮긴이 주)

John Livesley, The DSM-IV Personality Disorders (New York: The Guilford Press, 1995).
다양한 성격 유형과 DSM-IV로 이끈 분류법의 진화에 대해 매우 깊이 파헤친 역학적이고 임상적인 논의. 전문가들을 위한 책.

Aaron T. Beck & A. Freeman and coll., Cognitive Therapy for the personality disorders (New York: The Guilford Press, 1990).
이 분야의 창시자가 성격장애에 적용한 인지치료.

불안성 성격
E. Albert & L. Chneiweiss, L'anxiétéau quotidien (Paris: Odile Jacobb, 1991).
다양한 불안성 성격장애에 대한 명확한 소개. 인지 행동적 접근에 대한 개론.

편집성 성격
Quentin Debray, L'Idéalisme passionné (Paris: PUF, 1989).
죽음의 사자도 만들 수 있는 편집증의 한 특이한 형태에 대한 에세이.

Ernst Kretschmer, Paranoïa et sensibilité (Paris: PUF, 1963).
민감성 성격의 '창시자'가 섬세하게 관찰한 개론.

자기애성 성격

Etienne Trillat, Histoire de l'hysterie (Paris: Seghers, 1985).
시대와 이론들을 망라한 흥미진진한 히스테리의 역사.

G. Darcourt, "La personnalitéhystérique", La Revue du praticien (1995), 45, p. 2550-2555.
히스테리성 성격의 임상과 역사에 대한 매우 명쾌한 소개.

Sigmund Freud & Josef Breuer, Études sur l'hystérie (Paris: PUF, 1956).
정신분석의 기원.

Mikkel Borch-Jacobsen, Souvenirs d'anna O (Paris: Aubier, 1995).
프로이트가 자기 이론을 구상하게 만든 한 환자의 이야기. 역사적인 접근으로 조명하고 재해석했다.

강박성 성격

Judith Rapoport, Le garçon qui n'arrêtait pas de se laver (Paris: Odile Jacob, 1991).
제목에 등장하는 소년은 OCD를 앓는다. 그러나 이 책은 강박 장애의 세계적인 권위자가 본 강박성 성격에 대한 흥미로운 성찰을 담고 있다.

Frank Lamagnere, Manies, peurs et idées fixes (Paris: Retz, 1994).
치료의 예와 함께 강박성 장애의 다양한 형태를 생생하게 묘사했다.

Jean Cottraux, Les ennemis intérieurs : Obsessions et compulsions (Paris: PUF, 1989).
치료와 방법론적인 진보를 정리한 짧지만 비중이 큰 책.

자기애성 성격

Otto Kernberg, La personnaliténarcissique (Toulouse: Privat, 1991).
자기애성 성격의 '창시자'가 쓴 위대한 고전의 개정판.

A유형 성격

R. B. Flannery, Comment résister au stress (Paris: Eyrolles, 1991).
스트레스 관리에 대한 믿음직한 교과서. A유형 독자들을 성찰하게 만들어 줄 것이다.

C. André, P. Légeron, F. Lelord, La Gestion du stress (Paris: Bernet-Danilo, 1998).
급한 사람들을 위한 책. 독서 1시간으로 스트레스 관리의 정수를 알게 됨.

Ethel Roskies, Stress management for the healthy Type A (New York: The Guilford Press, 1987).

우울성 성격

Peter Kramer, Prozac : le bonheur sur ordonnance? (Paris: First Edition, 1994).
약물의 효과에 놀란 정신분석학자가 쓴 책. 회피성 성격과 우울성 성격, 그리고 변화 메커니즘에 대한 특히나 흥미롭고 완전한 에세이. 제목이 주는 인상보다 훨씬 더 섬세하다(더구나 미국식 제목은 *Listening to Prozac*이었다).

Quentin Debray, Vivre avec une dépression (Paris: Editions du Roche, 1994).
우울성 성격과 우울증의 다양한 면에 대한 명확하고 폭넓은 책.

J. F. Hallilaire, "Les Dysthymies", L'Encéphale (1992), 18, p. 695-782.
우울성 성격과 인접한 이 장애에 대해 프랑스어로 쓴 풍부한 자료.

P. Peron-Magnan, "Tempérament et dépression" in J.P. Olié, M.F. Poirier, H. Lôo, Les Maladies dépressives (Paris: Flammarion, 1995), p. 183-191.
우울증에 대한 준거가 되는 책에서 우울성 성격에 관한 최신 연구들에 대한 상세한 설명.

Fritz Zorn, Mars (Paris: Gallimard, 1982).
암으로 죽는 우울성 성격인 사람이 1인칭 시점으로 쓴 이야기.

Cesare Pavese, Journal (Paris: Gallimard, 1958).
자살로 생을 마감하는 우울성 성격인 사람이 1인칭 시점으로 쓴 이야기.

Emil Michel Cioran, Syllogismes de l'amertume (Paris: Gallimard, 1952).
'인생은 취향 탓'이라고 생각하며 계속해서 글을 쓰는 우울성 성격인 사람이 1인칭 시점으로 쓴 이야기.

의존성 성격

Michaël Balint, Les Voies de la régression (Paris: Payot, 1972).
방어 메커니즘과 의존 공포 메커니즘에 대한 흥미진진한 성찰. 독자마다 반향을 일으킬 책.

회피성 성격

C. André& P. Légeron, La peur des autres (Paris: Odile Jacob, 1995).《사람들 앞에 서면 나는 왜 작아질까》(민음인).
수줍음이 많은 사람들은 물론 이들의 치료사들을 위해 쓴 책. 오랫동안 과소평가 되었던 장애에 대한 현대적인 장을 세웠다.

Jean-Marie Boisvert & Madeleine Beaudry, S'affirmer et communiquer (Montreal: Editions de L'homme, 1979).
자기주장에 대한 이해와 이를 훈련하기 위한 기준이 되는, 프랑스어로 쓰인 교과서.

Manuel J. Smith, When I Say No, I Feel Guilty (New York: Bantam Book, 1975).《내가 행복해지는 거절의 힘》(이다미디어).
위에 상응하는, 영어로 쓰인 책.

Robert Alberti & Michael Emmons, You Perfect right (Obispo: Impact Publishers, 1982).《당당하게 요구하라》(친구미디어).
자기주장의 선구자들이 쓴 훌륭한 교과서.

경계성 성격

Otto Kernberg, Les troubles limites de la personnalité (Toulouse: Privat, 1989).
놀라운 임상 경험과 풍부한 정신분석학적인 영감을 담은 위대한 고전.

Marsha Linehan, Cognitive Behavioral Treatment for Personality Disorders (New York: The Guilford Press, 1993).

Marsha Linehan, Skills Training Manual for Treating Borderline Personality Disorder (New York: The Guilford Press, 1993).《경계선 성격장애 치료를 위한 다이어렉티컬 행동치료》(학지사).

준거가 되는 저자의 두 개론서. 경계성 성격의 치료 전략과 진정 완벽한 모델을 계발했다.

반사회성 성격

Quentin Debray, Le Psychopathe (Paris: PUF, 1984).

반사회성 성격을 과거에 불렀던 이름으로 프랑스의 임상적인 각도에서 본 것.

T. A. Widiger, E. Corbitt, T. Millon, "Antisocial Personality Disorder", Review of Psychiatry (1992), vol 11, p. 63-79.

최신 정보까지 모두 망라했으며 설명이 상세하다.

가학성 성격

R. L. Spitzer, S. Fiester, M. Gay, B. Pfohl, "Is sadistic personality disorders a valid diagnosis? The result of a survey of forensic psychiatrists", American Journal of Psychiatry (1991), 148, p. 875-879.

범죄 정신의학자들의 걱정되는 견해들.

다중인격

"Dossier Personnalités multiples", Nervure (1993), 6, p. 13-59.

이 흥미진진한 주제에 대해 북미와 프랑스의 전문가들이 쓴 일련의 기사들.

힘든 성격의 원인

P. Morin & S. Bouchard, Introduction aux théories de la personnalité (Quebec: Gaetan Morin ed., 1992).
성격의 형성에 대한 심리학적인 이론들을 매우 교육적으로 설명한 책. 인문주의 이론들과 게슈탈트, 자아심리학, 차원적인 접근을 거쳐 프로이트부터 인지주의자들까지 모두 망라함.

C. Lansier & R. Olivier Martin, Personnalités Pathologiques, Encyclopédie médico-chirurgicale (Paris, 1993), p. 37-320.
성격장애에 대한 심리역동적이고 역사적인 접근.

K. S. Kendler, "Genetic Epidemiology in Psychiatry : taking both genes and environment seriously", Archive of General Psychiatry (1995, 1992), p. 895-899.
진짜 과학자다운 조심스러움으로 심리장애에서 선천성과 후천성을 찾는 연구들을 한눈에 들어오도록 조명해 줌.

변화와 심리치료

Francois Roustang, Comment faire rire un paranoïaque (Paris: Odile Jacob, 1996).
정신분석의 개념과 심리치료에서 이루어지는 변화의 과정에 대한 흥미진진한 일련의 성찰들. 자유롭게 사고하는 정신분석가가 썼다.

Jean Cottraux, Les thérapies cognitives (Paris: Retz, 1992).
힘든 성격인 사람들을 포함한 환자와 치료 이야기를 담고 있는 책.

Paul Gérin, L'évaluation des psychothérapies (Paris: PUF, 1984).
짧고 명확한 책으로 심리치료 평가가 낳는 방법론적 문제들을 발견할 수 있다.

Jacques Van Riller, La gestion de soi (Paris: Mardaga, 1992).
실용적인 적용과 함께 개인적인 변화의 메커니즘에 대해 총망라한 책.

Jeffrey E. Young & Janet S. Klosko, Reinventing Your Life (Montreal: Editions de L'homme, 1995).
영어로 된 아주 좋은 자기계발서. 힘든 성격들의 근본적인 믿음에 바치는 책.

분류법

D. Pichot, Les tests mentaux (Paris, PUF, 1991).
까다로운 주제에 대한 매우 압축적이고 명확한 요약.

Martine Bouvard & Jean Cottraux, Protocoles et échelles d'évaluation en psychiatrie et en psychologie (Paris: Masson, 1996).
대학생들과 임상전문가들에게 유용한 수많은 질문지들을 모아 놓았다.

J. D. Guelfi, V. Gaillac, R. Darjennes, Psychopathologie quantitative (Paris : Masson, 1995).
전문가들을 겨냥한, 정신의학에서 양적 평가의 어려움과 방법론을 설명한 작업도구가 되어 주는 책.

진화심리학에 대해

Robert Wright, The Moral Animal (Vintage Books, 1994).《도덕적 동물 : 진화심리학으로 들여다 본 인간의 본성》(사이언스북스).
진화 메커니즘이 우리 인간에 이르기 위해 신체적인 외양만 다듬은 것이 아니라 자연적인 선택이 우리 감정과 행동에도 작용했다는 것을 알려 주는 책. 자연-문화 논쟁에 대한 중대하고도 불편한 책.

옮긴이 **최고나**

연세대학교 국어국문학과와 심리학과를 졸업하고, 프랑스 로렌국립대학에서 심리학 석사 학위를 받았다. 동 대학원에서 심리전문가 양성과정(DESS)을 마치고 프랑스 심리학자 자격을 취득해 메스-티옹빌 지역병원에서 심리학자로 근무했다. 현재 프랑스에서 영상번역가로 활동 중이다.

내 인생에 너만 없었다면

나를 힘들게 하는 당신에 대한 이야기

초판 1쇄 펴낸날 2014년 9월 1일
초판 3쇄 펴낸날 2015년 12월 10일

지은이 프랑수아 를로르, 크리스토프 앙드레
옮긴이 최고나
펴낸이 최만영
편집 김민정, 유승재 | 교열 이진경, 김진형
디자인 홍지연, 박애영 | 제작 김용학, 김성수
마케팅 박영준, 신희용 | 영업관리 김효순

펴낸곳 ㈜한솔수북 | 출판등록 제2013-000276호
주소 121-896 서울시 마포구 월드컵로 96 영훈빌딩 5층
전화 02-2001-5819(편집) 02-2001-5828(영업) | 팩스 02-2060-0108
전자우편 chaekdam@gmail.com
책담 블로그 http://chaekdam.tistory.com
책담 페이스북 https://www.facebook.com/chaekdam

ISBN 979-11-85494-62-3 03180

▍▍책담 그대를 위한 세상의 모든 이야기